GISCARD

DU MÊME AUTEUR

La Qualité de la loi. Expériences française et européenne (dir.), Mare et Martin, 2016.

La Crise de la loi. Déclin ou mutation ?, LexisNexis, 2015.

La France est-elle gouvernable ?, L'Harmattan, 2011.

Histoire du septennat, 1873-2000 (avec I. Sicart), Economica, 2001.

La Crise du politique, L'Harmattan, 1997.

Le Droit de dissolution et les systèmes constitutionnels français, PUF, 1978.

PIERRE ALBERTINI

GISCARD

Le président qui osa

l'Archipel

Cet ouvrage est publié
avec le soutien de la

FONDATION
VALÉRY
GISCARD
d'ESTAING

Notre catalogue est consultable à l'adresse suivante :
www.editionsarchipel.com

Éditions de l'Archipel
92, avenue de France
75013 Paris

ISBN 978-2-8098-4784-0

À Catherine

« Lorsque tu fais quelque chose, sache que tu auras contre toi ceux qui voulaient faire la même chose, ceux qui voulaient faire le contraire et l'immense majorité de ceux qui ne voulaient rien faire. »

Confucius

Introduction

L'idée d'un livre sur le septennat de Valéry Giscard d'Estaing m'a occupé pendant plusieurs années sans pour autant me faire prendre la plume. Je rassemblais mes souvenirs, consultais des documents de l'époque, lisais les commentaires, critiques ou approbateurs, sur l'homme et sur son bilan sans me décider à écrire. C'est le 22 février 2013 que se produisit enfin le déclic. Ce jour-là, j'avais organisé à Rouen une manifestation à la mémoire de Jean Lecanuet, mort vingt ans plus tôt. Après une réunion publique à laquelle avaient participé plusieurs personnalités centristes autour de François Bayrou, une messe anniversaire eut lieu en l'église Jeanne-d'Arc, sur la place du Vieux-Marché où la sainte fut brûlée. Curieux clin d'œil de l'Histoire, cette église nouvelle et la place remodelée avaient été inaugurées par le président Giscard d'Estaing et le maire de la ville, côte à côte, le 27 mai 1979. Plus de trente ans plus tard, c'est le souvenir de leur engagement partagé qui les réunissait sur le même lieu.

Sachant combien il appréciait le jugement politique de Jean Lecanuet, j'avais invité VGE à cet anniversaire : il était présent à la messe, au cours de laquelle il avait souhaité lire l'épître choisie pour la circonstance. À l'issue de la cérémonie, émouvante et recueillie, il me proposa de dîner avec lui. Lors d'une discussion à bâtons rompus, qu'il dirigeait comme à son habitude, je lui fis remarquer que son action à la tête de l'État, de 1974 à 1981, n'avait pas été jusqu'ici retracée dans toute son ampleur par ses biographes. Interrogés sur les anciens présidents de la Vᵉ République, les Français eux-mêmes le plaçaient alors loin derrière de Gaulle, ce qui était compréhensible, mais aussi après Mitterrand et Chirac, ce qui l'était beaucoup moins. J'ajoutais aussitôt que l'Histoire serait plus juste et saurait apprécier à sa vraie valeur l'œuvre accomplie. Saisissant son verre de vin, il me lança alors : « Pourquoi ne pas vous atteler vous-même à la tâche ? »

L'invitation, à laquelle je ne m'attendais pas, me laissa d'abord sans voix. Surpris, je lui demandai quelques semaines de réflexion. J'étais flatté et en même temps décontenancé. Un mois plus tard, je lui répondis positivement en précisant mon projet : présenter une synthèse des réformes réalisées sous sa présidence en vue de moderniser la société française. Je lui indiquai sans détour que je m'attacherais à la politique intérieure, dont plusieurs facettes étaient méconnues et qu'à l'inverse, je ne retiendrais guère ses initiatives internationales, notamment européennes, largement saluées par l'opinion publique. Ce parti pris lui sembla-t-il pertinent ? Je ne peux le dire, il n'y fit en tout cas aucune objection.

C'est le fruit de ce travail que je livre aujourd'hui, en toute liberté. Mon seul regret est de ne pas l'avoir achevé avant le décès de celui qui fut à mes yeux un grand président de la Vᵉ République. Je l'imagine seulement me dire, après les compliments d'usage, que mon travail aurait mérité sur tel ou tel aspect des précisions, sinon des approfondissements. Doté d'une mémoire prodigieuse, Giscard a toujours eu à ajouter aux observations, même les plus étayées, des analystes. On le voit très clairement à travers ses interventions comme grand témoin au cours des nombreux colloques qui lui ont été consacrés. Sous couvert d'exprimer une nuance ou de fournir un détail, il versait au dossier, plusieurs décennies après, des compléments toujours bienvenus. Je n'aurai pas, hélas, à mettre à l'épreuve son jugement acéré.

Depuis notre conversation, en 2013, plusieurs ouvrages récents ont enrichi la connaissance du personnage et de son rôle politique. Mais surtout, après sa disparition, les commentaires ont largement souligné l'importance de son mandat et l'empreinte durable de son bilan. Malgré l'absence d'hommage national, de son propre fait, l'image des années Giscard, longtemps éclipsée, se dessine désormais en traits nettement plus positifs. Comme toujours, le jugement de l'Histoire s'affine, fait le tri entre l'important et l'accessoire et, en remettant les événements en perspective, rend aux acteurs successifs la part qui leur revient.

Avant de dire ce que ce livre n'est pas et ce qu'il voudrait être, il est utile de préciser quels ont été mes rapports avec l'ancien président de la République. Le lecteur saura ainsi d'emblée d'où je lui parle.

Mes liens avec Valéry Giscard d'Estaing sont très nettement postérieurs à son exercice du pouvoir, auquel je n'ai pris aucune part. L'année de son élection, j'achevais une thèse de droit constitutionnel et j'observais comme un citoyen intéressé mais lointain la campagne éclair qu'il conduisait d'une main de maître, donnant un coup de vieux à celle de ses concurrents. La permanence ouverte à Rouen était peuplée de jeunes chez lesquels il suscitait un véritable enthousiasme. Mais je n'en retirais personnellement que curiosité et sympathie. Modeste élu local durant son septennat, je me contentais de participer à la vie municipale, à Mont-Saint-Aignan, sans imaginer que j'en deviendrais le maire plus tard. Lorsque le 10 mai 1981, avant la clôture du scrutin, un ami parisien bien introduit dans le milieu des instituts de sondage m'apprit la défaite probable de VGE, je reçus la nouvelle comme un choc et rentrai chez moi, dépité et abattu. Une page se fermait avant d'avoir été écrite jusqu'au bout, me laissant un goût amer comme à beaucoup de Français.

Quelques jours plus tard, étant à Paris le jour de l'investiture de François Mitterrand, je fus témoin malgré moi de la liesse qu'éprouvait le « peuple de gauche », comme on le disait complaisamment à l'époque. Je compris alors combien, depuis 1958, avait été longue l'attente d'une alternance politique que la victoire inattendue de Giscard avait retardée. Qu'elle se traduise par un accès de fièvre et quelques débordements inexcusables, je plaçais cela sous le signe d'une effervescence un peu naïve, pour ne pas dire puérile et probablement passagère. J'eus rapidement le sentiment et la preuve que l'espoir de « changer la vie », exprimé par Mitterrand, était illusoire et provoquerait d'amères désillusions. En mars 1983, candidat sous mon nom pour la première fois, je fus confirmé dans mon mandat de maire par 70 % des électeurs, au premier tour. Je ne pus jamais rééditer un tel score, qui devait largement au désamour éprouvé à l'égard du chef de l'État, récemment élu. De ces années 1980 datent les premiers signes d'un scepticisme généralisé à l'endroit des dirigeants politiques.

Pendant une dizaine d'années, je n'eus aucun contact direct avec Giscard, qui avait reconquis un à un ses mandats. J'avais adhéré à l'UDF en 1979, à l'occasion de la première élection des députés européens au suffrage universel direct, mais ce n'était encore qu'un engagement de principe. Je privilégiais mes responsabilités locales, à Mont-Saint-Aignan et dans l'agglomération, au côté de Jean Lecanuet. C'est la maladie de celui-ci qui me fit solliciter pour la première fois Giscard, au cours de l'été 1992. La campagne référendaire sur le traité de Maastricht commençait à diviser le pays en deux camps antagonistes sans que l'on mesure encore l'ampleur d'une telle fracture qui finirait par ébranler les clivages classiques droite-gauche. Sachant que le maire de Rouen était déjà gravement atteint, mais qu'il voulait livrer un ultime message aux habitants de sa ville, je proposais à Giscard de venir à Rouen présider une réunion publique en faveur du « oui », ce qu'il accepta aussitôt. Fortement amaigri, obligé de parler assis, puisant dans ses dernières forces, Jean Lecanuet redit avec passion combien l'Europe était l'avenir de la France. Ce testament politique fut sa dernière apparition publique. Il était tellement affaibli que j'écourtai son calvaire, privant l'assistance d'un débat avec d'aussi prestigieux orateurs.

Raccompagnant VGE pressé par la foule à sa voiture, il me remercia d'avoir pris une telle initiative et m'invita à m'engager plus avant. L'occasion m'en fut offerte peu après, en mars 1993, avec les élections législatives. Élu député, mes relations avec lui commencèrent à s'intensifier. À l'Assemblée nationale, dont je découvrais la subtile complexité, je siégeais comme tout nouvel élu en haut d'un hémicycle dont les bancs étaient dominés plus que de raison par le RPR et l'UDF. Cette marée bleue me donnait l'impression d'être dans un monde artificiel ayant peu à voir avec le pays réel. C'est curieusement à moi, néophyte au Palais Bourbon, que VGE prit l'habitude de déléguer son droit de vote dans les rares occasions où il était retenu en Auvergne ou par ses obligations internationales. Il le fit sans interruption jusqu'en 2002, date à laquelle il renonça à se présenter, laissant son fils Louis prendre le relais dans sa circonscription de Clermont.

Pourquoi donner procuration à un député inexpérimenté, alors que de plus anciens et fidèles collaborateurs auraient dû logiquement en bénéficier ? Sans lui avoir jamais posé la question, j'y vois deux raisons complémentaires. L'une, qui m'honorait, est une certaine marque de confiance, née sans doute de ma proximité avec Jean Lecanuet, pour qui il avait une profonde estime. L'autre, au moins aussi importante, est sa volonté de prendre ses distances avec ce que Raymond Barre appelait le « microcosme politique ». Président de l'UDF depuis 1988, il mesurait les luttes d'influence qui se déroulaient au sein d'une confédération ayant toujours eu du mal à affirmer son unité. Celles-ci étaient avivées par les supporters du Premier ministre Édouard Balladur. En pleine cohabitation avec un Mitterrand diminué, sa façon tranquille de gouverner les séduisait de plus en plus. Or, Giscard n'avait pas écarté la possibilité de se présenter en 1995 à l'élection présidentielle. Il supputait ses chances et nouait des contacts. Étant inconnu dans l'hémicycle, j'avais l'avantage de ne pas le ramener en arrière et de ne pas le marquer pour l'avenir. Au fond, la délégation peu compromettante qu'il m'accordait ne l'engageait en rien.

Quoi qu'il en soit, elle me valut de voter, de m'exprimer, de défendre certains amendements en son nom, dans l'hémicycle, et de travailler à des propositions de loi auxquelles il attachait du prix. Cela me donnait, dans mes rapports avec mes collègues, une once supplémentaire de considération, jalousée par quelques-uns. Je l'invitai également à plusieurs reprises à s'exprimer devant des étudiants, exercice qui le réjouissait et le stimulait. Dans un amphi, Giscard était tout à son affaire, il était impatient de développer son analyse, de répondre aux questions, auxquelles il ne se dérobait pas. La contradiction ne l'effrayait nullement, il prenait au contraire un malin plaisir à expliquer posément à son interlocuteur en quoi il se trompait, sans condescendance mais avec le souci de convaincre. La présence de jeunes l'émoustillait, lui procurait le plaisir de rester au contact des réalités, peut-être aussi l'aidait-elle à vieillir moins vite ? Dans ce dialogue, il s'est toujours montré sous son meilleur jour, visionnaire et pédagogue. À l'écouter, on se sentait devenir plus intelligent. Les problèmes les plus complexes étaient ramenés à une dimension compréhensible par tous.

Nos entretiens ont toujours été placés sous le signe de la liberté de ton et de la franchise. Il menait naturellement la conversation, j'approuvais le plus souvent son point de vue, il écoutait le mien dans les rares occasions où ils n'étaient pas convergents. Je n'avais aucun avantage, aucune faveur à solliciter, lui-même n'avait en retour rien à m'offrir si ce n'est le bénéfice, considérable pour moi, de son jugement et de son expérience. Cela donnait à nos échanges une tournure particulière dont je mesurais le bienfait personnel. Le seul moment où je me mis à son service fut les derniers mois de 1994 et les tout premiers de 1995. Il publia alors un livre-programme, *Dans cinq ans l'an 2000*, dans lequel il énonçait six objectifs stratégiques à ses yeux pour la France.

À mesure que l'échéance présidentielle se rapprochait, Giscard se plaçait dans cette perspective, en évaluant ses chances de s'y présenter et de l'emporter. À gauche, la succession de François Mitterrand ne se présentait pas sous les meilleurs auspices après l'écrasante défaite subie par le parti socialiste aux élections législatives. Fabius écarté par l'affaire du sang contaminé, aucune personnalité de premier plan ne semblait pouvoir s'imposer. À droite, la candidature de Chirac ne faisait aucun doute mais elle laissait au centre un espace que VGE espérait pouvoir occuper. Il suivait donc avec attention l'évolution de l'opinion publique : il se pensait en effet capable de s'imposer si les sondages lui donnaient un socle d'intentions de vote de l'ordre de 10 à 12 %. Avec une belle campagne, menée à la hussarde (le temps qui s'écoule est le pire ennemi des candidats), il espérait se qualifier pour le second tour et affronter avec succès un candidat de gauche affaibli par la fin d'un septennat sans saveur.

Au sein de l'UDF, ses soutiens étaient cependant comptés. Charles Millon, alors président du groupe parlementaire, tentait de les regrouper pour faire pièce à l'influence grandissante qu'exerçait Édouard Balladur. Selon ses propres termes, il s'agissait de « mettre un pied dans la porte » pour rendre possible une ultime candidature giscardienne. Les Clubs Perspectives et Réalités entretenaient eux aussi la flamme d'un éventuel engagement dans la campagne. Mais les intentions de vote ne décollaient pas. Le 18 janvier 1995, l'annonce par Balladur, l'« ami de trente ans », de son entrée en compétition coupa malheureusement l'herbe sous le pied à la tentative de Giscard. Séduite par le profil du Premier ministre, l'UDF se jeta dans ses bras, à de rares exceptions près. Le 7 mars, Giscard renonça définitivement à courir sa chance. Entre Chirac et Balladur, l'étau politique s'était refermé, le privant du tremplin politique sur lequel il espérait rebondir.

Cette période pendant laquelle je m'engageai aux côtés de VGE a donc été assez brève. Dans sa longue aventure politique, je n'ai joué qu'un rôle à la fois tardif et mineur. Ainsi nous mènent les circonstances. Elles expliquent la tonalité de ce livre, qui n'est en rien une biographie supplémentaire de l'ancien président. Depuis une dizaine d'années, les études qui lui ont été consacrées retracent avec soin son parcours et font mieux le départ entre l'apparence et la réalité, entre l'émotion et la raison, entre les intentions et les actes, entre le contexte et le bilan. L'intéressé s'est lui-même abondamment raconté dans les entretiens qu'il a accordés et dans les trois tomes de son autobiographie, *Le Pouvoir et la Vie*, qu'il a publiés entre 1988 et 2006. Peu à peu, son profil apparaît plus nettement, même si subsistera toujours en lui comme en chacun de nous une part de mystère insondable. Giscard a reconnu d'ailleurs à plusieurs reprises qu'il croyait au pouvoir fascinant de l'imagination : personne ne pourra dire avec une absolue certitude ce qui l'a conduit à prendre ou à ne pas prendre telle ou telle décision.

Le lecteur ne doit pas s'attendre non plus à trouver ici des révélations, des détails croustillants sur la vie personnelle de l'ancien président de la République ou de ses amis et de ses adversaires. Universitaire par vocation et par formation (ou si l'on préfère, par déformation), je n'ai aucune aptitude à me transformer en journaliste recherchant désespérément un geste, une parole pour alimenter la chronique des heures non avouables de la Ve République. Ces petits signes divertissent, font sourire ou ricaner, mais ils n'affectent que superficiellement l'Histoire des peuples. Au mieux, ils illustrent le cours des choses, au pire ils le travestissent en le simplifiant à l'excès. Au-delà de cette écume de la mer, il appartient à l'historien d'interpréter les forces à l'œuvre dans la société en privilégiant l'analyse froide sur l'émotion passagère, la recherche de sens sur la posture médiatique.

Comme son intitulé le suggère, ce livre s'efforce de faire une synthèse des réformes, novatrices et durables, entreprises pendant un septennat, sans omettre celles qui n'ont pas abouti. À la manière d'un inventaire, il se veut aussi éloigné du plaidoyer de l'avocat que du réquisitoire du procureur. Car, avec le recul, nous percevons mieux la cohérence ainsi que les lignes de force et de faiblesse de l'action présidentielle. À une étude chronologique que d'autres ont faite avant moi, je préfère une analyse thématique centrée sur les principaux aspects de la politique présidentielle, de 1974 à 1981. Ainsi pourront être plus aisément regroupées et mises en perspective des décisions dispersées dans le temps mais se rattachant à des objectifs communs. Ce choix permet en outre de passer plus vite sur ce qui est le plus connu et d'insister au contraire sur des points moins visibles mais tout aussi significatifs ou ayant donné matière à des controverses. À cet égard, les actes des cinq colloques *Les Années Giscard*[1] organisés par le Centre d'histoire de Sciences Po et l'Institut pour la démocratie en Europe fournissent de précieux matériaux, éclairés par l'abondante contribution des témoins, dont celle de l'ancien président. Cet apport, unique dans l'Histoire de la Ve République, doit cependant être utilisé avec précaution : tout acteur a en effet tendance à présenter *a posteriori* une version avantageuse de son rôle. Cette infidélité flatteuse justifie la distance critique qui accompagne la réception des mémoires de tous les dirigeants politiques.

1. Serge Bernstein, Jean-Claude Casanova, René Rémond, Jean-François Sirinelli (dir.), *Les Années Giscard*, Armand Colin, 2003-2010.

Comment aborder l'action politique conduite par Giscard pendant son septennat ? Traditionnellement, il est d'usage de distinguer trois domaines : institutionnel, social et économique. Depuis peu, s'y ajoute un volet environnemental de plus en plus exigeant. Cette présentation commode a cependant ses limites car en politique tout se tient. Comment séparer, par exemple, telle mesure économique de ses conséquences sociales ? Elle n'a donc qu'un intérêt pédagogique. Elle servira seulement de guide, sans la considérer pour autant comme la clé, encore moins comme le sésame magique du septennat giscardien. Pour chacun des registres abordés, nous aurons à répondre aux grandes questions que suscite tout inventaire critique : le champ des libertés publiques a-t-il été étendu ? Les inégalités sociales ont-elles été réduites ? L'environnement et le patrimoine ont-ils été préservés ? Le bien-être des Français a-t-il été amélioré ?

Elles déboucheront sur d'ultimes questionnements, les plus importants à mes yeux, qui devraient ponctuer tout bilan présidentiel : la préparation ou l'impréparation du pays aux défis nouveaux qui se dressent sur sa route, la nature apaisée ou conflictuelle, plus confiante ou plus angoissée, de la société française. Au-delà des postures et des gestes que le temps relativise toujours, c'est là le cœur de la politique : quels buts et quels moyens le président Giscard d'Estaing a-t-il fournis à la communauté française pour maîtriser son avenir et assumer sa vocation ?

Quelques précisions sur la méthode sont encore nécessaires. Le but poursuivi étant de dresser un bilan et d'en apprécier la cohérence, un bref retour en arrière, avant son accession à la présidence, s'impose pour mieux comprendre comment se sont construites la personnalité et la vision de Giscard d'Estaing. Qu'est-ce qui a fait l'homme ? Qu'est-ce qui a fait l'homme politique ? Sans revenir sur tous les épisodes de sa vie, nous retiendrons ceux qui ont forgé son expérience personnelle, depuis les funestes années 1940 et l'impuissante IVe République jusqu'à ses fonctions de ministre des Finances sous l'autorité du général de Gaulle d'abord, de Georges Pompidou ensuite.

Pendant ces trente années qui le font passer de l'adolescence à l'exercice de responsabilités de plus en plus élevées, les problèmes auxquels a été confronté Giscard affinent progressivement sa façon d'être, sa façon de travailler. C'est au contact de ces événements, en particulier entre 1969 et 1974, qu'il formule les principes directeurs de son engagement et jette les bases de son futur projet présidentiel. Comment se prépare-t-il à l'exercice d'un pouvoir qu'il sent à sa portée et vers lequel le porte de plus en plus l'opinion publique ? Sa personnalité profonde, qui est tout sauf simple, les succès qu'il rencontre comme les déceptions qu'il éprouve éclairent ses décisions ultérieures, ses maladresses et ses erreurs. Nous chercherons dans ces années charnières les signes précurseurs de ses actes ultérieurs.

Mais cette analyse perdrait tout son sens si l'on ne rappelait pas, préalablement, l'état de la France au début des années 1970. On ne peut saisir une action politique, celle de VGE comme celle de tout autre président, sans la rapporter au contexte qui prévalait avant sa mise en œuvre. Après le redressement exceptionnel accompli par le général de Gaulle, Mai 68 révèle la fragilité relative de la situation du pays, que la transition interrompue de Georges Pompidou n'a pas permis de corriger. Si les institutions semblent solidement implantées, l'économie commence à être confrontée aux défis d'une globalisation à laquelle elle est imparfaitement préparée. La France cherche encore un équilibre social qu'elle a toujours du mal à installer durablement.

Ces données expliquent, sans évidemment la justifier, la tournure que prendra l'exercice du pouvoir giscardien. Son septennat est le seul jusqu'ici à n'avoir pas connu de cohabitation ni de profonde déchirure sociale. Il présente donc par rapport aux autres l'avantage de la continuité politique. Mais il subit à l'inverse deux chocs économiques sévères, en 1973-1974 et en 1979. Cette singularité invite à partir des objectifs essentiels que s'assigne le nouveau président en mai 1974. Dans le programme présenté au printemps, ils s'inscrivent dans la volonté de moderniser la France sans la brusquer, de l'adapter à des mutations qu'il sent venir mais dont l'opinion n'a pas encore une conscience nette au début de cette décennie. Tels sont les termes de l'aventure proposée aux électeurs et que ceux-ci ont contre toute attente approuvée. Mais en ont-ils mesuré toutes les conséquences ?

« Le changement sans le risque » résume parfaitement son projet pour la France. Mais au moment où il accède à la fonction suprême, de quels moyens dispose-t-il pour concrétiser ses engagements ? Quels sont les supports politiques sur lesquels il peut s'appuyer ? Poser la question, c'est déjà suggérer la faiblesse des concours sur lesquels il peut s'appuyer, c'est peut-être aussi se demander s'il n'a pas trop compté sur son talent pour la surmonter. Au terme d'un septennat riche en réformes, la majorité l'abandonne en 1981 pour goûter à une alternance attendue en vain depuis plus de vingt ans. Cet échec électoral, l'intéressé l'a cruellement ressenti, comme le montrent les images télévisées de son « au revoir » aux Français. Mais peut-être trouve-t-il simplement sa source dans l'accomplissement de sa mission et le désir de passer à autre chose ?

Si comparaison n'est pas raison, une brève mise en parallèle avec le bilan de ses successeurs donnera quelques clés pour mieux évaluer la densité et la cohérence de l'action conduite par celui qui fut, à mes yeux, le dernier grand président de la Ve République. Ce regard croisé sur des chefs d'État aussi différents, tous animés par une intention louable mais plus ou moins aptes à exercer le pouvoir, permettra de distinguer la pertinence des réponses apportées à un peuple difficilement gouvernable.

Si, comme on le pense, il y a plus de continuité que de rupture dans l'Histoire, quelle est cinquante ans après la singularité de l'héritage giscardien ? C'est évidemment à chaque Français de répondre à une telle question. Mon but sera atteint si la grille de lecture que je propose peut l'aider à affiner son jugement.

Première partie

La préparation au pouvoir

1

Ce qui fait l'homme

Le parcours de Valéry Giscard d'Estaing frappe par son caractère classique et par la fulgurance de ses succès : bachelier à seize ans, reçu au concours d'entrée à Polytechnique, sorti de l'École nationale d'administration « dans la botte », jeune inspecteur des finances, membre du cabinet d'Edgar Faure, député à trente ans, nommé peu après secrétaire d'État dans le gouvernement de Michel Debré, le 8 janvier 1959. Ces barreaux de l'échelle gravis avec facilité feraient de lui le gendre idéal pour bien des mères soucieuses d'assurer à leur fille un avenir confortable et paisible. Ce n'est pourtant pas la pente de la facilité qu'a choisie ce jeune homme bien né qui a préféré très tôt l'engagement politique à la voie plus assurée de la haute administration et à celle plus feutrée du monde des affaires. Plus qu'un rappel détaillé de chacun de ces jalons, bien connus aujourd'hui, ce sont les expériences du début de sa vie, ayant laissé sur sa personnalité une empreinte profonde, qui méritent l'attention.

Les racines auvergnates

C'est d'abord l'attache auvergnate de la famille qui marque durablement Valéry. Les deux branches, d'origine sociale comparable, ont connu l'une et l'autre une ascension rapide au XIXe siècle, au point de s'inscrire rapidement dans le champ des notabilités qui comptent dans la région. Du côté maternel, Agénor Bardoux, républicain modéré, réussit une brillante carrière politique, poursuivie ensuite, dans le même courant d'idées, par son fils Jacques. En 1922, la branche paternelle obtient le droit de relever le nom de d'Estaing, illustré par l'aristocrate militaire, compagnon de Lafayette pendant la guerre d'indépendance américaine et mort sans descendance en 1794. Cette origine géographique et sociale constitue un héritage solide, vite assumé par le jeune garçon.

Né le 2 février 1926 à Coblence, où son père dirige les services financiers du Haut-Commissariat en Rhénanie occupée, Valéry ne garde de ce séjour aucun souvenir car rapidement ses parents rentrent en France. Il passe une enfance heureuse et protégée, partagée entre Paris et Chanonat, gros bourg posé sur les pentes du puy de Dôme, à une dizaine de kilomètres de Clermont-Ferrand. Son environnement est celui d'une grande famille bourgeoise, bien installée mais sans ostentation dans la vie. Plus proche affectivement de sa mère que de son père, il subit l'influence différente et complémentaire de chacun de ses parents. Edmond Giscard d'Estaing est un conservateur, au caractère plutôt autoritaire et distant, avec qui ses relations ne sont pas toujours faciles. Marthe Bardoux, à laquelle est donné très tôt le surnom de « May », est plus expansive et affectueuse, son tempérament est chaleureux, un brin rebelle. Edmond, dont la jeunesse a été marquée par la mobilisation, quitte assez tôt l'inspection des finances pour la vie des affaires. Il est attaché à la tradition, à ce qu'on appelait la Vieille France, et sa préférence va la monarchie. Adhérent aux Croix de Feu, il se comporte comme un notable soucieux de ses droits et de ses devoirs et sera d'ailleurs maire de Chanonat de 1936 à 1946. Comme beaucoup de Français, il verra en Pétain le vainqueur de Verdun, seul capable d'épargner le désastre au pays. May, au contraire, n'acceptera pas l'armistice de 1940 et verra en de Gaulle le sauveur de l'honneur de la France. On imagine aisément le choc provoqué par des appréciations aussi opposées. Cependant, comme dans la plupart des familles de culture chrétienne de l'époque, l'un et l'autre n'éprouvent guère de sympathie pour l'Allemagne, l'ennemi héréditaire, malgré les conclusions différentes qu'ils tirent des événements.

Le jeune Valéry, plutôt solitaire, n'a qu'une expérience limitée du monde, celle que son extraction sociale autorise. Mais comme tous les jeunes gens de sa condition, il profite, sans en percevoir immédiatement les bienfaits, de la culture historique, littéraire et politique d'une famille attachée à scruter les signes de l'évolution du monde. Scolarisé dans un établissement religieux puis au lycée Blaise-Pascal de Clermont-Ferrand, son adolescence est studieuse, sans plus, largement insouciante, complétée cependant par les contacts avec les garçons de son âge que lui procurent ses années de scoutisme. Le bruit du monde entre évidemment dans ce foyer, bien intégré aux circuits du pouvoir parisien : sans être affaibli, il est cependant tempéré par l'éducation chrétienne, à la fois traditionnelle et ouverte, transmise par les parents à leurs enfants.

Contrairement à la société d'aujourd'hui, la guerre est une perspective familière dans les années 1930. L'empreinte sanglante mais victorieuse de 14-18 pèse sur toutes les mémoires. Après l'arrivée au pouvoir de Hitler, la probabilité d'un nouveau conflit avec l'Allemagne se précise à mesure que celle-ci se lance dans un effort gigantesque d'armement et que le chancelier cache de moins en moins ses visées expansionnistes. Cependant, la France est convaincue qu'elle possède la « meilleure armée du monde », et si elle ne recherche pas la guerre, elle s'y résigne, sans s'y préparer vraiment, comme à une fatalité inévitable.

L'attachement de Valéry Giscard d'Estaing à l'Auvergne est naturel, il s'impose de lui-même, sans avoir besoin de preuves, comme un legs transmis par plusieurs générations. Il fait d'ailleurs souvent allusion au tempérament des habitants de cette terre de volcans pour saluer tout à la fois leur courage et leur légendaire sens de l'économie. Il en assume volontiers les qualités et les (rares) défauts et n'hésite pas à jouer de l'accordéon pour le rappeler. C'est là qu'il posera sans hésitation ses premières valises électorales en 1956, c'est là qu'il se retrempera dans le suffrage populaire après l'amère défaite de 1981, c'est à la nouvelle région, qu'il présidera de 1986 à 2004, qu'il apportera tous ses soins, en la faisant bénéficier de sa vision et de son carnet d'adresses.

Le choc de la défaite

La déclaration de guerre par la France et par l'Angleterre, le 3 septembre 1939, en solidarité avec la Pologne envahie, interrompt les vacances de la famille. Edmond, le père, est mobilisé, May, enceinte de son cinquième enfant, décide de rester en Auvergne et s'installe à Chamalières, dans la banlieue de Clermont. Alors que les troupes françaises, retranchées dans l'imprenable ligne Maginot et surtout déployées avec les soldats anglais vers la mer, attendent passivement l'ennemi comme dans *Le Désert des Tartares*, les garçons de la famille, dont Valéry, âgé de treize ans, jouent à la guerre comme tous les enfants de leur âge et rêvent d'une prochaine victoire.

Préoccupée par le désintérêt scolaire qu'ils éprouvent, May revient à Paris à la mi-février 1940. Mais le séjour dans la capitale est bref. En mai, devant l'avancée des armées allemandes, la famille connaît comme des millions d'autres l'exode hâtif et désordonné où se mêlent sous des bombardements sporadiques soldats désemparés et civils apeurés. C'est en Auvergne, terre de refuge, qu'elle apprend l'ampleur de la débâcle. L'onde de choc de l'humiliation subie en quelques semaines est considérable. C'est comme un rêve qui s'écroule, une longue histoire que viennent balayer des panzers rapides et bruyants. Les Français, abasourdis, ne cessent de s'interroger sur les causes d'une défaite que personne n'avait envisagée aussi brutale. Dogme de la guerre défensive entretenu depuis 1918, erreurs commises par le commandement, sauve-qui-peut décidé par Churchill à Dunkerque. Comme l'a écrit Marc Bloch, témoin privilégié du désastre, il faut avoir le courage de regarder la vérité en face : « Cette faiblesse collective n'a peut-être été, souvent, que la somme de beaucoup de faiblesses individuelles[1]. » En écho à ce jugement, Giscard parlera plus tard de « l'humiliante défaite de 1940 », marquant « le moment où la main a lâché prise, et où les Français ont pris conscience que leur pays était en train de glisser le long de l'Histoire[2] ».

1. Marc Bloch, *L'Étrange Défaite. Témoignage écrit en 1940*, Éditions Franc-Tireur, 1946.
2. *Les Français. Réflexions sur le destin d'un peuple*, Plon, 2000.

Chez les Giscard d'Estaing, il faut faire face, comme le font les habitants sonnés, en attendant des jours meilleurs mais sans doute lointains. Financièrement, la famille, réunie de nouveau à Paris, subit moins que bien d'autres les privations résultant de l'Occupation. Mais, moralement, l'épreuve est d'autant plus lourde et difficile à supporter que le clan a fourni bon nombre de combattants rompus au métier des armes. Valéry est témoin de la débandade des soldats français, livrés à eux-mêmes sur les routes. De l'appartement de l'avenue Henri-Martin, il voit et entend les Allemands défiler et chanter, triste rappel quotidien d'une défaite collective dont le symbole est la tour Eiffel surmontée du drapeau à croix gammée. Prenant la mesure de la déconfiture subie mais encore peu au fait des données politiques, il se réfugie cette fois dans l'étude, dernier rempart d'une vie sociale rétrécie. Scolarisé au lycée Janson-de-Sailly, il lit beaucoup, mais ce sont les sciences qui l'intéressent le plus. Bachelier avec la double mention (math et philo) en 1942, il s'inscrit en classe préparatoire scientifique à Louis-le-Grand pour y préparer le concours d'entrée à Polytechnique. Au contact de quelques camarades plus engagés que lui, il se rapproche de la Résistance, en faisant pour elle de modestes missions. Il forme également le projet de partir pour Londres mais y renonce devant l'opposition de son père qui, sans collaborer aucunement, reste loyaliste et considère comme solitaire et aventureuse la voie choisie par de Gaulle.

L'engagement du jeune Giscard dans la Résistance le fait participer, en août 1944, à la libération de Paris. Il fait alors partie d'un groupe chargé d'assurer la protection du délégué du général de Gaulle, Alexandre Parodi. Pendant quelques jours, armé d'une mitraillette et muni d'un brassard à croix de Lorraine, il parcourt la capitale, est témoin de l'arrivée de la 2e DB de Leclerc, des troupes américaines, et assiste au discours du chef de la France libre devant l'hôtel de ville, le 25 août. On peut imaginer aisément la joie et la fierté qu'il partage avec les Français venus applaudir de Gaulle aux Champs-Élysées. Ce sont en grande partie les mêmes qui, auparavant, accordaient encore leur soutien au maréchal Pétain. Ainsi s'écrit l'Histoire des peuples, chaotique et contrastée.

La participation à ces moments historiques ne suffit pas au jeune Valéry, qui désire contribuer plus activement à la libération de son pays et à la défaite de l'hitlérisme. Il veut lui aussi donner de sa personne. Il fait donc le siège de son père, plus que réticent, pour obtenir son autorisation d'intégrer la 1re armée française, commandée par de Lattre de Tassigny. Mineur, il ne peut en effet se passer de son consentement. Mais celui-ci répugne à le lui donner. En interrompant ses études, son fils compromettrait sa préparation et donc sa chance d'entrer à Polytechnique. C'est aussi ce que pensent certains de ses professeurs qui comprennent mal l'engagement prématuré d'un élève aussi jeune et doué. Il faut toute la conviction de Valéry pour emporter l'adhésion un peu forcée de son père, qui n'a pas hésité à réunir, en vain, un conseil de famille pour dissuader son têtu de fils. Peut-on devenir un homme sans s'opposer au moins une fois à ses parents ? Cette expérience combattante, dans une armée aussi singulière, va procurer à celui qui se cherche encore une épaisseur humaine incomparable.

L'engagement dans la 1re armée

Avec son cousin François, le jeune homme, qui n'a pas encore dix-neuf ans, part en septembre à la recherche de l'armée dans laquelle il espère ardemment combattre. Mais comment la rejoindre ? Ce n'est pas chose facile, dans un pays libéré en partie seulement et profondément désorganisé. Pris en stop par un camionneur en route vers le Midi, les deux cousins parviennent à entrer en contact avec un colonel, à Autun. Mais à quoi affecter ces deux jeunes gens qui lui déclarent sans ambages vouloir combattre sans savoir rien faire, militairement parlant ?

Le corps de bataille que commande de Lattre comprend environ deux cent cinquante mille hommes. Équipé par les Américains, il est composé à la fois de volontaires et de mobilisés. Il comptait à l'origine une majorité de Français d'Algérie (les « pieds-noirs »), épaulés par des tabors marocains et des tirailleurs algériens et sénégalais. Cet assemblage disparate n'est devenu une véritable armée, puissante et disciplinée, qu'au fil des batailles livrées en Italie puis en Provence. Après la remontée du Rhône et la jonction avec les armées de Normandie, début septembre, il restait une tâche délicate à accomplir, l'« amalgame » avec les FFI, forces de la Résistance, voulu par le général de Gaulle et régi par le décret du 23 septembre. L'opération a pour but affiché de renforcer les effectifs de la 1re armée mais elle répond aussi à une préoccupation politique non avouée : rendre impossible un éventuel coup de force des communistes, qui sont à l'époque les mieux organisés et les plus armés. Incorporer une partie des cent cinquante mille FFI est un moyen de les détourner de cette perspective.

De Lattre est conscient de la difficulté d'intégrer à une armée régulière des partisans issus de maquis indépendants, mal équipés, plus habitués à se cacher et à monter des coups qu'à participer à une guerre classique, dans l'ordre et la discipline. Il craignait que « la communauté d'idéal patriotique ne fût pas à elle seule suffisante » pour surmonter les réserves, les réticences, voire les oppositions. Mais le succès de l'amalgame, « je le voulais de toute mon âme, écrit-il, parce que je le savais nécessaire[1] » à l'efficacité de l'armée et à l'unité de la nation. Patiemment, en respectant l'identité des différentes unités, il forge dans la mixité un corps de bataille exceptionnellement audacieux. Sa diversité fit merveille dans les Vosges, en Alsace puis en Allemagne. Première sur le Rhin en novembre 1944, première encore sur le Danube en avril 1945, cette armée venue d'Afrique et d'Italie et complétée par les combattants de l'intérieur pourrait enfin porter fièrement l'écusson qui fleurit sur ses uniformes. « Âme commune », faite de « discipline » et d'« élégance », voilà ce qu'en dit son chef dans ses mémoires.

C'est cette armée si hétérogène dans son origine que s'apprêtait à rejoindre celui qui n'avait pourtant aucune expérience militaire. La fraternité, sculptée dans les victoires, va être pour lui une formidable école de la vie. Le jeune homme, encore malhabile, à la démarche hésitante, sortira de l'épreuve transformé, sachant désormais dominer sa peur et ses émotions.

Les premiers mois ne répondent pourtant pas à son impatience. Affecté avec son cousin au 2e Dragons, il fait partie d'un groupe chargé de suivre les chars de combat.

1. Jean de Lattre de Tassigny, *Histoire de la première armée française*, Nouveau Monde éditions, 2015.

Informé par la famille de leur présence, de Lattre les fait venir auprès de lui à Montbéliard. Constatant qu'ils n'ont encore reçu aucune formation, il les envoie dans une école créée dans cette ville. Mais Valéry et François, las d'être éloignés du front, veulent rejoindre une unité combattante. Veillant toujours sur eux, le général leur enjoint alors de regagner une nouvelle école, près de Colmar, où ils reçoivent cette fois une formation plus concrète. À l'issue, Valéry souhaiterait intégrer le 2e régiment étranger de cavalerie mais il est maintenu, malgré lui, au sein du 2e Dragons.

Quel est alors son rôle ? Il sert à bord d'un char baptisé *Le Carrousel.* Commence alors la folle course vers le Rhin, où de Lattre veut être le premier, pour montrer que l'armée française ne se contente pas d'une mission subalterne mais participe activement à la chute de l'Allemagne nazie. Giscard s'illustre dans d'impressionnants combats d'engins blindés. Ainsi, en avril, il est décoré de la croix de guerre, élevé au rang de brigadier et cité à l'ordre de l'armée : « Pointeur de grande classe, a fait preuve de calme et de sang-froid le 21 avril en dirigeant à pied le conducteur d'un char remorqué sous le feu [...] » et le 25 avril, son char ayant été touché, en « tirant au canon malgré la violence de l'explosion [...]. » Légèrement blessé, il est le premier à entrer, le 26 avril, dans la ville de Constance.

C'est là que Giscard apprend la signature de l'armistice le 8 mai 1945. Il croise la route du général de Gaulle, venu passer en revue le 2e régiment de dragons. Un peu plus tard, le 14 juillet, il a l'insigne honneur de défiler, dans son char, sur les Champs-Élysées, où les troupes sont acclamées par une foule emportée par l'ivresse de la paix et de l'honneur retrouvés. Les démonstrations de joie sont à la mesure de l'humiliation subie cinq ans plus tôt. Le jeune soldat est démobilisé en septembre, peu avant la rentrée scolaire, ce qui lui permet de reprendre ses études au moment où il approche de ses vingt ans. Il n'est plus tout à fait le même que celui qui a quitté un an plus tôt sa classe préparatoire pour s'engager. Il a par rapport à ses camarades restés sur les bancs du lycée l'authenticité que procure la participation aux combats. Malgré la discrétion dont il a fait preuve à ce sujet, la personnalité et l'action du futur président de la République devront beaucoup à cette année inoubliable passée sous les drapeaux.

Son intégration à la 1re armée lui donne d'abord l'occasion de participer à la libération de son pays : c'est un choix personnel, volontaire, que bien d'autres élèves, dans la même situation, ont refusé de faire, au nom de la continuité de leurs études. Le jeune Giscard ne s'est pas laissé aller à la pente de la facilité que sa famille et ses professeurs lui présentaient comme naturelle en raison de son âge. Mineur, il arrache à son père un consentement dont il ne peut s'affranchir. Auprès de Jean de Lattre, ami attentif qui cherche à le protéger de l'épreuve du feu, il plaide pour sa participation à une unité combattante sans laquelle il aurait failli à son devoir. Mais encore, la fraternité d'armes, faite de valeurs communes – l'idéal partagé, l'obéissance, le respect et la confiance mutuels, la cohésion du groupe –, forge durablement le caractère. Dans le danger et dans l'adversité, les différences s'estompent et l'esprit de corps prend le dessus. À d'Astier de La Vigerie, il confiera ainsi plus tard : « Les privilèges matériels étaient abolis. J'ai été libéré de leur pression. » Cet aveu révèle l'importance de l'expérience qu'il a alors connue. Le sang-froid acquis pendant l'hiver 1944 et le printemps 1945 ne pourra que le servir lorsqu'il aura plus tard à prendre des décisions rapides et pleines de risques.

Ainsi, en mai 1978, lorsque des rebelles katangais s'emparent de la ville minière de Kolwezi où séjournent de nombreux européens, il est le premier à répondre à l'appel au secours lancé par le président du Zaïre : en quelques jours, une opération aéroportée est montée avec le concours des parachutistes de la Légion étrangère qui, après de rudes combats, libèrent les otages. Dans l'évaluation des aléas que comporte toujours une intervention de ce genre entreprise dans l'urgence, sa participation antérieure à des combats lui a été d'un précieux secours. Sans vouloir faire l'éloge de la guerre, reconnaissons qu'elle procure, face au danger, une leçon de lucidité et d'humilité.

Une double formation : Polytechnique et l'Ena

Le retour à la vie civile, dans un pays à reconstruire, est évidemment moins exaltant que le bruit et la fureur des combats. C'est tout naturellement le lycée Louis-le-Grand qu'il rejoint à l'automne, avec la ferme intention d'entrer à Polytechnique. À l'issue de sa préparation, en juillet 1946, il est reçu sixième au concours réservé aux candidats qui, en raison de la guerre, n'avaient pu s'inscrire à la session de l'année précédente. S'il n'échappe pas au traditionnel bizutage, l'instruction militaire est logiquement réduite pour tous ceux qui comme lui ont servi sous les drapeaux. Les activités physiques et sportives alternent avec les heures quotidiennes réservées à la formation générale, où dominent les matières scientifiques. De ces années à l'X, Giscard garde un excellent souvenir qu'il rappelle chaque fois que l'occasion s'en présente. Il évoque notamment la qualité du corps professoral et la transmission d'un savoir au contact des réalités industrielles du moment. Il parle aussi comme d'un avantage apprécié de la simplicité des rapports entre les élèves : en l'absence de formalisme, c'est la valeur personnelle de chacun qui est prise en compte, au-delà de son origine sociale.

Pendant cette scolarité heureuse, ses traits de caractère se révèlent. Il noue de fortes relations de travail et d'amitié avec quelques-uns mais, gardant ses distances, il ne participe pas vraiment à la vie de l'école et n'éprouve aucun goût particulier pour le port de l'uniforme. Sans être un génie en mathématiques, ce qu'il reconnaît lui-même, il dispose d'une grande capacité de synthèse, facilitée par une mémoire hors du commun qui, tout au long de sa vie, ne cessera d'impressionner ses interlocuteurs. Les résultats de son travail l'autorisent à imaginer la spécialisation la plus prestigieuse que lui offre l'X : l'entrée dans le corps des ponts et chaussées ou dans celui des mines. Pourtant, curieusement, ce n'est pas son choix. C'est pour la toute nouvelle École nationale d'administration qu'il opte, à l'été 1948. Il s'ouvre d'ailleurs de sa décision à son père dans une lettre qui témoigne que ses rapports avec lui n'ont pas encore l'intensité qu'il souhaite : il conclut en formant l'espoir que s'établisse avec lui un « véritable dialogue que l'affection du cœur connaît déjà ». Derrière cette phrase bien tournée se perçoit le désir d'un plus grand partage, d'un échange plus fécond.

En utilisant, le premier, une disposition récente permettant à un ou deux élèves bien classés d'intégrer directement l'Ena, Giscard affirme sa volonté de rejoindre la fonction publique, en particulier l'inspection des finances à laquelle il songe déjà. Quelle influence le modèle paternel exerce-t-il sur lui, à ce tournant de sa vie professionnelle ? Elle est certainement réelle mais peut-être voit-il au-delà. N'a-t-il pas avoué à ses camarades son ambition de devenir ministre des Finances avant trente ans ? Boutade ou projet, c'est difficile à dire… Quoi qu'il en soit, le passage par l'Ena est un choix judicieux qui ne peut que satisfaire son père tout en le préparant, le cas échéant, à des fonctions plus élevées encore.

Conçue par Michel Debré, l'Ena est précisément destinée à démocratiser l'administration centrale, en substituant une voie d'accès unique aux multiples concours d'inspiration corporatiste mis en place jusqu'ici par les ministères spécialisés et dont certains sont de véritables chasses gardées. Dans la France de l'après-guerre, traumatisée par l'Occupation et dont le potentiel économique est en grande partie détruit, l'ambition se comprend aisément. Il convient de rassembler les énergies, de faire preuve d'imagination, d'opérer des choix stratégiques. Les anciens corps de fonctionnaires, restés en place au nord ou modelés par le régime de Vichy au sud, en sont-ils capables ? Les nouveaux dirigeants, de Gaulle en particulier, éprouvent à leur égard une méfiance légitime. Il est vrai, par exemple, qu'un seul magistrat a refusé de prêter le serment de fidélité personnelle au maréchal Pétain, décrété en 1941.

C'est en janvier 1949 que la promotion à laquelle appartient désormais VGE fait sa véritable rentrée à l'Institut d'études politiques, rue des Saints-Pères, sous un nom prédestiné, « Europe ». Un premier signe ! Le directeur de l'école, Henri Bourdeau de Fontenay, note qu'il est « un des élèves les plus intelligents et les plus consciencieux ». Après un mois consacré à des connaissances générales sur l'administration française, la scolarité de Giscard débute par un stage en Sarre, dont le statut définitif n'est pas encore fixé. La France est toujours tentée, dans la lignée des années 1920, de la considérer comme une zone d'influence privilégiée. Ce ne peut être pour le jeune fonctionnaire un retour aux sources, compte tenu de l'âge auquel il a quitté Coblence, c'est davantage la marque involontaire d'une certaine continuité familiale. Le rapport qu'il rédige à l'issue de ce stage lui vaut la note de 19 sur 20, la meilleure de toutes celles obtenues par les élèves. C'est un début prometteur. À son retour à l'École, à Paris, il suit des cours sur des matières spécifiques et des conférences sur des sujets d'actualité. Le but est de procurer aux futurs hauts fonctionnaires un socle solide et actualisé. Le sentiment de Giscard sur l'enseignement dispensé demeure cependant mitigé.

S'il apprécie les connaissances économiques de Pierre Mendès France, et plus encore l'ouverture d'esprit de Pierre Laroque, le père fondateur de la Sécurité sociale, l'orientation générale de l'enseignement ne lui convient pas vraiment, trop marquée qu'elle est par le conformisme d'une pensée inspirée par l'idéologie qui domine alors : la croyance excessive dans les vertus d'une planification conçue sur le modèle soviétique, la tentation dirigiste, rappelant ce que Giscard appelle le « colbertisme monarchique ». Pour lui, le type d'organisation économique prôné à l'époque était trop calé sur celui des services publics ; en revanche, il était fait peu de cas des indications salutaires du marché. À ses yeux, cette orientation n'était guère favorable au nouveau départ que l'évolution du monde imposait au pays. La supériorité de la formation scientifique de l'X explique qu'il n'ait jamais fait grand cas d'un condisciple passé par la rue des Saints-Pères, alors qu'il prenait un malin plaisir à le faire pour un polytechnicien estimé.

Quatrième à l'issue du classement général, Giscard peut choisir le corps auquel il aspire, celui de l'inspection des finances. Le modèle paternel s'impose ici avec évidence. C'est pour lui l'administration la plus proche de l'économie, pour laquelle il commence à se passionner. Les stages qu'il effectue avant sa sortie de l'École, en entreprise puis au ministère des Finances, confirment la justesse de son choix. Il est placé désormais dans un poste d'observation et d'influence privilégié qui lui procurera une connaissance large des forces et des faiblesses du système administratif français. Politiquement, en revanche, ses préférences ne sont pas encore bien arrêtées. Il sait quels sont les défis que le pays doit relever mais il ne voit pas avec netteté se dessiner le chemin politique à emprunter pour ce faire.

Mais, si sa pensée politique est encore vague, sa méthode de travail s'est au contraire forgée pendant ces années décisives de formation, de 1946 à 1952. L'empreinte de Polytechnique, plus profonde que celle de l'Ena, explique la primauté accordée à l'observation et à l'analyse des faits. Si les phénomènes sociaux se prêtent difficilement à l'expérimentation, contrairement aux « sciences dures », cette limite n'exclut pas pour autant une exigence de rationalité et de cohérence. Ainsi, si des disciplines telles que l'économie, l'histoire, la sociologie n'ont guère de capacité prédictive, elles permettent du moins de comprendre les crises passées et d'éclairer d'un jour utile les décisions à prendre. Dans ses stages, dans les missions d'inspection qu'il réalise, c'est cette démarche que VGE adopte. Elle l'aidera particulièrement dans le domaine économique à mettre en évidence les causes des échecs subis pour en éviter la reproduction.

Sa formation scientifique est un puissant atout, par l'esprit critique qu'elle encourage pour mesurer les faits et s'affranchir des approximations superficielles. Quelle est la fiabilité des données collectées, comment interpréter les statistiques et les courbes dont on commence à être abreuvés dans les années 1950 ? Face à un problème, il importe d'abord d'en délimiter les contours, d'en rechercher les facteurs explicatifs sans céder aux préjugés et aux idées reçues. Cela suppose évidemment un peu de temps pour opérer cette première analyse. Le même pragmatisme s'impose ensuite dans la recherche des solutions à mettre en œuvre : le remède le plus efficace est celui qui accélère l'évolution souhaitée, débloque une situation figée, facilite l'accomplissement des objectifs à atteindre. Qu'il s'agisse du système administratif, de l'économie ou de la société tout entière, cet impératif inspirera son action aux niveaux de plus en plus élevés où son parcours le conduira. Polarisé au départ sur quelques centres d'intérêt, son champ de vision n'a cessé de s'étendre, de Polytechnique à l'Ena, en cercles concentriques de plus en plus vastes. Rien n'est plus contraire à sa démarche naturelle que l'intuition, l'approximation et surtout l'improvisation, comme le démontrent sa réussite scolaire et son ascension professionnelle.

Giscard apporte une grande attention à ces questions de méthode qui conditionnent la réussite de toute action publique. Il évoque ainsi ce qu'il appellera plus tard « la psychologie endommagée des Français ». Pour lui, leur comportement intellectuel dénote des faiblesses répandues : recours au raisonnement abstrait, plus qu'à l'analyse méthodique des faits, capacité d'anticipation freinée par la primauté accordée au court terme, critique presque systématique de toute proposition nouvelle. Le résultat est que nous sommes prompts à dénoncer ce qui ne va pas mais moins enclins à imaginer des solutions concrètes pour changer le cours des choses. Ces travers nous valent, selon lui, bien des déboires dans nos rapports avec les autres peuples. Il est vrai que nous accordons souvent une plus grande attention aux principes qu'à leurs effets réels. Ainsi surgissent des débats passionnés, largement déconnectés des réalités et donc peu à même de les modifier. S'il fallait illustrer ce trait du tempérament collectif, la discussion entretenue sur la laïcité en fournirait un bon exemple. Brandie comme un étendard, elle provoque depuis vingt ou trente ans des empoignades constantes sans donner lieu à un véritable mode d'emploi ni à la vérification de son respect.

En contrepoint, et tel un élément pondérateur de son équilibre personnel, la vie sentimentale de Giscard échappe à toute programmation. Ses relations avec les femmes paraissent mal assurées, au début ; mais qui n'a pas connu une déception amoureuse à l'adolescence ? Si elles l'ont toujours attiré, ce n'est que progressivement que s'affirme son pouvoir de séduction. Pour l'heure, le hasard lui donne l'occasion de l'exercer sur Anne-Aymone de Brantes, rencontrée fortuitement chez des amis communs. Âgée de dix-neuf ans, elle est la fille d'un officier, martyr de la Résistance, mort en déportation en 1944. Discrète, d'une beauté sans affectation, elle a dû interrompre prématurément ses études mais possède une solide culture classique. La découvrant peu à peu, il la courtise et lui annonce son intention de l'épouser. La cause est vite entendue et de leur mariage, célébré le 23 décembre 1952, naîtront quatre enfants.

C'est dans les premières années de cette décennie que va se préciser le destin politique de VGE. La Providence à laquelle il croit y joue un grand rôle mais elle bénéficie d'un terrain bien préparé. Au jeune inspecteur des finances, installé dans la vie, doté d'un solide réseau de relations, ne manque plus que l'étincelle qui le fera s'engager.

2

Ce qui fait le politique

Observateur attentif et rigoureux, Giscard n'est plus très loin de faire une incursion dans la vie politique. Si elle l'intéresse, il n'en connaît pas précisément les rouages ; l'univers des partis lui est largement étranger ; ses opinions ne sont pas encore affirmées, comme le montre son attitude à l'égard du général de Gaulle. Certes, il mesure la stature historique du personnage, soutient son objectif de redresser le pays et de rendre à la France son rang dans le concert des nations, regrettant son départ précipité le 20 janvier 1946. Mais, admirateur de l'homme et de son projet, il n'en est pas pour autant un inconditionnel. Ainsi, la création du RPF (Rassemblement du peuple français) en 1947 suscite sa curiosité passagère sans entraîner son adhésion. Conçu pour l'aider à reconquérir le pouvoir, cet outil finira par se disloquer et sera dissous par son initiateur en 1951.

En revanche, à Polytechnique comme à l'Ena, Giscard a noué quelques amitiés et de plus nombreuses relations qui le serviront plus tard. Jacques Duhamel, Jean-Jacques Servan-Schreiber, Jean d'Ormesson, Philippe de Vendeuvre, Henri de Clermont-Tonnerre composent, avec son cousin François, le compagnon de guerre, un réseau d'influence où la curiosité, l'audace le disputent au sérieux et à la rigueur. La seule véritable certitude du jeune inspecteur des finances est que le monde change plus vite qu'il n'y paraît et que l'effort du pays pour s'y faire une place devra être considérable.

Après son mariage, son destin peut encore balancer de divers côtés. Épanoui dans son métier, Giscard approfondit ses connaissances, effectue de nombreuses missions en Algérie et au Maroc. Il retrouve ainsi Michel Poniatowski, issu de la même promotion de l'Ena, avec qui s'établira une complicité sans faille. En 1954, au moment où se joue le sort de l'Indochine, Giscard fait un premier pas vers la politique en entrant dans le cabinet d'Edgar Faure.

Au cabinet d'Edgar Faure

En cette année charnière, marquée par la fin de la guerre d'Indochine et le début de l'insurrection en Algérie, la vie politique française est dominée par deux personnalités différentes appartenant toutes deux au parti radical, Pierre Mendès France et Edgar Faure. Revendiquant une tradition de gauche mais pratiquant au plan national une politique de droite, cette petite formation est au centre de l'échiquier. Une position stratégique dans une Assemblée émiettée où les majorités fluctuent. Mais ses deux leaders ne voient pas l'avenir de la même façon. Le premier veut intégrer les radicaux à un front de gauche, le second veut les maintenir à leur place en en faisant l'axe de toutes les combinaisons ministérielles possibles. Attachement aux principes ou adaptation aux circonstances ? Ils vont se trouver bien vite dans une situation de rivalité.

Edgar Faure a une longue expérience de l'opportunisme politique. Il pourrait faire sienne cette déclaration de Jules Simon qui, au début de la IIIe République, pouvait se dire à la fois « profondément républicain » en se tournant vers la gauche de l'hémicycle et « résolument conservateur », en se tournant vers sa droite. Plein de verve, doté d'une grande agilité intellectuelle, charmeur au demeurant, il est appelé en 1953 comme ministre des Finances et des Affaires économiques par le président du conseil Joseph Laniel. Il conserve ce poste dans le gouvernement constitué un peu plus tard par Pierre Mendès France avant d'être nommé par ce dernier ministre des Affaires étrangères. À la chute de PMF, en février 1955, il est désigné, pour la seconde fois de sa carrière, pour être le président du Conseil des ministres, fonction qu'il conservera jusqu'en janvier 1956, après une dissolution aussi inutile qu'incomprise. Bel exemple de continuité ministérielle !

L'autre figure de la vie politique est Mendès France, l'homme qui réussit à sortir la France du bourbier indochinois en négociant les accords de Genève. C'est le portrait contraire de son rival. Sérieux, technicien, il ne joue pas avec les idées même s'il n'en est pas dépourvu, il s'efforce de résoudre les uns après les autres les problèmes auxquels se heurte le pays. Fidèle à ses principes, il ne transige pas, ce qui explique qu'après 1955, il n'ait plus exercé aucune responsabilité ministérielle, tout en restant un incomparable influenceur et une référence politique incontournable. Depuis l'Ena où il l'a eu comme professeur, Giscard respecte les compétences de Mendès mais craint que son inspiration socialisante ne l'entraîne dans la voie du dirigisme étatique.

C'est sur le conseil de Jacques Duhamel que Giscard accepte d'entrer en 1954 dans le cabinet d'Edgar Faure, alors ministre des Finances, après en avoir été brièvement le conseiller officieux. Il éprouve pour Faure, au firmament de son parcours, un intérêt qu'il ne cache pas. Le personnage jongle avec les idées, c'est un conceptuel à qui aucune confrontation ne fait peur ; il est un brin vaniteux, comme l'illustre le sous-titre qu'il donnera en 1982 au tome premier de ses Mémoires : *Avoir toujours raison… c'est un grand tort.* Au journaliste Éric Roussel, auteur d'une biographie bien sentie, Giscard d'Estaing confie : « Edgar Faure m'a tout de suite beaucoup séduit. Il était extrêmement brillant et professait, en matière politique et en matière culturelle, des idées proches des miennes. C'était un libéral[1]. »

Au sein du cabinet, quelles sont ses fonctions ? D'abord chargé de mission, il est nommé une année plus tard conseiller technique puis directeur adjoint, sous l'autorité de Jacques Duhamel. Son rôle, limité au début aux strictes questions économiques et financières, s'élargit peu à peu aux relations internationales lorsque Edgar Faure est nommé ministre des Affaires étrangères. Par sa compétence et sa rigueur, VGE devient un élément moteur du cabinet, au point d'être impliqué dans la campagne cantonale, dans le Jura, où son ministre est menacé alors par la progression du courant poujadiste. Comme l'écrit Mathias Bernard : « ce qui n'aurait pu être qu'un éphémère strapontin se révèle un lieu d'apprentissage et un levier politique – grâce au rôle central d'Edgar Faure[2] ».

Entre Pierre Mendès France dont l'intransigeance décourage les opportunistes et Edgar Faure dont la pensée ondoyante s'adapte aux événements, l'Assemblée nationale opte comme Giscard pour le second.

---

1. Éric Roussel, *Valéry Giscard d'Estaing*, L'Observatoire, 2018.
2. Mathias Bernard, *Valéry Giscard d'Estaing. Les ambitions déçues*, Armand Colin, 2014.

Mais l'homme de Saint-Claude, grand défenseur des fabricants de pipes, aurait dû savoir que « du sublime au ridicule, il n'y a qu'un pas », comme le disait Napoléon. Grisé par le succès de ses manœuvres et, plus encore, désireux de stopper l'ouverture à gauche souhaitée par PMF, il décide le 2 décembre 1955 de provoquer des élections anticipées. Cette seule date, anniversaire de la victoire d'Austerlitz et du sacre de l'Empereur, incitait à la prudence. Mais, trop sûr de lui, il espère surmonter des vents contraires, pourtant assez violents. La dissolution, jamais utilisée depuis 1877, fait irrésistiblement songer à Mac Mahon. Contrairement à ses calculs, cette mesure intempestive se retourne contre son auteur, comme plus tard celle de Chirac en 1997 : elle renforce le front républicain mais sans dégager cependant de majorité cohérente, ce qui oblige Edgar Faure à quitter le pouvoir. Un coup d'épée dans l'eau dont se serait passé le futur académicien.

Cette circonstance politique imprévisible a sur le parcours de VGE un effet inattendu mais décisif. Lui qui approuvait jusqu'ici la démarche du chef de gouvernement et en admirait l'habileté décide de tenter sa propre chance aux élections législatives, dans le Puy-de-Dôme, où son grand-père Jacques Bardoux est député. Il n'a encore posé aucun jalon mais l'occasion, même prématurée, est trop belle pour la laisser passer. Il lui faut cependant résoudre un problème politique et surmonter une difficulté psychologique qui ne sont pas minces. Se pose d'abord pour lui la question de son rattachement partisan. À quel mouvement s'affilier ? Edgar Faure, exclu du parti radical pour avoir prononcé la dissolution, réactive le Rassemblement des gauches républicaines qui, contrairement à ce que suggère son nom, est orienté au centre droit. C'est à lui que s'adresse logiquement Giscard. Mais, sollicité, le chef du gouvernement en sursis refuse de patronner sa candidature, donnée perdante par le préfet du département. Il y a de meilleures façons de récompenser les services rendus… C'est alors vers les Indépendants, dont la figure de proue est Antoine Pinay, que VGE se tourne, en désespoir de cause.

L'affiliation partisane étant tranchée par le recours à une étiquette somme toute peu compromettante, il lui faut encore convaincre son grand-père, député de longue date, de ne pas solliciter un nouveau mandat. La tâche n'est pas simple. Alors âgé de plus de quatre-vingts ans, ce dernier multiplie les contacts en vue de se maintenir. De guerre lasse et sur l'insistance de sa fille May, il finit cependant par renoncer. La voie est donc libre…

Giscard se retrouve en deuxième position sur la liste départementale du CNIP (Centre national des Indépendants et Paysans). Mais dans un scrutin proportionnel, sa chance d'être élu est assez mince. Il fait cependant une « campagne de terrain », comme on dit aujourd'hui, bénéficiant de l'image de sage qui s'attache à Antoine Pinay. Grâce aux apparentements qu'autorise la loi « scélérate » de 1951, le CNIP obtient, le 2 janvier 1956, deux sièges, avec seulement 15 % des voix, et Giscard fait son entrée à l'Assemblée nationale, à tout juste trente ans. Avec le recul, on mesure combien cette élection inattendue doit à peu de choses : un vote de défiance mal calibré des députés qui, dépassant la majorité absolue, rend possible une dissolution aventureuse, le jeu des apparentements, imaginé par le législateur pour réduire la représentation parlementaire des communistes et des gaullistes. Quoi qu'il en soit, Giscard, qui n'est pas le seul à en tirer profit, a pu tester pour la première fois sa capacité de parler à des électeurs et de les convaincre. Ce premier succès inaugure un enracinement politique d'un demi-siècle en Auvergne.

L'expérience de parlementaire

Pendant les trois années qui le séparent de son entrée au gouvernement, Giscard s'initie au rôle, souvent ingrat, de parlementaire. Comment faire entendre sa voix dans un hémicycle de plusieurs centaines de députés que dominent un petit nombre de leaders chevronnés ? Il se fait remarquer progressivement par la précision de ses analyses économiques, par son plaidoyer en faveur de l'Europe naissante et par son appel à doter le pays d'institutions nouvelles.

La session s'ouvre par l'une des manœuvres les plus scandaleuses de la IVe République. L'Assemblée nationale, alors seule juge de la régularité de l'élection de ses membres, invalide celle de onze députés poujadistes et n'hésite pas à proclamer leurs concurrents à leur place. Comme si un tel tour de passe-passe, juridiquement discutable, pouvait faire disparaître le mécontentement exprimé par une fraction notable des citoyens. Ce déni de démocratie provoque généralement l'effet inverse en radicalisant plus encore les opposants au régime. Illusion d'optique procurée par la détention d'une majorité artificielle, faisant penser à la sinistre phrase prononcée en 1981 par le socialiste André Laignel : « Vous avez juridiquement tort car vous êtes politiquement minoritaires. » Les remous provoqués par cet abus de position dominante conduiront les constituants de 1958 à confier au nouveau Conseil constitutionnel le contentieux de l'élection des parlementaires. La démocratie a besoin d'être protégée contre les excès d'une majorité sans scrupules.

Dans l'assemblée que découvre le jeune député du Puy-de-Dôme, le tripartisme reposant sur de grandes formations disciplinées (communistes, socialistes et républicains populaires) a vécu. Après les élections de 1956, aucune majorité claire ne se dégage, une douzaine de groupes se partagent les 626 sièges. Le président du Conseil investi, Guy Mollet, peut compter sur le concours des socialistes et des radicaux et l'apport plus mesuré de petits mouvements faisant la balance entre les coalitions successives. Au centre, le MRP est affaibli et à droite les Indépendants éclatent en plusieurs fractions distinctes. Les députés communistes sont les plus nombreux (144) mais, rejetés dans l'opposition, ils rendent l'arithmétique parlementaire encore plus chaotique. Quant aux poujadistes, avec leurs 2,5 millions de suffrages, ils traduisent l'existence d'un fort courant de mécontents chez les commerçants, les artisans et les agriculteurs, aggravant ainsi la crise d'un régime dont ils sont à la fois la cause et la conséquence.

Dans ce climat délétère, que retenir de marquant dans l'expérience parlementaire de Giscard d'Estaing ? Celui-ci, nouvellement élu, est d'abord un témoin privilégié de la déliquescence des institutions. De 1956 à 1958, il assiste impuissant à l'expédition manquée de Suez, à la montée de l'insurrection en Algérie, à la naissance du Marché commun, enfin à l'émeute populaire, encadrée par l'armée, qui ramènera au pouvoir le général de Gaulle et signera la fin de la IVe République. Le tout sur un fond de difficultés économiques malgré l'ampleur de la reconstruction entreprise depuis la Libération. Il est membre du groupe des Indépendants et Paysans, comptant quatre-vingt-trois élus et que préside

Antoine Pinay. Leader incontesté de la droite modérée, celui-ci jouit d'un grand crédit depuis son action comme président du Conseil et ministre des Finances, entre mars 1952 et janvier 1953. Initiateur d'une amnistie fiscale, il réussit alors à lancer un programme d'économies budgétaires et un grand emprunt qui connaît un vif succès auprès des épargnants.

Giscard apprécie la sagesse et le bon sens du maire de Saint-Chamond, auprès duquel il fait ses premières armes comme député. Se faisant rapidement apprécier, il devient ainsi une des valeurs sûres et remarquées des Indépendants. Ses interventions en séance demeurent cependant assez rares, comme s'il était impressionné par les conditions, solennelles il est vrai, entourant la prise de parole à la tribune. L'une de ses actions les plus significatives est sa participation à la création et à la vie d'un inter-groupe parlementaire, désigné sous le nom des « moins de quarante » et regroupant de jeunes députés de toute appartenance, à l'exception des extrêmes, les poujadistes et les communistes. Tous partagent une critique des institutions, incapables de faire face aux grands problèmes qui agitent l'opinion : l'inflation, l'unification européenne, la politique coloniale. Il y a comme un signe précurseur dans cet appel au renouvellement et cette aspiration à nouer un dialogue au-delà des clivages.

Après l'interruption forcée et humiliante de l'expédition de Suez, conduite avec les forces britanniques, et l'appui d'Israël, cet inter-groupe prend une initiative importante, en sollicitant une audience auprès du président de la République, René Coty. Giscard d'Estaing fait partie de la délégation reçue à l'Élysée. Le but poursuivi est d'inviter le chef de l'État à faire appel au général de Gaulle afin de restaurer, à l'extérieur, le crédit international de la France et, à l'intérieur, de solides institutions. À la grande surprise des parlementaires présents, Coty est plus que sensible à leur intervention malgré les réticences, voire les craintes suscitées chez les principaux dirigeants de partis à l'évocation d'un retour porteur, selon eux, d'un risque pour les libertés. Il s'engage lorsque le moment sera opportun à favoriser l'accession au pouvoir du chef de la France libre. De ce moment, le député du Puy-de-Dôme sait qu'un recours existe et qu'il est envisagé, secrètement, au plus haut niveau de l'État. C'est donc pour lui une note d'espoir dans un climat général qui ne porte guère à l'optimisme.

C'est sur l'Europe que VGE prononce ses premiers grands discours, le 17 janvier et le 4 juillet 1957, se faisant reconnaître comme un orateur de premier plan. La construction européenne est présentée par ses promoteurs comme un moyen d'accélérer la croissance et le potentiel de production des pays membres, et de consolider la paix par la réconciliation de la France et de l'Allemagne. En revanche, la tentative d'assurer une défense commune face à l'URSS menaçante s'est soldée par un échec, consommé en 1954 lorsque l'Assemblée nationale a repoussé la Communauté européenne de défense (CED), qui aurait pu jeter les bases d'une solidarité et d'une autonomie stratégiques des six. Sous les autres aspects, le processus avance bien, avec la signature du traité de Rome créant le Marché commun, le 25 mars 1957. Le débat parlementaire de ratification n'est pourtant pas gagné d'avance. Beaucoup redoutent en effet les conséquences d'une ouverture des frontières à la concurrence, à laquelle le pays, protégé jusqu'ici par son Empire, n'est pas préparé. Les discours les plus marquants sont ceux de Pierre Mendès France, qui exprime une forte réserve sur le rythme de l'intégration, à son avis trop rapide, et de Valéry Giscard d'Estaing, qui répond à ces craintes par un véritable plaidoyer argumenté.

Pour le député auvergnat, l'adhésion de la France au Marché commun est une opportunité qui peut l'aider à surmonter les difficultés économiques qu'elle connaît de manière récurrente. Si « nous avons quelque peine à soutenir la concurrence de nos voisins extérieurs », c'est, dit-il, que « nos charges sont très sensiblement supérieures aux leurs ». Il ajoute amèrement : « Nous sommes les premiers pour les charges et les derniers pour les investissements. » Le discours a une résonance qui dépasse et de loin le contexte des années 1950. Quel est le meilleur moyen d'améliorer les performances de l'économie nationale, le repli sur son pré carré ou l'ouverture à la compétition internationale ? Ce débat n'a pas fini d'agiter le Landerneau politique. Pour Giscard, l'intégration souhaitable au nouveau Marché ne saurait cependant suffire car elle ne résoudra pas automatiquement les maux dont le pays souffre. Il convient donc tout à la fois de ratifier le traité de Rome et d'adopter une politique différente, à base de redressement économique et financier, avec l'objectif de préparer le pays à la libération des échanges dans dix-huit mois. Le jeune député ne pouvait sans doute pas imaginer qu'il serait bientôt appelé à la mettre en œuvre, sous la direction du général de Gaulle, rue de Rivoli. Du moins espérait-il y concourir sous la forme, imprévisible, que la Providence lui offrirait.

L'année suivante, au printemps 1958, les événements se précipitent et prennent la tournure que souhaitait secrètement le président de la République, René Coty. La IVe République s'enfonce dans l'impasse algérienne en pratiquant une politique de répression qui n'est pas compensée par les réformes attendues par les musulmans. Après la chute du gouvernement Guy Mollet, le 21 mai 1957, le radical Maurice Bourgès-Maunoury ne parvient pas à faire voter par l'assemblée la loi-cadre relative à l'Algérie. Une sorte d'aveuglement collectif, marqué par la coalition de tous les conservatismes, s'empare des esprits pour les conduire tout droit dans le mur. Pour sortir de la crise, la nomination comme président du Conseil d'Antoine Pinay est envisagée. Elle est ardemment soutenue par VGE qui, en octobre, espère voir le sage de Saint-Chamond prendre en main les destinées d'un pays déboussolé. Optimiste, celui-ci imagine déjà la composition de son équipe gouvernementale, dans laquelle le député du Puy-de-Dôme serait appelé à entrer comme secrétaire d'État aux Finances. Mais la tentative ne peut aboutir car Pinay n'obtient pas à l'Assemblée nationale la majorité requise. La dernière occasion de sortir par la voie légale d'une situation politique délétère s'envole, sonnant le glas d'une République défunte.

Dans ces conditions, les combinaisons qui suivent sont condamnées à être éphémères. C'est Félix Gaillard, jeune inspecteur des finances et député de la Charente, qui finit par être investi en novembre mais, les mêmes causes produisant les mêmes effets, il se retire le 15 avril 1958. La valse des ministères, provoquée par un multipartisme aggravé par la loi électorale, est inévitable et prépare l'agonie du régime laborieusement mis en place en 1946. Pour cette raison, en dépit de l'insistance dont fait preuve Poniatowski, Giscard ne vote pas la confiance au gouvernement formé par Pierre Pflimlin, maire MRP de Strasbourg, dont l'orientation aurait pu le séduire mais dont les jours sont comptés. Tous ces « replâtrages », comme on le disait alors, ne font que différer le moment fatidique où une nouvelle Constitution s'imposera.

Le déclencheur est la manifestation du 13 mai 1958, lors de laquelle les Français d'Algérie expriment leur colère et leur espoir. Des « comités de salut public » se mettent en place et, après la Corse, s'étendent rapidement aux principales villes de la métropole, préparant les conditions du retour au pouvoir de l'homme du 18 Juin. Le 29 mai, le président Coty, les jugeant réunies, lance l'appel qu'il tenait tout prêt au « plus illustre des Français » et s'engage à démissionner si l'investiture parlementaire ne lui est pas accordée. Pour Valéry Giscard d'Estaing, c'est la seule voie possible pour sortir le pays du désordre et de l'agitation. Le 1er juin, il fait donc partie des 329 députés qui se prononcent favorablement, faisant paradoxalement du général de Gaulle le dernier président du Conseil de la IVe République moribonde. Il approuve également la loi constitutionnelle du 3 juin qui habilite le nouveau gouvernement à rédiger un projet de Constitution destiné à être soumis au référendum. S'il ne prend aucune part dans l'écriture de la nouvelle Loi fondamentale, il adhère à sa conception générale. De même, les premières mesures économiques qui seront ensuite développées dans le rapport Rueff-Armand vont selon lui dans la bonne direction. Après de longues années d'errance politique, le sort du pays paraît enfin favorable.

Si l'on en juge par l'étroitesse de la majorité parlementaire qui s'exprime les 1er et 3 juin, la partie ne s'annonce pourtant pas facile. Alors que le pays profond est soulagé d'une telle issue, la classe politique est bien loin d'être convaincue des bienfaits du retour du Général et du projet de Constitution concocté par Michel Debré. Il existe un fort courant, alimenté à gauche par les communistes et la majorité des socialistes, ce qui n'est pas surprenant, mais aussi au centre et à droite par des partis qui préfèrent à l'audace gaulliste le conservatisme confortable de la tradition. Le « non » catégorique à la Ve République de François Mitterrand et de Pierre Mendès France illustre la persistance de réflexes hérités des régimes précédents, où le Palais Bourbon et le Palais du Luxembourg étaient le centre de la vie politique. Il faudra beaucoup de temps et d'habileté manœuvrière au premier pour faire oublier cette erreur historique que le second, fidèle à ses principes, ne voudra jamais admettre, ce qui le tiendra écarté définitivement du pouvoir.

Le bilan de l'expérience parlementaire, pourtant brève, du député de l'Auvergne est riche de plusieurs enseignements. Giscard a vu de près ce qui fait la faiblesse d'un régime conçu à l'origine pour reposer sur de grands partis disciplinés et responsables mais vite dépassé par l'ampleur des problèmes à résoudre, outre-mer en particulier. Les mécanismes de rationalisation imaginés (investiture, responsabilité gouvernementale, dissolution de l'Assemblée nationale) tournent à vide, les crises ministérielles se multiplient (vingt-deux présidents du Conseil de 1946 à 1958). Si la Chambre fait et défait les gouvernements, elle ne parvient pas à soutenir des politiques cohérentes, appliquées dans la durée. Les grandes impulsions ont été données à la Libération mais, dès les années 1950, l'immobilisme prévaut. Le futur président confiera plus tard qu'il avait « souffert de cette instabilité politique » dont il était le jeune témoin, assistant ainsi aux « soubresauts de la IVe République ». Il fera remarquer malicieusement qu'il y aurait eu douze gouvernements sous son septennat si la pratique antérieure avait prévalu. La IVe République n'est pourtant pas le régime de Weimar. Si elle finit par se perdre dans les sables de l'Algérie, elle connaît, grâce à la permanence de l'administration et à l'ardeur au travail des Français, une reconstruction et une croissance économiques qui se poursuivront sans discontinuer jusqu'au début des années 1970.

Initié aux subtilités de la vie parlementaire pendant trois ans, VGE ne cherche en rien à la rabaisser, encore moins à la dénigrer. Ce qu'il déplore, c'est la déliquescence des institutions qu'aucune révision constitutionnelle ne peut endiguer. Pour autant, le parlement demeure pour lui le lieu du débat, de la recherche de l'intérêt général. Cela explique les sentiments qu'il éprouve à l'égard de de Gaulle. Il soutient résolument son action en 1958, mais, toujours attentif aux risques de dérive autoritaire, il demeure attaché à l'existence de contre-pouvoirs dont Tocqueville avait justifié l'intérêt, un siècle auparavant, dans *De la démocratie en Amérique*.

La maîtrise des finances, rue de Rivoli

Giscard sait dès l'été 1958 que la République à venir sera bien différente de la précédente. Il a pour le Général une admiration qui n'est pas exempte de réserves mais se sent prêt à prendre de nouvelles responsabilités dans la voie du redressement espéré. Il sait aussi que les institutions qui se préparent devraient éviter au pays les dérives qu'il déplorait. Après l'approbation massive de la nouvelle Constitution par le référendum du 28 septembre 1958, il se présente pour la deuxième fois aux élections législatives, les 23 et 30 novembre, dans le Puy-de-Dôme. Le mode de scrutin est bien différent du précédent : uninominal, il exige la majorité absolue au premier tour et se déroule dans le cadre de circonscriptions. Celle de Giscard d'Estaing regroupe une partie de l'agglomération clermontoise et une zone plus rurale, au sud-ouest du département. C'est l'occasion pour lui de développer une campagne personnelle sans avoir à composer avec le programme d'un parti politique. Il n'a pas envisagé d'adhérer à l'UNR (Union pour la nouvelle République), créée pour soutenir l'action du futur chef de l'État, et reste fidèle à l'étiquette des Indépendants qui lui avait réussi deux ans plus tôt. Dans sa profession de foi, il se prononce sans détour contre les « défenseurs d'un régime attardé et pourri ». Face à deux candidats de gauche et à un poujadiste, il place son engagement sous le thème « Une France forte dans une Europe unie ». Les mots ne sont pas choisis au hasard, ils pourraient résumer tout son parcours politique.

Le succès est au rendez-vous dès le premier tour, avec 55 % des suffrages. Par rapport à sa première élection, le bond est considérable et consacre sa légitimité électorale. Giscard est élu sur son nom alors qu'il figurait auparavant sur une liste départementale, en deuxième position. Il obtient bien plus que la moyenne nationale de voix recueillies par l'UNR (18 %) ou par les Indépendants (14 %) auxquels il se rattache politiquement. Globalement, la nouvelle assemblée ne comporte pas de majorité homogène. Si le glissement vers la droite est net, le parti gaulliste, l'UNR, ne rassemble que 212 députés sur un total de 552. C'est insuffisant pour assurer la continuité gouvernementale. La coalition au pouvoir a besoin du soutien des Indépendants et des Républicains populaires mais elle demeure fragile car sur l'Algérie, sur l'Europe ou sur la politique économique, des clivages traversent ces diverses formations. Quant à la gauche, en recul, elle est laminée par le mode de scrutin majoritaire, dont l'effet déformant est saisissant. Ainsi, les communistes, avec 19 % des voix au premier tour, n'ont que dix députés, et les socialistes, avec 15,5 %, quarante-quatre. Comme le pensaient de Gaulle et Debré, principaux inspirateurs de la Constitution, la France semble alors condamnée à subir durablement un multipartisme émietté dont ils cherchent à atténuer les effets néfastes.

Valéry Giscard d'Estaing n'aura guère l'occasion de siéger dans cette Chambre. À trente-trois ans, il fait son entrée au gouvernement comme secrétaire d'État aux Finances, le 8 janvier 1959. Cette ascension fulgurante n'est pas une surprise car le parlementaire auvergnat s'est fait remarquer, dans la presse et dans l'hémicycle, par ses analyses économiques. On pourrait penser que sa nomination doit beaucoup à Antoine Pinay, leader du groupe parlementaire auquel il est rattaché et l'un des hommes clés de la coalition en tant que ministre des Finances et des Affaires économiques. Avec Guy Mollet, il avait d'ailleurs servi de caution et d'ouverture, dès le mois de juin, au général de Gaulle mais, peu après, le retrait des socialistes avait vite montré les limites du ralliement au chef de la France libre. La classe politique traditionnelle, tout spécialement à la gauche de l'hémicycle, éprouvait envers lui bien des préventions. En réalité, l'entrée au gouvernement de Giscard doit plus à Michel Debré qui, appréciant la rigueur du député auvergnat, a soufflé son nom à son ministre de tutelle, en le proposant comme secrétaire d'État au Budget. Giscard, jugeant ce poste un peu étroit, aurait demandé et finalement obtenu, avec les Finances, une responsabilité plus large. Cette manifestation de volonté qui peut sembler présomptueuse prouve bien qu'en dépit de son jeune âge, il avait, selon l'expression consacrée, de la suite dans les idées.

Dans sa biographie[1], Éric Roussel intitule le chapitre dédié à la période qui s'ouvre : « Rue de Rivoli : les années heureuses ». Le titre est doublement bien choisi. Il reflète d'abord le plaisir qu'éprouvera Giscard à exercer des responsabilités qu'il appelait déjà de ses vœux à Polytechnique. Il souligne aussi la différence avec le temps passé à l'Élysée, où l'épreuve du pouvoir fut à la fois plus complexe et plus rude. De 1959 à 1962, le secrétaire d'État servira deux ministres de tutelle, le premier, Antoine Pinay, politique et capricieux, puis après sa démission, le second, Wilfrid Baumgartner, technicien n'ayant aucune expérience de la chose parlementaire. D'emblée, Giscard refuse de se voir imposer la liste de ses conseillers ; il compose lui-même son équipe en appelant auprès de lui des hommes dont les compétences sont reconnues et qui accompagneront son parcours : Jean Sérisé, Jacques Calvet, Jean-Pierre Fourcade, et Michel Poniatowski comme directeur de cabinet. Cette marque d'indépendance est rare et mérite d'être soulignée. Trop souvent en effet, les membres du gouvernement acceptent, par facilité ou par docilité, les collaborateurs qu'on leur propose, en apparence pour les aider à exercer leur mission, en réalité pour mieux les contrôler. Or, comment diriger un ministère appelé à subir les pressions de la présidence et du Premier ministre si l'on ne peut s'appuyer sur un cabinet loyal et de qualité ?

Peu après sa nomination, VGE connaît cependant une première déconvenue électorale : il se présente dès le mois de mars aux élections municipales à Clermont-Ferrand mais est battu par le maire socialiste sortant. Candidature prématurée et téméraire ? Sans doute. Il

1. *Valéry Giscard d'Estaing*, *op. cit.*

fera beaucoup plus tard une autre tentative, en 1995, mais la capitale de l'Auvergne, bien ancrée à gauche, lui échappera encore à quelques centaines de voix près. Paradoxalement, si son autorité politique en Auvergne a été reconnue et acceptée, y compris par ses adversaires, la capitale de la région lui échappera par deux fois.

Rapidement, le jeune secrétaire d'État témoigne de ses qualités d'analyse, n'hésitant pas à traiter les dossiers les plus complexes en s'affranchissant de la tutelle des ministres occupant un poste plus prestigieux. Ainsi, lorsque les relations entre le président de la République et Antoine Pinay se tendent, provoquant le départ de ce dernier, en janvier 1960, Giscard demeure à son poste : son sort n'est pas lié à celui de son ministre de tutelle. Son sérieux et sa loyauté lui permettaient alors d'espérer qu'il succèderait au maire de Saint-Chamond. Mais l'évolution de la politique présidentielle en Algérie le préoccupe, au point qu'il envisage de quitter le gouvernement. De l'« Algérie française » à l'« autodétermination » puis à l'« Algérie algérienne », le changement de cap présidentiel est brutal et déconcertant. Or, comme nous le verrons plus loin, Giscard, tout en admettant la nécessité d'une évolution, ne se résigne pas à voir la présence française rayée de la carte de l'autre côté de la Méditerranée.

Quoi qu'il en soit, son influence au sein du gouvernement augmente encore avec Baumgartner, son nouveau ministre de tutelle. Ancien gouverneur de la Banque de France, ce dernier manie parfaitement les données techniques et ne veut pas s'en laisser conter sur ce chapitre. Mais il est peu au fait des contraintes politiques, notamment parlementaires. Aussi Giscard en profite-t-il pour être plus présent dans l'hémicycle et dans la presse. Il n'hésite pas à évoquer certains dossiers directement avec le Premier ministre, qui se rend compte alors que le poste de secrétaire d'État est un peu étroit pour lui. Il envisage de lui confier une responsabilité plus étendue en lui proposant de lui confier l'Éducation nationale ou même l'Agriculture. Mais le refus de VGE est catégorique ; il préfère la continuité à l'improvisation, attitude qu'il adoptera à nouveau quelques années plus tard lorsqu'on lui fera miroiter d'autres portefeuilles ministériels. Ce choix n'est pas bien compris de ses semblables. Refuser une promotion aussi symbolique est un geste rare dans la classe politique. Aux yeux de beaucoup, il est par exemple aberrant de préférer un mandat de parlementaire, sans réelle perspective d'action, au rôle d'obscur ministre. L'indépendance d'esprit et de jugement est souvent sacrifiée au prestige du titre, même dépourvu de toute autonomie d'action. La persévérance de Giscard dans la maîtrise des finances se révèle cependant doublement payante : d'une part, elle lui assure sur ses collègues et dans l'opinion une compétence et une supériorité incontestables ; d'autre part, elle prépare son accès à des fonctions plus élevées à la première occasion favorable.

C'est la révocation de Baumgartner, que Michel Debré supporte de plus en plus mal, qui permet à Giscard d'acquérir une autre dimension en devenant ministre des Finances en janvier 1962. Il conserve tout naturellement ce poste en avril lorsque Georges Pompidou devient Premier ministre, après la conclusion des accords d'Évian qui signent le désengagement de la France en Algérie. Il exerce ses fonctions, étendues à l'Économie, jusqu'en janvier 1966, réalisant ainsi un bail ininterrompu de sept ans rue de Rivoli, marqué par un dialogue des plus fructueux avec les plus hautes autorités de l'État. Sa trajectoire présidentielle commence à s'inscrire dans l'ordre du possible…

Quels aspects significatifs retenir de cette période (janvier 1959-janvier 1966) dans la formation de l'homme et sa préparation à l'exercice ultérieur de la charge suprême ? En premier lieu, la conduite de la politique économique du pays dans un rapport privilégié avec le chef de l'État. Lorsque Baumgartner est congédié brutalement, la rumeur fait aussitôt courir le nom de plusieurs successeurs potentiels. Le président de la République tranche en sa faveur. Il sait ce qui le sépare de son nouveau ministre, qui n'a jamais appartenu à la mouvance gaulliste, incarnée sous la IVe par le RPF et sous la Ve par l'UNR. En revanche, il l'a vu à l'œuvre et, peu au fait des mécanismes économiques et encore moins budgétaires, apprécie sa méthode et ses compétences. Chaque semaine, le mercredi ou le jeudi et toujours à heure fixe, de Gaulle a un entretien avec son ministre, qui lui fait un exposé sur la situation financière. Giscard écrira à ce propos : « Ce n'est pas faire injure à sa mémoire que de dire qu'il portait un intérêt distrait aux problèmes de l'économie[1]. » Ce qu'il appelait un peu péjorativement « l'intendance » devait fournir au pays les ressources dont sa politique avait besoin. Mais entendre Giscard le rassure et l'éloigne un moment des préoccupations qui l'assaillent. Edgar Pisani, membre du gouvernement à l'époque, témoigne à ce propos qu'au Conseil des ministres, le Général a une « certaine faiblesse de professeur pour le très bon élève qu'est son grand argentier [...] il a une manière de lui donner la parole, de l'écouter, de lui répondre qui manifeste beaucoup de considération pour sa personne[2] ».

---

1. *Les Français*, *op. cit.*
2. Michel Tauriac, *Vivre avec de Gaulle*, Plon, 2008.

Dans l'exercice de ses fonctions, la mise au point du « plan de stabilisation », en 1963, revêt une importance particulière. Le président de la République y attache du prix, malgré les réserves exprimées par le Premier ministre Georges Pompidou. Il s'agit de réduire la dépense publique, de créer de nouveaux impôts et d'assurer le contrôle, sinon le blocage, des prix pour rétablir l'équilibre budgétaire. Cette rigueur – ou cette austérité – a des conséquences sociales et politiques que le chef de l'État assume mais que le chef du gouvernement craint. Cela génère une certaine tension, révélatrice de leur différence d'appréciation. Dans *C'était de Gaulle*[1], Alain Peyrefitte retrace les passes d'armes auxquelles la politique économique donne lieu, à l'époque, en Conseil des ministres. Encouragé par le président, Giscard se consacre avec d'autant plus de zèle à la mise en place du plan de redressement qu'il sait que les bénéfices de ses mesures impopulaires apparaîtront assez rapidement et permettront ensuite de relâcher les contraintes. On songe au conseil du fabuliste : « Patience et longueur de temps... »

En second lieu, la participation au Conseil des ministres place Giscard d'Estaing au centre des rouages de l'État et en fait le témoin des rivalités existant entre les ministres et entre les administrations. Il n'hésite pas à prendre la parole pour exprimer son point de vue, parfois à rebours de l'opinion dominante, ce qui indispose certains de ses collègues mais sans irriter le président. Selon Alain Peyrefitte, les ministres qui interviennent le plus souvent le mercredi matin sont Couve de Murville aux Affaires étrangères et VGE aux Finances. Le poste ministériel que ce dernier occupe le met en contact

1. Éditions de Fallois/Fayard, 3 tomes, 1994-2000.

direct avec les préoccupations des Français et lui donne en outre l'occasion d'une intervention médiatique de plus en plus fréquente.

L'opinion reçoit ainsi une série d'informations et apprend en même temps à connaître l'homme. Les prestations audiovisuelles de Giscard mettent en application un principe simple : expliquer et convaincre à partir de faits, dans un vocabulaire concret, accessible au plus grand nombre. Les effets lui sont profitables car ils le font ressentir comme un expert, soucieux de défendre les intérêts de ses concitoyens et non comme un phraseur idéologique venu d'une autre planète. Sa présentation distingue toujours le court terme des avantages attendus à plus longue échéance. Ainsi, conscient des efforts demandés par le plan de stabilisation, il prépare les esprits à la phase suivante, l'amélioration de la compétitivité et la relance de l'investissement.

Dans cette période critique où la vie politique se recompose, la solidarité gouvernementale est parfois mise à l'épreuve, à propos de l'Europe ou des relations avec les États-Unis. Giscard mesure combien il est difficile d'exister en restant membre de l'équipe ministérielle en place. Il résoudra cette équation en distinguant clairement ce qui relève de l'intérêt national, supérieur à toute autre considération, et ce qui concerne son parcours personnel. Sur les grands sujets, sa loyauté aux orientations tracées par le président de la République est totale quoiqu'il lui en coûte parfois. Ainsi, lorsqu'en 1962, cinq ministres présentent leur démission pour protester contre le rejet de toute supranationalité européenne, il n'envisage à aucun moment de les imiter. De même, sur l'indépendance de l'Algérie, question la plus douloureuse pour lui, ou sur la prise de distance à l'égard de l'hégémonie américaine, il n'élèvera jamais publiquement la voix. Cela ne l'empêche pas de regretter, au fond de lui-même, la sécheresse de certaines attitudes présidentielles, mais il tait sa différence.

Quant à ses relations avec Georges Pompidou, elles ne peuvent que se tendre en raison de la rivalité qui objectivement les distingue. Même si le Premier ministre voit avec méfiance le rôle croissant joué par le ministre des Finances, rien d'irréparable ne sera commis, ni d'un côté ni de l'autre. Chacun ménage d'autant plus son concurrent que le premier qui brandit une arme court à sa perte. Dans ce face-à-face muet, il faut savoir attendre des circonstances favorables et non s'agiter comme un forcené. L'Histoire sera d'ailleurs généreuse avec les deux protagonistes, qui bénéficieront tour à tour de son balancier, en 1969 et en 1974, sans avoir à précipiter ou à forcer le destin.

La sortie du gouvernement

En attendant, c'est Giscard qui, le premier, est victime d'une forme d'ingratitude. À l'automne 1965, il s'engage dans un soutien résolu au général de Gaulle, entré tardivement dans la campagne et malmené par la candidature attendue de François Mitterrand et celle, plus surprenante, de Jean Lecanuet. VGE invite ses amis et ses électeurs à lui accorder un second mandat, avec un argumentaire simple mais d'une efficacité redoutable. D'un côté, stabilité économique et stabilité politique vont de pair ; de l'autre, la réélection du président sortant est seule de nature à garantir l'unité du pays. Il participe à cet effet à plusieurs réunions publiques et annule même un déplacement international pour porter la bonne parole, à la demande du Général, déçu et inquiet par les résultats du premier tour. Le 19 décembre 1965, celui-ci est réélu avec une majorité (55 %) que plusieurs de ses successeurs auraient acceptée d'emblée mais qu'il considère, lui, comme étriquée.

Pour Giscard, l'essentiel est cependant acquis, l'accomplissement d'un second mandat de sept ans autorise la poursuite d'une action au service du bien public. Cependant, il apprend avec une amertume compréhensible qu'il ne sera pas reconduit comme ministre de l'Économie et des Finances dans le nouveau gouvernement. En effet, c'est à Michel Debré que de Gaulle veut désormais confier cette charge, sans doute pour le remercier des couleuvres qu'il lui a fait avaler à propos de l'Algérie. Ce choix est cependant étonnant. Les questions économiques et financières ne sont pas vraiment le point fort de l'homme qui, dans son journal *Le Courrier de la colère*, plaidait avec fougue pour le maintien de ces départements dans le giron français. Toutefois, désireux de ne pas se priver du concours de Giscard d'Estaing au sein du gouvernement, de Gaulle lui propose un grand ministère technique regroupant l'Équipement, les Transports et l'Énergie, qu'il juge à sa mesure.

Mais celui qui se sentait investi d'une mission qu'il avait remplie avec loyauté pendant sept ans rejette catégoriquement cette nouvelle affectation. Un tel refus a l'allure d'un caprice. Il s'explique pourtant par une raison simple : un changement de poste ministériel sonnerait pour l'opinion comme une condamnation de son action antérieure, ce qu'il ne peut admettre. Contraint et forcé, il quitte donc le gouvernement à regret, mais il le quitte. À ce moment, il est plus important pour lui de repousser une proposition bancale que de l'accepter ; il y gagne d'ailleurs en stature et en autorité. Passé quelques jours, il écrit une longue lettre au président de la République, en faisant le bilan des décisions prises rue de Rivoli et conclut en ces termes : « Je garderai constamment à l'esprit l'image de l'éducateur que vous avez été pour moi, de l'homme d'État auprès duquel j'ai écouté pendant sept ans, encore ému à cause de l'âge, les rumeurs de l'Histoire qu'il a traversées. » Avec le recul, il est clair que la préférence accordée en janvier 1966 à Michel Debré a été une erreur lourde de conséquences pour le président de la République. La nomination d'un homme mesurant mal l'évolution de la société ne pouvait que ramener en arrière le chef de l'État, quelque peu affaibli à l'aube de son second mandat. Le concours d'une personnalité plus moderne, plus capable de parler à la jeunesse lui aurait été certainement plus précieux.

De Gaulle l'a peut-être vite compris lorsqu'il exprime à Giscard son regret de le voir quitter le gouvernement, son « estime » et sa « satisfaction sans réserve » pour le travail accompli. Mais c'est un peu tard. Contrairement à ce qu'imaginaient les gaullistes orthodoxes, la brève traversée du désert imposée à Giscard de 1966 à 1969 va lui être très profitable politiquement. En le libérant de l'obligation de solidarité qui lie les membres du gouvernement, elle lui a permis en effet de mettre en place une stratégie de différenciation qu'il n'aurait pu affirmer avec autant de force s'il était resté ministre. L'avantage espéré de son remplacement a été vite contredit par la capacité d'initiative et l'esprit d'indépendance gagnés par l'ancien occupant de la rue de Rivoli.

Le retour aux Finances

« Mon Dieu, gardez-moi de mes amis ! Quant à mes ennemis, je m'en charge ! » Cette citation attribuée à tort à Voltaire mais en réalité beaucoup plus ancienne traduit bien les faux-semblants qui peuplent l'univers politique. Giscard d'Estaing attendra 1969 et l'élection de Georges Pompidou pour revenir, dans des conditions inattendues, au gouvernement. Après la réponse négative au référendum sur la réforme du Sénat et la régionalisation, la démission du général de Gaulle a pour conséquence immédiate de confier l'intérim à Alain Poher, président du Sénat, dont les électeurs découvrent la personnalité. Le caractère débonnaire de l'homme qui appelle à la « réconciliation » le fait percevoir par une partie de l'opinion comme l'arbitre bienveillant auquel aspireraient les Français après une présidence exigeante. Giscard, qu'un tel mouvement ne peut surprendre, songe de son côté à Antoine Pinay, dont il sonde les intentions. Mais la réponse du vieux notable est catégoriquement négative. VGE prend alors position en faveur de Georges Pompidou, contrairement à beaucoup de ses proches. Peu après, la large victoire de ce dernier va lui ouvrir de nouvelles portes.

Pourtant, malgré le soutien apporté, c'est à Antoine Pinay que le nouveau chef de l'État propose la charge des Finances et de l'Économie et à VGE celle de l'Éducation nationale. Mais une nouvelle fois, ce dernier rejette l'affectation à un poste qu'il juge important mais auquel il n'est guère préparé. Son refus aurait pu interrompre sa trajectoire ministérielle. Mais l'intransigeance sur sa liberté d'action que revendique Pinay le conduit finalement à décliner la proposition qui lui est faite. Cette défection inattendue rend alors possible la nomination de Giscard d'Estaing aux responsabilités qu'il souhaite exercer : Georges Pompidou se résout à y consentir, non sans réserve. Sa méfiance instinctive n'ayant pas disparu, il fait nommer à ses côtés, pour le « contrôler », selon ses propres termes, un secrétaire d'État encore inconnu, venu de la Cour des comptes, qui l'a secondé dans la négociation des accords de Grenelle, le fougueux Jacques Chirac. Personne n'imagine alors que ce choix prélude à un affrontement ultérieur entre deux personnalités aussi différentes.

Ce retour rue de Rivoli, pour cinq ans, se produit cependant dans un contexte sensiblement différent de celui qui avait prévalu de 1959 à 1966 : à l'époque, la présence d'un président à la légitimité historique incontestable et la confiance accordée à son ministre laissaient une large autonomie à Giscard. Cette fois, le président Pompidou, ouvert à l'art contemporain mais de tradition conservatrice, successeur attendu du Général mais devant encore faire ses preuves à ce niveau, sera peu sensible, pour ne pas dire hostile, au discours sur la « nouvelle société » de son Premier ministre, fortement inspiré par Simon Nora et Jacques Delors, qui ont le cœur à gauche. En outre, sur le plan économique et financier, la situation de la France est moins brillante. Après les accords de Grenelle, le 27 mai 1968, les effets conjugués de la hausse des salaires, de la réduction du temps de travail et de l'inflation fragilisent le franc et détériorent notre balance commerciale.

C'est donc par une dévaluation importante (12,5 %) que commence la nouvelle expérience de Giscard au ministère des Finances et de l'Économie. Contrairement à la précédente, il a moins de marge de manœuvre, s'efforçant de combiner, prudemment, lutte contre l'inflation, redressement des comptes extérieurs et équilibre budgétaire. De ce cocktail, l'opinion retient surtout ce qui la touche directement, à savoir la limitation du crédit, le blocage des prix et plus encore le freinage des salaires. En outre, les rapports avec Georges Pompidou, méfiant par nature et moins sensible au rétablissement des comptes publics, sont d'autant plus délicats que son Premier ministre Jacques Chaban-Delmas cherche à s'émanciper, par le verbe au moins, de la tutelle présidentielle. Ainsi, il évoque dans ses discours des sujets que découvre le président, et il n'hésite pas à mettre à mal le « domaine réservé » de ce dernier, les relations internationales. Giscard n'est pas insensible au contenu du projet du maire de Bordeaux, qui dépasse largement le clivage traditionnel gauche-droite, mais a vite compris que la situation du chef de gouvernement n'est pas tenable.

Affaibli par la recrudescence des affaires affectant ses proches et par la publication de sa déclaration fiscale, attestant qu'il n'a pas payé d'impôt de 1966 à 1969, surveillé étroitement par le duo Pierre Juillet et Marie-France Garaud à l'Élysée, Chaban tente de forcer le destin en s'appuyant sur l'Assemblée contre le président. Le 23 mai 1972, il demande aux députés un vote de confiance : la majorité qu'il obtient (368 voix contre 96) signe paradoxalement sa condamnation immédiate. Le président de la République l'oblige à démissionner et le remplace par un gaulliste orthodoxe, à la fidélité inébranlable, Pierre Messmer. Ce changement écarte tout conflit entre les deux branches de l'exécutif et apaise les relations entre le président et son ministre des Finances, maintenu à son poste. Mais Giscard a tiré les leçons de ce trouble au plus haut sommet de l'État. Désormais, sa gestion se fait plus discrète. Il en profite pour affiner le projet pour la France qu'il présentera un jour aux électeurs, sans en connaître encore le moment. Le choc pétrolier de l'automne 1973 le renforce dans sa conviction qu'une page se tourne et qu'un monde différent se prépare, dont les contours commencent à se dessiner.

Paradoxalement, cela renforce son poids au sein du gouvernement. Il est ainsi promu au rang de ministre d'État au début de l'année 1974. Au même moment, la détérioration de la situation financière aboutit à la décision de laisser flotter le franc. On est bien loin du rêve monétaire caressé par de Gaulle. Georges Pompidou, espérant encore vaincre la maladie, songe-t-il alors à nommer Giscard chef du gouvernement, ou à le présenter comme son successeur légitime ? On ne peut le dire avec certitude. Pourtant, l'hommage rendu au grand argentier fait cependant titrer par *L'Express*, le 4 février : « Pompidou choisit Giscard ». Ce qui est en revanche visible à plusieurs signes, c'est l'adhésion de plus en plus marquée du parti gaulliste à Chaban, et la distance prise avec un président malade et un gouvernement dont l'ambition se limite à la gestion des affaires courantes.

La mort du président, le 2 avril, ruine la supposition de *L'Express*. Dans la majorité, les ferments de la division ont germé, comme le montre l'empressement inconvenant avec lequel Chaban-Delmas annonce, dès le 4, avant même l'inhumation du chef de l'État, sa candidature à l'Élysée. Il est aussitôt suivi par Edgar Faure, toujours à l'affût d'une opportunité, fût-ce de manière précipitée. Giscard, lui, prend soin d'attendre que l'émotion nationale se dissipe. Il n'a encore que quarante-huit ans et a appris qu'il faut « laisser du temps au temps », comme Mitterrand aimait le répéter. Son expérience ministérielle rue de Rivoli pendant plus de onze ans, l'échec subi aux municipales de 1959, son éviction injuste du gouvernement en janvier 1966 ont fait du jeune engagé volontaire, impatient de combattre dans la 1re armée un homme plus posé, sachant peser le pour et le contre, bref plus sûr de lui.

Sa personnalité riche et complexe, comme c'est le cas de tout homme et de toute femme hors du commun, a suscité des jugements contradictoires. Alain Minc, qui avoue n'avoir jamais voté pour lui, dit de lui qu'il est un « être paradoxal[1] ». S'il veut dire par là qu'il n'est pas d'un seul bloc, il a évidemment raison, mais il enfonce une porte ouverte. Qui attendrait d'un chef de l'État un caractère constant, une attitude uniforme, une réponse toujours prévisible à l'avance ? « L'homme supérieur, écrit Balzac, épouse les événements et les circonstances pour les conduire. » Sa pensée n'est pas définitivement fixée, elle évolue pour s'adapter aux données changeantes. Cela ne signifie pas qu'il renonce à ses principes, à ses valeurs, mais que son intelligence est souple, que la rationalité prend le pas sur l'émotion.

Je n'ai jamais rencontré d'homme ou de femme politique qui soit insensible, qui demeure imperméable aux injures comme aux compliments, qui n'éprouve pas de colère, d'amertume ou de compassion, parfois un découragement passager. Giscard reconnaît lui-même que l'émotion est une composante de l'action. « L'opinion pense souvent que ceux qui la dirigent ont un rapport conceptuel avec elle, fondé sur le calcul et, parfois, la manipulation. Elle n'imagine pas que peut y entrer une part d'affectivité. Pourtant, on peut aimer un peuple, une foule, à la manière dont on aime une personne. On guette ses réactions, on est heureux de sa

1. Alain Minc, *« Mes » présidents*, Grasset, 2020.

compréhension, blessé par sa méfiance[1]. » Cette confession est révélatrice de la dualité inhérente à l'engagement politique. On ne choisit pas d'entrer dans cette voie ingrate sans avoir, à la fois, de l'ambition personnelle et une volonté d'être utile aux autres. C'est cet équilibre entre deux exigences contraires qu'il faut tenir malgré une exposition permanente à la critique, à l'ironie, aux rumeurs.

En 1974, Giscard est préparé à exercer la responsabilité qu'il sollicite du peuple. Il est capable de décider, sans remettre à plus tard la solution qu'il a retenue. Il a appris du général de Gaulle ce qu'est l'intérêt national, au-delà des péripéties du quotidien. Il sait combien le changement nécessaire ne doit pas s'accompagner de crise ou de déchirure. Conscient des incertitudes du monde à venir, il a confiance dans l'intelligence collective de la France et dans sa capacité à lui proposer un chemin de modernité.

1. *Les Français. Réflexions sur le destin d'un peuple*, *op. cit.*

3

La naissance d'un projet politique

La construction d'un projet politique n'est pas le fruit d'une réflexion soudaine, accompagnée d'un claquement de doigts ou d'un cri triomphal, tel le légendaire « Eurêka ! » d'Archimède. Elle n'est pas non plus le produit d'une conception abstraite de la société et de la nature humaine, mais plutôt d'une expérience, forgée par les événements, à laquelle un patient effort d'analyse vient donner sens et cohérence. Comme les autres dirigeants, Giscard d'Estaing n'échappe pas à la règle. Son vécu forge progressivement sa conscience politique et ses convictions.

Au début des années 1950, lorsque, jeune inspecteur des finances, il commence à mesurer les atouts et les faiblesses de l'administration française, sa culture politique se limite aux principes que la tradition familiale lui a transmis, complétés par la formation reçue et par ses lectures personnelles. Mais elle reste largement à l'état d'ébauche. Si son expérience de la vie a été profondément marquée par la défaite de 1940 et par son engagement dans l'armée de Lattre, il reconnaît volontiers que son capital politique, encore restreint, mérite d'être enrichi, en particulier par une meilleure connaissance de l'Histoire.

VGE est alors un libéral, au sens politique plus qu'économique du terme, héritier de Tocqueville, ennemi du désordre et heurté par les excès de la Libération, où une moitié de la France voulait épurer l'autre. Il est conscient par-dessus tout de l'immensité de la tâche pour redresser le pays et lui rendre sa juste place. S'il s'intéresse intellectuellement aux États-Unis, où il a séjourné en 1948, c'est pour l'Afrique envoûtante, découverte plus tard, qu'il éprouvera une véritable fascination.

Mais tout cela est encore bien loin du projet qui guidera son action pendant son septennat. Ainsi, lorsqu'il se présente pour la première fois aux élections législatives, en 1956, il se satisfait de l'étiquette peu marquante que lui procurent les Indépendants. Il se situe dans la mouvance du centre droit, sans se faire vraiment à la logique et à la discipline partisanes, qu'il a du mal à comprendre. Rapidement, il s'en éloignera pour évoluer plus librement, en attendant de créer à la première occasion son propre groupe. Les appétits électoraux, les négociations entre états-majors ne sont pas sa tasse de thé. Il préfère la fréquentation des conceptuels tels qu'Edgar Faure, et trouve un vrai plaisir dans le maniement et la confrontation des idées. La finesse de l'intelligence, le pouvoir créateur de l'imagination l'ont d'ailleurs toujours plus séduit que les slogans simplificateurs tenant lieu de feuille de route à un grand nombre d'élus.

L'itinéraire politique de VGE doit beaucoup aux grands problèmes de son temps et à des circonstances que personne ne peut maîtriser. Comment évaluer avec précision ce qui relève respectivement des premiers et des secondes ? Il entre dans son parcours comme dans celui de ses contemporains une part irréductible de hasard. On peut s'en rendre compte avec un bref exercice de fiction appliqué au destin politique exceptionnel de Charles de Gaulle. Avant juin 1940, celui-ci est essentiellement reconnu, par ses écrits et par ses actes, comme un théoricien militaire proposant sa vision de la stratégie et du métier des armes. Serait-il devenu le chef de la France libre puis le fondateur de la Ve République si le gouvernement avait décidé, non pas la fin des hostilités, mais la poursuite du combat contre l'Allemagne ? Toute trajectoire, même méthodiquement programmée, comporte des aléas, de bonnes et de mauvaises surprises. Ainsi, Giscard serait-il devenu président si Georges Pompidou était allé au terme de son mandat ?

Pendant les vingt ans qui le séparent encore de son élection à la présidence de la République, l'analyse et les convictions de VGE se précisent au contact de trois grands défis, auxquels il n'est pas une partie prenante active mais qui ne cessent de l'interroger : la paralysie des institutions qu'il déplore comme député de 1956 à 1958, l'évolution dramatique de la situation en Algérie, les premiers pas de la construction européenne. Chacun de ces sujets le fait réagir, publiquement ou intérieurement, le situe dans le concert politique dissonant de son temps et éclaire son engagement politique.

De la paralysie des institutions à la Ve République

De la déliquescence de la IVe République qu'il constate au parlement, sans pouvoir la corriger, la conclusion que tire Giscard est sans appel : la nécessité de mettre en place, avec une nouvelle Constitution, des institutions démocratiques solides, dont le général de Gaulle serait le meilleur garant. Sur ce registre, décisif à ses yeux, son analyse et son attitude ne varieront guère :

adhésion à la Ve République et à sa consolidation en 1962, malgré le recours au référendum de 1969, jugé suicidaire.

Elles s'expriment d'abord par la vanité, selon lui, des coalitions péniblement échafaudées jusqu'à l'irrésistible mouvement populaire qui, parti d'Algérie, gagne l'ensemble du pays au printemps 1958. La troisième législature, qui le voit faire son entrée à l'Assemblée nationale, connaît ainsi un gouvernement dirigé par le socialiste Guy Mollet, détenteur avec seize mois du record de longévité de la IVe République. Sa chute conduit ensuite à des présidences du Conseil plus orientées à droite, avec Bourgès-Maunoury et Félix Gaillard, tous deux radicaux, puis avec Pierre Pflimlin, MRP, mais la dispersion et l'indiscipline parlementaires ne leur permettent de se maintenir que quelques mois ou quelques semaines. Malgré ce glissement à droite qui aurait pu le satisfaire, Giscard refuse logiquement d'accorder sa confiance à ces replâtrages, persuadé qu'il est qu'il faut désormais passer à autre chose de plus ambitieux et de plus durable. À tous égards, ce jeu parlementaire lui semble définitivement stérile.

Aussi, après l'appel du président Coty au général de Gaulle, il vote sans état d'âme en juin 1958 en faveur de son investiture et apporte peu après son soutien à la loi l'habilitant à préparer un projet de Constitution nouvelle. Il approuve logiquement cette dernière lors du référendum du 28 septembre et se réjouit de voir le pays doté d'institutions fermes garantissant le respect des libertés fondamentales. C'est d'ailleurs sa conviction qu'elles permettront de restaurer les finances publiques qui le conduit à entrer dans le gouvernement dirigé par Michel Debré. Pour lui, stabilité institutionnelle et stabilité économique vont en effet de pair. Cette adhésion à la Ve République se manifeste de nouveau lors du conflit qui, à l'automne 1962, oppose les partis traditionnels au chef de l'État à propos de la révision constitutionnelle ayant pour but de faire élire désormais le président au suffrage universel direct.

Cet épisode est d'autant plus significatif dans le parcours politique de Giscard d'Estaing que, du parti communiste aux Indépendants, tous les leaders, regroupés dans un « cartel des non », combattent avec fermeté ce projet, soit sur le fond (le risque de présidentialisation excessive du régime), soit sur la forme (le recours au référendum et non à la procédure normale de révision). La voie de la facilité était alors de se joindre à ce cortège hétérogène et bruyant, impatient de refermer la parenthèse gaulliste. Mais la tentation n'effleure pas Giscard, convaincu qu'il faut donner aux successeurs du Général la légitimité démocratique dont seul celui-ci pouvait se passer. Conscient des enjeux institutionnels, il prend donc ses distances avec le Centre national des Indépendants, que domine toujours la figure emblématique d'Antoine Pinay, très hostile à l'initiative du Général. Quelques mois plus tôt, au printemps, les ministres démocrates-chrétiens avaient déjà quitté le gouvernement pour protester contre la politique européenne, jugée trop restrictive, du chef de l'État. Celui-ci, ironisant sur « l'espéranto et le volapük intégrés », avait affirmé en mai que seule une « Europe des États » était concevable, selon lui. Cette fois, le CNI demande instamment à ses quatre représentants au gouvernement (de Broglie, Jacquinot, Marcellin et Giscard) d'opérer le même mouvement de retrait. Giscard refuse de céder à cette injonction et demeure donc ministre.

Entre le pouvoir en place depuis quatre ans et ses opposants coalisés sonne l'heure du règlement des comptes : ou bien la consolidation institutionnelle et politique du régime, ou bien le retour aux pratiques antérieures. De Gaulle remporte une double victoire, le référendum est largement positif et les élections législatives donnent la majorité à l'UNR. Giscard, qui s'est engagé à ses côtés, est réélu député du Puy-de-Dôme en novembre sous l'étiquette « Républicain indépendant ». Le nouveau groupe qu'il crée sous ce nom à l'Assemblée nationale marque bien la rupture avec sa famille d'origine. Fort d'une trentaine de membres, largement affranchis de la tutelle des anciens, ce noyau de députés a en commun l'adhésion à la Ve République et à l'autorité politique de de Gaulle. Cependant, au-delà de l'appartenance à la majorité, on voit déjà poindre le souhait d'un gouvernement plus équilibré, cher à Montesquieu et à Tocqueville. Progressivement, cette petite musique se fera entendre de plus en plus distinctement au fil des années.

Au nom de l'exigence commune de stabilité, sous l'angle institutionnel comme économique, la même loyauté giscardienne s'affiche lors de l'élection présidentielle de 1965. La candidature annoncée tardivement du président sortant a laissé le champ libre à François Mitterrand, son irréductible opposant, et à Jean Lecanuet, un inconnu que l'opinion découvre. Ce retard à l'allumage ne manque pas d'inquiéter l'état-major gaulliste, qui voit s'ajouter à la menace traditionnelle de la gauche celle d'un centrisme incarné par un personnage souriant et offensif. Giscard, quant à lui, ne cède pas au doute ambiant, il n'hésite pas à prendre position en faveur de la reconduction du chef de l'État. Le sort de ce dernier, mis en ballottage au premier tour, est fragilisé par l'appel à voter au second tour pour le candidat de gauche lancé par Lecanuet. L'intéressé paiera longtemps ce choix, dont il dira plus tard que c'était une erreur, devant patienter jusqu'en 1974 pour accéder à une responsabilité gouvernementale au côté de Giscard d'Estaing. L'Histoire a parfois des clins d'œil imprévisibles.

C'est en 1969 que Giscard s'éloigne, non de la Constitution, mais du général de Gaulle, à l'occasion de la double réforme du Sénat et de la régionalisation. Il avait certes dénoncé, en 1967-1968, l'« exercice solitaire du pouvoir » et nuancé son appartenance à la majorité sous la forme du célèbre « oui mais ». Mais il ne s'agissait là que d'une stratégie de différenciation, conçue après son éviction du gouvernement et sans conséquence profonde sur la politique suivie. N'étant plus ministre, Giscard n'est plus tenu par une obligation de solidarité. Les réserves qu'il exprime alors visent le recours jugé excessif aux ordonnances pour réformer la Sécurité sociale, et certains aspects de la politique internationale, tels que le « Vive le Québec libre ! », lancé sans en avoir informé personne, ou l'infléchissement de la position française au Proche-Orient. Elles ne le conduisent pas cependant à mettre en cause l'orientation générale du pouvoir en place.

Lors des manifestations et des grèves de mai 1968, qui sont selon lui le symptôme d'un mal plus profond, VGE refuse, le 22, de voter la motion de censure déposée par l'opposition et ne voit pas dans le meeting de Charléty, auquel participe, le 27, Mendès France, le signe annonciateur d'une prochaine victoire de François Mitterrand, candidat empressé à une succession qui n'est en réalité pas ouverte. En revanche, il considère que la démission du gouvernement Pompidou et la dissolution de l'Assemblée sont les seuls moyens de donner la parole aux électeurs et de rétablir un ordre social compromis. Il aura satisfaction sur le second point lors de l'allocution présidentielle du 30 mai qui, en appelant les Français aux urnes, provoque le rapide retour au calme espéré.

Peu après, la rupture avec de Gaulle porte sur une partie du référendum sur lequel il engage son propre sort politique. Au cœur des grèves qui paralysaient le pays, le chef de l'État avait déjà proposé, pour sortir de la crise, une consultation populaire sur la participation, mais cette idée, mal reçue, avait amplifié la sensation qu'il ne prenait plus la bonne mesure des choses. Après l'écrasant mais artificiel succès aux élections législatives de juin, le remplacement inattendu et incompris du Premier ministre Pompidou par le pâle Couve de Murville a aggravé encore le doute ressenti par l'opinion publique. De son côté, Giscard, réélu député en Auvergne sans difficulté, est victime de la crispation des rapports entre les gaullistes et leurs alliés. Il est ainsi écarté de la présidence de la commission des Finances à l'Assemblée nationale au profit d'un UDR. On a les petites vengeances qu'on peut!

Lorsqu'en septembre, le chef de l'État expose son intention de soumettre au peuple un projet de régionalisation et de rénovation du Sénat, Giscard exprime son opposition à une démarche trop simplificatrice à ses yeux. Favorable à la décentralisation, il rejette en effet la transformation du Sénat, qui aboutirait en fait à sa disparition comme seconde chambre. Or, tel qu'il est prévu, le référendum appelle une réponse unique (positive ou négative) à ces deux aspects bien différents. Au fond, c'est un tout ou rien, inutilement provocateur et risqué. Éric Roussel rapporte dans sa biographie[1] que VGE aurait mis en garde le général de Gaulle et

1. *Valéry Giscard d'Estaing*, *op. cit.*

lui aurait suggéré, en tête à tête, de dissocier les deux réformes, en permettant une réponse différenciée pour chacune d'elles. Ce dernier aurait répondu : « Vous avez peut-être raison mais il est trop tard. » Quoi qu'il en soit, la réponse négative du corps électoral, le 27 avril 1969, a les conséquences politiques que l'on sait : la démission immédiate du chef de l'État et l'élection quelques semaines plus tard de Georges Pompidou, auquel une éclatante revanche est ainsi offerte.

Giscard quant à lui est de nouveau appelé au gouvernement comme ministre de l'Économie et des Finances. Il profite de ces années pour approfondir son projet politique, dont l'axe sera un gouvernement modéré. C'est ce qu'il déclare le 8 octobre 1972 : « La France veut être gouvernée au centre. » Il avance en même temps diverses propositions en vue de faire évoluer la société vers plus de liberté, en matière de divorce et d'avortement, vers une réduction des écarts de salaire et une meilleure prise en compte de l'environnement. Ce sont autant de jalons posés en vue d'une future campagne qui lui paraît encore assez lointaine. Dans la majorité, son influence politique s'accroît en raison, d'une part, de ses efforts pour rétablir l'équilibre budgétaire, et d'autre part, des résultats électoraux de 1973. Après le raz de marée de juin 1968, l'UDR enregistre un net recul lors des élections législatives, et les Républicains indépendants, avec 54 députés, redeviennent comme en 1967 les arbitres de la situation politique. Face à une gauche en net progrès, ils sont de nouveau la clé de la majorité parlementaire.

Au-delà de ces péripéties, l'adhésion de Giscard aux institutions mises en place en 1958 reste intacte. Pour lui, leur économie générale est bonne, même si l'exercice du pouvoir présidentiel a parfois malmené la vie parlementaire à laquelle il est attaché. C'est donc sans se poser de question existentielle qu'il endossera en 1974 les habits et la charge d'une présidence souhaitée de longue date et que lui offre la mort prématurée de Georges Pompidou.

La douloureuse question de l'Algérie

L'attachement de Giscard à l'Algérie a des raisons à la fois familiales et personnelles. Son père Edmond, longtemps à la tête d'une société ayant des liens commerciaux avec l'outre-mer, milite en faveur de l'Empire français. Avant lui, son grand-père maternel Jacques Bardoux fut comme beaucoup de parlementaires un ardent défenseur de l'Union française : cette organisation constitutionnelle des rapports unissant la France à diverses communautés associées, réparties sur les deux hémisphères, les rassemblait en une entité politique, économique et sociale, reposant sur une « égalité des droits et des devoirs » proclamée par le Préambule de 1946 mais quelque peu fictive. Dans cet ensemble disparate, les signes de désagrégation se multiplient cependant dans les années 1950, à l'image de l'Indochine, du Maroc et de la Tunisie.

Mais, à bien des égards, la situation de l'Algérie est vécue différemment par beaucoup de Français, parmi lesquels figure Valéry Giscard d'Estaing. D'une part, la colonisation y est plus ancienne et s'est accompagnée d'un fort peuplement européen qui représente environ un dixième de la population totale, ce qui est sans équivalent dans les autres territoires sous administration française. D'autre part, depuis la fin de la conquête, l'Algérie, qui n'est alors ni une nation ni un État, est organisée en départements, même si cette qualification cache une inégalité profonde de statut : les musulmans jouissent de la citoyenneté française mais sans bénéficier de tous ses attributs. Ils sont pour la plupart privés du droit de vote, par ailleurs réparti en un « double collège » pour restreindre encore leur représentation.

Le sentiment que « l'Algérie, c'est la France », selon la formule employée par le ministre de la Justice d'alors, François Mitterrand, est encore largement partagé sur l'échiquier politique. Avant que n'éclate l'insurrection, en novembre 1954, Giscard s'est lui-même rendu en Algérie comme jeune inspecteur des finances, en 1950. Il découvre un territoire qu'il juge apaisé mais a cependant conscience qu'une évolution de son statut est souhaitable. Au cabinet d'Edgar Faure, il plaide ainsi pour une application des réformes promises en 1947 et pour leur accompagnement local par un plan de développement. La résistance opiniâtre des groupes d'intérêts en fera, hélas, une occasion perdue de plus. Il voit l'opinion internationale s'emparer de plus en plus du sujet et faire feu de tout bois contre la position de la France. Lors des brefs séjours qu'il effectue aux États-Unis, il espère naïvement que ceux-ci soutiendront la présence française en Méditerranée. Mais il est rapidement déçu, en 1956, par les réactions hostiles des Américains à l'expédition franco-britannique de Suez, dont ils obtiennent l'interruption au moment où, sur le terrain, la défaite des troupes égyptiennes est pourtant consommée. Après ce recul humiliant, Giscard constate amèrement que la tribune des Nations unies est utilisée par les adversaires de la politique française en Algérie. La décolonisation rassemble contre notre pays une coalition hétérogène mais redoutable, allant des États-Unis à l'Union soviétique et à la Chine, en passant par les États arabes et ceux ayant accédé récemment à l'indépendance, comme l'Inde. La pression exercée de tous côtés sur le gouvernement français est de plus en plus forte.

Le discours que VGE prononce un an plus tard reflète bien son analyse de la situation en Algérie. Il plaide pour un cessez-le-feu et pour l'organisation d'élections libres, préalable nécessaire au règlement de la douloureuse question. En mai 1958, il note avec satisfaction les « scènes de fraternisation » qui se déroulent à Alger et, dans son discours du 20, insiste sur la nécessité d'instaurer un collège unique consacrant enfin l'égalité des droits civiques entre tous les habitants. Comme la plupart des Français, il voit dans le retour au pouvoir de de Gaulle une garantie du maintien de la France dans ces départements. C'est d'ailleurs ce que laisse entrevoir le fameux « Je vous ai compris », lancé depuis le balcon du gouvernement général à Alger, le 4 juin. Si sa tournure lapidaire prêtait à interprétation, le doute était dissipé par l'affirmation suivante, parfaitement claire : « Dans toute l'Algérie, il n'y a qu'une seule catégorie d'habitants : il n'y a que des Français à part entière avec les mêmes droits et les mêmes devoirs. » C'est donc dans la certitude qu'elle autorisait qu'en janvier 1959, Giscard fait son entrée au gouvernement dirigé par Michel Debré, lui-même ardent défenseur de ce qu'on nomme alors « l'Algérie française ».

L'évolution de la politique algérienne du nouveau chef de l'État va faire naître chez le jeune secrétaire d'État un doute et une inquiétude qu'il aura du mal à surmonter. Il ne réussira à le faire qu'en faisant passer l'intérêt supérieur au-dessus de ses préférences personnelles, quoi qu'il lui en coûte. De Gaulle savait-il, dès l'été 1958, que l'indépendance de l'Algérie s'imposerait à lui à court terme ou cette conviction lui est-elle venue progressivement, au contact des événements ultérieurs ? Il y a toujours dans son attitude mouvante une part de mystère expliquant que, plus de soixante ans après, les historiens hésitent encore à fournir une réponse catégorique. Le « Je vous ai compris » de 1958 était-il sincère ou délibérément trompeur ? Quoi qu'il en soit, la pensée gaulliste va vite passer par des expressions de plus en plus éloignées de celles utilisées à Alger ou à Mostaganem (« Vive l'Algérie française »). En 1959, le président de la République évoque d'abord « l'autodétermination » et l'organisation d'un référendum supposant un choix entre deux propositions différentes, l'association à la France ou l'indépendance. L'année suivante, il annonce une prochaine « République algérienne » excluant l'existence d'une quelconque alternative.

Ce changement de pied fait réagir Giscard d'Estaing, resté jusqu'ici sur la réserve. Le 6 novembre 1960, il écrit une lettre au Premier ministre dans laquelle il exprime son opposition à une évolution néfaste selon lui. Il regrette d'abord que les décisions soient prises et annoncées par le président sans consultation du gouvernement, pratique qu'il estime contraire à la Constitution. Il fait état aussi des difficultés qu'il rencontre à faire accepter par ses amis politiques la nouvelle tournure de la politique algérienne du chef de l'État. Mais, ne souhaitant pas mettre en position délicate la majorité dont il fait partie, il conclut en demandant à Michel Debré de le faire sortir du gouvernement lors d'un prochain remaniement. On comprend à ce signe la profondeur du trouble éprouvé : il ne démissionne pas, pour éviter que son geste soit interprété comme une critique de l'action présidentielle, il souhaite plus modestement être démis de ses fonctions à la première occasion. Est-il besoin de souligner la différence entre la sobriété de sa demande de mise en retrait et la rupture fracassante de Chirac en 1976 ? Sa lettre à la tonalité grave est restée à ma connaissance sans réponse écrite. L'auteur et le destinataire, tourmenté lui-même par le choix entre loyauté au président et fidélité à ses idées, l'ont-ils seulement évoquée en tête à tête ? La seule certitude est que Giscard demeure au gouvernement : non seulement il n'est pas remercié par Debré mais encore il poursuivra sa tâche au-delà du remplacement de ce dernier par Georges Pompidou.

Interrogé plusieurs décennies après par Éric Roussel, Giscard ne commente pas cet épisode, mais explique son analyse personnelle : « Pour ma part, j'aurais souhaité que la France garde une présence en Algérie. Comment ? Sous quelle forme ? Je n'avais pas d'idée précise[1]. » Il reconnaît avoir compris assez tôt que de Gaulle n'adhérait pas à l'Algérie française mais avoir cru longtemps qu'il chercherait cependant à conserver un lien avec ce pays. Faut-il rappeler la diversité des solutions avancées à l'époque, des plus raisonnables comme l'association aux plus folles comme la partition territoriale de l'Algérie, en passant par la mystérieuse « indépendance dans l'interdépendance ». Après sa démarche, demeurée sans effet en novembre 1960, VGE aura d'autres occasions d'exprimer ses réticences sur ce douloureux dossier, mais ses interventions ne prendront jamais un caractère public, elles se limiteront au cercle de ses amis et à la sphère gouvernementale, sans écho médiatique.

Ainsi, après la condamnation à mort du général Jouhaud, l'un des participants au putsch d'avril 1961, il ne se résout pas à voir exécuté ce pied-noir alors

1. Éric Roussel, *Valéry Giscard d'Estaing*, *op. cit.*

que le général Salan a sauvé sa tête. Il en parle donc à Pompidou qui, avec le garde des Sceaux Jean Foyer, est sur la même longueur d'onde. Le Premier ministre ayant mis en balance sa démission pour arracher au président que la peine de mort soit commuée en peine de prison, il se réjouit de cette issue favorable. Mais, en silence, il souffre de voir la hâte avec laquelle le chef de l'État souhaite en finir, en signant avec le GPRA des accords d'une naïveté confondante, qui ne seront en rien respectés par les nouveaux maîtres de l'Algérie. Invité à faire partie de la délégation chargée de négocier à Évian, pour y défendre les intérêts économiques de la France, VGE se récuse, ne voulant pas cautionner ce qu'il n'est pas loin de considérer comme un abandon. Il s'attend alors à être sanctionné pour ce refus mais le Général ne lui en tient pas rigueur. Très vite, les clauses des accords seront foulées aux pieds par les dirigeants du pays. Les enlèvements commis à Oran le 5 juillet, le massacre des harkis, sacrifiés par la France, la nationalisation des terres qui fera fuir les derniers agriculteurs restés sur place, plus tard l'arabisation forcée de l'enseignement qui mettra fin aux derniers coopérants illustrent cette occasion manquée de substituer à la colonisation une coopération librement consentie. À tous égards, l'espoir placé dans le respect d'accords signés a été démenti par des faits contraires.

Après le cessez-le-feu signé le 18 mars 1962, Giscard est le témoin muet de la dégradation de la situation et des drames qui se jouent sur le terrain. Il entend au sein du Conseil des ministres auquel il participe désormais les rapports faits à ce propos, en particulier par Louis Joxe, ministre chargé des affaires algériennes. Aux attentats suicides de l'OAS répondent des massacres de civils, européens comme musulmans. L'armée française reçoit l'ordre de rester dans ses casernes, laissant ainsi à l'ALN (Armée de libération nationale), désœuvrée et mal commandée, la responsabilité d'un maintien de l'ordre à sens unique. L'exode des rapatriés, sous-estimé par un gouvernement optimiste ou naïf, devient vite massif et souligne l'impréparation de la France à accueillir ses propres ressortissants. Si l'on en croit Alain Peyrefitte, de Gaulle, obsédé par la nécessité d'un départ rapide, déclare sans illusion lors du Conseil des ministres du 27 juin : « Nous sommes au commencement d'une longue série de drames. » Mais cette prévision pessimiste ne le fait en rien changer de trajectoire ; pour lui, la page de la présence française doit s'achever au plus vite, quelles qu'en soient les conséquences humaines.

En tant que ministre des Finances, en liaison avec le secrétariat d'État confié à Robert Boulin, Giscard supervise les premières mesures d'urgence en faveur de l'accueil et du reclassement des rapatriés, ainsi que les facilités financières accordées à l'Algérie, dont les caisses sont désespérément vides. De 1959 à 1962, cette évolution, sous bien des aspects décevante des deux côtés de la Méditerranée, VGE la vit douloureusement mais en silence. L'ultime objectif de de Gaulle est de fermer cette longue parenthèse pour fonder sur de nouvelles bases la politique internationale du pays. L'attachement de Giscard aux liens entre la France et l'Algérie ne disparaît pas pour autant. Lorsqu'il sera président à son tour, il tentera de renouer un dialogue constructif : en avril 1975, il est le premier chef de l'État, depuis l'indépendance, à effectuer un voyage officiel pour relancer la coopération avec ce pays. Il y reçoit un accueil plutôt chaleureux mais, pas plus que ses successeurs, ne parvient à apaiser une histoire sanglante et passionnée.

Comme il l'avouera dans le second tome de ses mémoires : « je n'étais pas résigné, au fond de moi, au départ de la France d'Algérie, même si j'en avais compris la fatalité et approuvé la décision politique[1] ». Aujourd'hui encore, les Français, toujours secoués par ce drame, ont du mal à faire un travail de mémoire ; et de leur côté, les dirigeants algériens font de l'ex-puissance coloniale un bouc émissaire commode pour cacher leurs propres échecs et leurs turpitudes. Leur refus obstiné d'émettre un jugement plus nuancé explique la fin de non-recevoir opposée, en 2021, au rapport sur les questions mémorielles de la colonisation rédigé par Benjamin Stora à la demande du président français. Soixante ans après l'indépendance, les relations entre les deux pays demeurent, selon l'historien, « difficiles, complexes, tumultueuses ». Dans la mémoire collective, ni l'affaire d'Algérie ni la défaite de 1940 n'ont été encore soldées.

Les premiers pas de la construction européenne

La naissance de l'Europe coïncide avec l'entrée de Valéry Giscard d'Estaing à l'Assemblée nationale, en 1956. Auparavant, le rapprochement entre les anciens adversaires se bornait à la Communauté du charbon et de l'acier (la CECA), deux matières premières essentielles à la reconstruction des six pays dévastés par la guerre, mise en place par le traité de Paris en 1951. Le véritable acte fondateur de l'intégration européenne intervient six ans plus tard avec le traité de Rome, signé le 25 mars 1957. Il crée en effet la Communauté

1. *Le Pouvoir et la Vie*, t. 2, *L'Affrontement*, Cie 12, 1991.

économique européenne (CEE) et la Communauté de l'énergie atomique (CEEA), désignées rapidement sous les noms plus évocateurs de Marché commun et d'Euratom. Il faut beaucoup d'audace à l'époque pour se lancer dans une telle aventure, même inspirée par la volonté d'épargner aux peuples la mortelle épreuve de la guerre. Comment la IVe République, impuissante à poursuivre une politique cohérente, a-t-elle pu accomplir un tel acte de volonté, après avoir torpillé la Communauté européenne de défense quelques années auparavant ? En fait, l'Assemblée nationale, si sourcilleuse sur les questions de souveraineté, n'a vu dans les nouveaux traités que leurs conséquences économiques immédiates, sans mesurer les effets politiques plus lointains qu'ils produiraient.

Giscard quant à lui en saisit d'emblée les enjeux lors des débats parlementaires consacrés au sujet. Il prend la parole dans l'hémicycle à deux reprises, le 17 janvier avant la signature du traité de Rome et le 4 juillet à l'occasion de sa ratification. Ces deux discours contiennent déjà, explicitement ou en germe, les clés de son action européenne ultérieure : le pragmatisme, la dimension temporelle, la nécessité de ne pas se limiter à l'économie, l'élargissement futur au continent tout entier, enfin l'édification progressive d'un espace politique capable de concourir à l'équilibre du monde. L'analyse, avant même l'entrée en vigueur de l'accord, est prémonitoire. Ce qui fait écrire à Philippe Ratte que sa « vision européenne [est] avérée dès son entrée en politique, à la différence de pratiquement tous les autres[1] ». La

1. Philippe Ratte, *Valéry Giscard d'Estaing, l'autre grand président*, Odile Jacob, 2020.

suivre pas à pas éclaire les initiatives que prendra en ce domaine le futur président.

Le 17 janvier, VGE s'interroge sur le contenu et les conditions d'application du traité et en souligne aussi les lacunes. L'adhésion de la France à la CEE n'est pas pour lui un acte gratuit ou symbolique, elle est au contraire « l'occasion, la raison que nous cherchons depuis dix ans, de rénover la structure de notre pays » et de lui « donner les traits d'un pays jeune ». Cela implique la mise en œuvre d'une politique économique cohérente et durable, à l'opposé des fluctuations produites par l'instabilité incessante de la IVe République. Pédagogue, Giscard évoque à cet égard trois scénarios possibles et indique clairement celui qui a sa préférence.

Le premier est « la non-ratification du traité de Marché commun » qui conduirait, selon lui, au « déclin dans l'autarcie ». Le deuxième est sa « ratification, mais la poursuite d'une politique économique non appropriée. Ce serait, dans ce cas, le déclin dans l'asphyxie ». Le troisième, pour lequel il plaide vigoureusement, est « la ratification du traité [assortie de] la définition d'une politique économique nouvelle permettant à notre pays d'en tirer avantage ». Parmi ces hypothèses, une seule est donc « favorable et je ne suis pas sûr que ce soit la plus probable ». Giscard comme on le voit ne cède pas à l'euphorie, il n'entretient pas d'illusion naïve, la ratification de l'accord n'est pas une garantie de réussite. Sa conviction européenne ne le dispense pas d'une remise en cause des choix opérés jusqu'ici. L'approbation de la CEE ne provoquera d'elle-même ni un encouragement à l'investissement, ni une action efficace sur les prix, ni une amélioration de la justice sociale que la France, seule, doit entreprendre. Car sur tous ces aspects, le traité de Rome ne contient rien ou si peu de choses, à ses yeux.

L'avertissement de Giscard est on ne peut plus clair : la construction européenne ne saurait se limiter à la création d'un Marché, fût-il commun. Ce dernier ne saurait être comme il le dit un « lieu de passage » mais un moyen pour atteindre une fin plus ambitieuse. Or, pour cela, on ne peut se contenter d'actionner des outils économiques. Giscard doute en effet que « le progrès social soit un sous-produit automatique de l'expansion économique et de l'intensification des échanges ». Ce jugement prononcé le 17 juillet 1957, avant toute application des accords, sonne comme une mise en garde destinée à ceux qui pensent naïvement que du seul commerce jaillira une plus grande solidarité politique et sociale. L'Histoire montre bien que le développement des échanges est impuissant à faire naître la concorde entre les nations. Si c'était le cas, l'explosion de la globalisation depuis un demi-siècle aurait atténué les tensions, or elle les a plutôt exacerbées comme le montrent, à l'échelle mondiale, la rivalité croissante entre les États-Unis et la Chine et, sur le continent européen, la montée des égoïsmes nationaux. L'intensité du lien unissant les États et les peuples dépend de la solidarité politique qu'ils éprouvent, plus que du volume de biens et de services qu'ils s'échangent.

À travers ces discours, on sent bien que le Marché commun n'est qu'une première étape, insuffisante par elle-même à donner à l'Europe la puissance que Giscard souhaite pour elle. Bien au-delà de l'horizon du traité (une dizaine d'années), il dessine les contours de la construction européenne dans le temps long. « Personne ne peut s'opposer au remembrement économique de l'Europe. À l'âge des grands empires et des grands mouvements, nous n'allons pas nous enfermer dans des pavillons d'octroi. » L'œuvre à entreprendre est beaucoup plus vaste. Il s'agit d'étendre la construction européenne, limitée à six à l'origine, à l'ensemble du continent, faisant ainsi écho au souhait exprimé par de Gaulle, en 1950 : une « Europe, de l'Atlantique à l'Oural ». Mais aussi de transformer cet espace économique en un espace politique capable de jouer un rôle régulateur dans le monde. Dans la vision du jeune député, ces deux aspects sont d'emblée indissociables : pour être elle-même, l'Europe devra marcher sur ses deux jambes.

« Je souhaite pour ma part que nous poursuivions deux objectifs : d'une part, la construction d'une entité économique, et plus tard politique, à la dimension d'un continent ; d'autre part, le maintien de l'affirmation de notre pays à penser, à éclairer et peut-être à diriger cette construction continentale. » Évitant les débats dogmatiques opposant les fédéralistes aux partisans de la coopération, Giscard se garde bien d'enfermer l'édifice dans une forme prédéterminée. Il sait combien le processus sera long, et que la meilleure façon de le faciliter est de choisir de bons outils, non de se quereller sur des principes abstraits. Plus tard, il dira clairement qu'il faut aller vers ce qu'il appelle une « fédération d'États-nations, conservant leurs identités, et gérant sur le mode fédéral les compétences qu'ils lui attribuent[1] ». Il affirme également la vocation de la France à jouer, dans cet ensemble, un rôle primordial, sinon directeur.

Ces discours prémonitoires prononcés en 1957, peu avant la chute de la IVe République, annoncent les axes de son action, entre 1974 et 1981. Comme l'écrit Helmut Schmidt, la prévoyance de Giscard d'Estaing est à l'origine du système monétaire européen (SME),

1. *Europa. La dernière chance de l'Europe*, XO, 2014.

du Conseil européen, de l'élection directe des parlementaires européens, des sommets internationaux du G6. En attendant, en tant que ministre des Finances du Général (1959-1966) puis de Pompidou (1969-1974), il suivra plus modestement les projets et les à-coups de l'intégration européenne. Car le Marché, commun avant de devenir unique, a toujours une traduction budgétaire, en dépenses comme en recettes. La rue de Rivoli est donc directement impliquée dans sa mise en œuvre. L'expérience acquise alors lui sera précieuse plus tard lorsqu'il s'agira de convaincre nos partenaires.

VGE approuvera sans réserve la décision du président de la République, qui n'allait pas de soi, d'entrer de plain-pied dans les mécanismes du Marché puis de la politique agricole (PAC). Il s'opposera lui aussi à un élargissement inconsidéré de la CEE : « Il est absurde de vouloir faire entrer le Commonwealth, la Turquie ou Israël dans le Marché commun. [...] Ce qu'il faudrait, c'est élaborer une doctrine pour l'association au Marché commun des pays qui veulent s'en rapprocher, mais qui n'ont pas vocation pour y entrer », déclare-t-il ainsi au Conseil des ministres du 18 avril 1962, à l'occasion d'un vaste échange sur le sujet. Longtemps avant que l'Europe cède au tropisme de l'élargissement tous azimuts, cette distinction aurait pu éviter bien des amertumes et déconvenues futures.

Au même moment, Giscard d'Estaing assiste avec regret à l'échec du projet d'Union fondée sur une politique étrangère et de défense commune, connu sous le nom de plan Fouchet, et destiné à se substituer aux Communautés naissantes, CEE et Euratom. Divisés sur l'admission de la Grande-Bretagne et, plus encore, sur l'attitude à l'égard de l'ami américain, les six le sont aussi sur la conception et le rythme de l'Europe ; ils ne parviennent pas à s'entendre sur un texte sans cesse retouché pendant une année. Sa seule satisfaction est de voir la solidarité entre l'Allemagne de l'Ouest et la France, qui doit beaucoup à Adenauer et à de Gaulle, se renforcer avec la signature, le 22 janvier 1963, du traité de l'Élysée, scellant l'amitié de part et d'autre du Rhin. Globalement, sur l'Europe, l'identité de vues entre le président de la République et son grand argentier sera forte jusqu'en 1966. C'est moins la conception de l'Europe – tous deux rejettent le modèle fédéral – que la méthode employée qui sera source de tensions entre le Général et son ancien ministre. Regrettant l'exercice trop personnel du pouvoir, ce dernier n'acceptera pas, en particulier, la politique de la chaise vide à Bruxelles, pratiquée par la France, et l'insistance mise à défendre le retour à l'étalon-or, anachronique selon lui et incapable de juguler la supériorité croissante du dollar.

D'autres événements ont évidemment influé sur la pensée et le positionnement politiques de Giscard d'Estaing. Les relations internationales qui, de 1950 à 1970, passent de la guerre froide à la coexistence pacifique, retiennent évidemment son attention mais sans lui imposer un effort personnel d'analyse. Car, bénéficiant de la vision du général de Gaulle, il ne pouvait avoir en la matière de meilleur maître. Raymond Aron, qui ne fut pas toujours tendre avec Giscard, reconnaît d'ailleurs dans ses *Mémoires* qu'il a respecté l'héritage gaulliste. Dans ses rapports avec les grandes puissances de l'Ouest et de l'Est comme avec les pays en voie de développement, sa politique étrangère a été inspirée par l'exigence d'indépendance nationale, chère à l'homme du 18 Juin.

Les manifestations et les grèves de mai 1968, qui secouent un pays apparemment enfoncé dans la torpeur et l'ennui, l'interrogent d'une autre manière. La révolte étudiante confirme à ses yeux l'aspiration de la jeunesse à s'émanciper de la tutelle des vieux bonzes. Il cherche à la comprendre, en éprouvant pour elle une forme de sympathie. Mais en même temps, il doute qu'elle soit l'amorce de la révolution sociale espérée par ses leaders. Giscard sait que la société française, fragile, ne pourra supporter le désordre qu'elle engendrera nécessairement. Entre l'imagination débordante et l'ordre, il choisit ce dernier et refuse d'abandonner un navire ballotté par des vents contraires. Cependant, la crise traversée le persuade plus encore de la nécessité d'ouvrir la majorité à des forces nouvelles et de gouverner en épargnant au peuple les grandes secousses. Ce qu'il voit dans ces semaines folles inspirera plus tard le slogan de la campagne de 1974 : « Le changement sans le risque. »

Dans l'émergence progressive de son projet pour la France, les institutions, la construction européenne et la nécessité d'une économie forte jouent un rôle décisif. Comme une obsession dont on ne peut se défaire, elles accompagneront d'ailleurs sa réflexion et ses prises de position longtemps après son retrait de la vie politique. Ces préoccupations, apparemment distinctes, se rejoignent dans son esprit. La France ne peut jouer un rôle correspondant à son Histoire que si elle dispose d'un socle démocratique et économique solide et si elle s'ancre à l'Europe. Seule, avec 1 % de la population mondiale, elle serait réduite, sinon à l'impuissance, du moins à un rang subalterne. De cette vision réaliste, certains ont conclu un peu vite que Giscard réduisait à néant ses rêves de grandeur. C'est un mauvais procès. N'est-il pas plus coupable de surestimer à l'excès notre puissance ? Dans l'addition de ses forces à celles de l'Europe, il cherche au contraire à conjurer un déclin qui enfoncerait le pays dans l'indifférence, le scepticisme et le renoncement. La vocation de la France n'est pas selon lui de vouloir jouer un rôle à tout prix, c'est de contribuer, en fonction de son tempérament et de son expérience, à la résolution des grands problèmes de notre temps.

Quant à l'Algérie, c'est une épreuve que Giscard, ministre, subit en silence. Il entrevoyait pour elle une évolution progressive et pacifique vers une autonomie garantissant le maintien de liens étroits avec la métropole. Utopie ? Sans doute était-il déjà trop tard. Partition du territoire ? Il n'en voyait guère la faisabilité. Si l'indépendance était inéluctable, du moins permettrait-elle de tourner une page douloureuse. Au-delà des péripéties dramatiques, c'est ce sentiment qui a prévalu, dans son esprit, du 1er juin 1958 (investiture de de Gaulle) au 5 juillet 1962 (proclamation de l'indépendance).

Jusqu'en 1966, la fidélité aux institutions et à l'autorité politique du président de la République l'emporte sur toute autre considération. Giscard, qui maîtrise désormais les finances, apprend à connaître les rouages de l'État. Comme l'écrit Mathias Bernard, il a « expérimenté aussi bien la lourdeur de l'action ministérielle et les contraintes de la solidarité gouvernementale que les tensions inhérentes aux coalitions politiques et au choc des ambitions personnelles au sommet du pouvoir[1] ». Son éviction du gouvernement, en janvier 1966, est donc d'autant plus difficile à supporter. Il s'efforce alors de développer par étapes une stratégie de différenciation, tout en restant solidaire de la majorité. Exercice délicat, par lequel il faut cependant passer pour exister

1. Mathias Bernard, *Valéry Giscard d'Estaing. Les ambitions déçues*, *op. cit.*

politiquement. N'appartenant pas au parti gaulliste, il n'a pas d'autre choix.

En juin 1966, il crée ainsi son propre parti, la Fédération nationale des Républicains indépendants, qu'il présente comme un outil pour élargir la majorité et apporter une contribution utile au débat. Six mois plus tard, en janvier 1967, il exprime le fameux « oui, mais », sorte de solidarité sous bénéfice d'inventaire, qui provoque la fureur des gaullistes inconditionnels. Et c'est en août de la même année qu'il fustige « l'exercice solitaire du pouvoir ». Enfin, en décembre 1968, il se prononce pour le « non » à un référendum appelant une réponse unique à deux questions différentes, la régionalisation qu'il approuve et la transformation du Sénat qu'il rejette. Les commentateurs ont beaucoup exagéré l'influence de cette prise de position sur le sort final du scrutin, le 27 avril 1969, lui faisant porter la responsabilité de la démission du Général, le lendemain.

La réalité est quelque peu différente. L'échec du référendum est imputable, sur le plan factuel, aux hésitations et aux maladresses du chef de l'État lui-même, débordé par la crise en mai 1968 et, plus encore, à la décision de se séparer de son Premier ministre qui, dans la tempête, avait pourtant tenu la maison. La vocation de successeur potentiel qu'acquiert alors Georges Pompidou minimise aux yeux de beaucoup les effets d'une réponse négative à une question sur le sort de laquelle le président a engagé, sans y être obligé, sa propre responsabilité. Elle offre même l'occasion de tourner une page en substituant une tête nouvelle à un personnage exceptionnel mais usé par dix ans de pouvoir.

Attribuant au général de Gaulle le mérite d'avoir redressé le pays et de l'avoir doté d'institutions fortes, la majorité des Français aspirent à vivre une autre expérience. C'est ce qu'on a appelé « l'effet Churchill », qui menace les dirigeants ayant accompli leur mission. Comme Churchill, artisan indomptable de la résistance à l'Allemagne de Hitler, remercié lors des élections législatives de 1945, de Gaulle est mis à la retraite prématurément en 1969. L'un comme l'autre goûteront les plaisirs de Chartwell ou de La Boisserie. Ingratitude ? Peut-être. Reconnaissance des services rendus ? Certainement. C'est d'une fin de contrat plutôt que d'une défaite qu'il s'agit dans les deux cas, comme le montre la popularité grandissante, voire légendaire dont jouiront ensuite ces deux personnages hors du commun.

Les résultats de l'élection présidentielle du 15 juin 1969 confirment cette interprétation. En consacrant la victoire de Georges Pompidou sur Alain Poher, ils traduisent la nette préférence des Français pour la continuité institutionnelle. Le « non » au référendum, loin de condamner le régime, lui donne un nouveau dirigeant. Il donne aussi à Giscard l'occasion de jouer un rôle croissant au sein de la majorité. Sa cote d'avenir se précise, son message est perçu plus distinctement. Il le complète d'ailleurs par des propositions en faveur d'une France plus moderne, plus ouverte à la jeunesse, que le désaveu infligé par Pompidou à Chaban, en 1972, vient conforter. Exit la « nouvelle société » dont le maire de Bordeaux avait dessiné les contours ambitieux sans pouvoir la concrétiser, place au projet forgé patiemment par Giscard ! Il ne reste plus pour accéder à la magistrature suprême qu'une marche à monter, dont le décès brutal du président va anticiper l'occasion.

4

Une ambition pour la France

Tout juste élevé au rang symbolique de ministre d'État, le 1er mars 1974, Giscard est surpris par la mort subite de Georges Pompidou, qu'il savait malade mais sans imaginer une issue fatale aussi rapide. Comme tous les candidats potentiels, il lui faut donc s'adapter, sans précipitation, à une situation inattendue, et trouver le ton juste dans un moment chargé d'émotion collective. L'exercice n'est évidemment pas simple ; il y faut, non de l'empressement, mais de la hauteur de vue. Pour lui, il est grandement facilité par la maturation progressive de son projet, dont il a égrené les éléments clés au cours des années précédentes. Fruits de l'observation et de l'expérience, il ne reste plus qu'à les mettre en ordre et à les hiérarchiser. C'est ce qu'il fait lors de sa première intervention télévisée, en les regroupant en trois axes : « l'indépendance et la puissance, la justice et la sécurité pour les Français, le changement sans le risque ». Si le premier mouvement est le bon, on a là la quintessence de son ambition pour le pays.

La campagne électorale est brève comme le fut celle de 1969, après la démission du général de Gaulle : six petites semaines, de l'annonce de sa candidature le 8 avril à son élection le 19 mai. Cela lui convient parfaitement car il sait combien il aurait tout à perdre d'une absence de rythme et d'une répétition lassante des mêmes slogans. La jeunesse du candidat, son allure décontractée font vite ressentir sa campagne comme la plus dynamique, la plus moderne. Sur le fond, elle est aussi la plus cohérente car elle n'a rien d'improvisé. Reposant sur une certaine conception de la France, de son identité, de son rôle dans le concert des nations, sa vision est, on peut l'écrire sans excès, l'une des plus complètes de celles présentées aux électeurs sous la Ve République. Cela en justifie une analyse préalable, moins pour convaincre de son bien-fondé que pour la confronter ensuite aux réformes réalisées de 1974 à 1981. Tel est en effet le fil conducteur de ce livre : le septennat de VGE président a-t-il été à la hauteur du projet énoncé par le VGE candidat ?

Pour en faire une présentation synthétique, on dispose des nombreux matériaux qui précèdent et accompagnent toute campagne électorale : discours et écrits antérieurs jalonnant l'itinéraire de VGE pendant une vingtaine d'années, documents publiés après l'annonce de sa candidature, professions de foi distribuées aux électeurs. À ce niveau, rien que de très classique. Mais, outre ces données habituelles, le commentateur a la chance de pouvoir utiliser une source exceptionnelle, l'ouvrage que Giscard a rédigé peu après son accession à la présidence de la République. Exercice unique de la part d'un dirigeant en fonction, *Démocratie française*, publié en 1976, explicite l'ambition présidentielle en temps réel, au cœur même de l'action qui vient de débuter. C'est pour l'historien un avantage exceptionnel et inédit. Plusieurs présidents ont écrit après coup leurs mémoires, dans lesquels ils expliquent et justifient leur action à la tête de l'État. Giscard lui aussi n'a pas résisté à la tentation, avec les trois volumes du *Pouvoir et la Vie*.

Mais avec le recul du temps, ces témoignages, toujours orientés, sont moins édifiants que l'énoncé du projet poursuivi au moment même où il se concrétise, sous les yeux de ses témoins directs. La place particulière et sans équivalent qu'occupe *Démocratie française* dans le mandat giscardien explique donc les références nombreuses qu'on y fera.

De cette masse, nourrie par son expérience de député, de ministre, de chef de parti, se dégagent les buts qu'il s'assigne dans l'ordre politique, économique et social. Dans la tradition inaugurée par Montesquieu et poursuivie par Tocqueville, ils sont étroitement reliés à ce qu'il pense être le destin d'un peuple et le tempérament des Français. Dédiée symboliquement à Marianne et à Gavroche, *Démocratie française* s'ouvre par une phrase qui éclaire le sens de sa démarche : « Aucune société ne peut vivre sans un idéal qui l'inspire ni une connaissance claire des principes qui guident son organisation. » C'est sur cette base qu'il propose à ses concitoyens de construire une « ambition pour la France », un « futur modèle européen », sur « l'ensemble de cette terre étroite et précieuse, de ce mince cap d'Asie où une certaine idée de l'homme, de sa mesure et de sa raison a commencé son long périple ».

Dans une Histoire longue et tourmentée, avec un peuple attachant mais capricieux, la tâche ne s'annonce pas aisée. Il le sait. Car malgré les mutations de la société, le caractère français est selon lui resté identique. Il en définit en quelques phrases les contradictions. « Rapide, jusqu'à être changeant ; généreux par élan, mais replié sur un instinct terrien de la possession ; avide de discussion, mais préférant parfois le fait accompli ; ardemment fier de la France, mais peu informé du jugement extérieur ; remueur de toutes les idées, mais conservateur de tout ce qui l'entoure ; spirituel, délicat, décent, mais aimant la plaisanterie facile, la ripaille, la contestation. Affectant le cynisme, hâbleur, mais au total le peuple le plus sensible du monde. » Le portrait est peut-être un peu convenu mais il ne manque pas de finesse.

Comment conduire le changement, sans rompre pour autant avec le passé, à la tête d'un tel peuple, nourri par la passion de l'égalité abstraite mais moins attentif aux inégalités concrètes, appelant de ses vœux un pouvoir fort mais toujours frondeur et méfiant à l'égard de ses dirigeants ? Comment trouver l'équilibre entre la nécessaire adaptation et l'indispensable respect de la tradition ? Le modèle pluraliste que propose Giscard à ses concitoyens, fait de liberté et de responsabilité, repose sur quatre piliers : une démocratie apaisée, une société plus juste, une économie sociale de marché, une indépendance rendue possible par la construction européenne. C'est à ces objectifs que seront confrontées plus loin, pour en dresser l'inventaire, les réformes réalisées pendant sa présidence.

Une démocratie apaisée

Fidèle à la méthode qu'il affectionne, Giscard commence par poser le diagnostic de la société française. En vingt-cinq ans, elle a connu de profondes mutations. Les conditions de vie, le pouvoir d'achat, le niveau de qualification des Français se sont sensiblement améliorés. Pourtant, il note la persistance de tensions sociales et l'apparition de problèmes nouveaux, de deux ordres selon lui. Le premier concerne les inégalités. La forte croissance depuis les années 1950 en a réduit l'ampleur mais de nouvelles sont nées, aggravant l'écart dans la répartition des richesses entre la base et le sommet, entre ceux qui demeurent exclus des bénéfices du progrès et ceux qui, à l'inverse, profitent de leur position ou de leur rente. Le second a trait à la dislocation des liens sociaux qui tend à transformer la société en un vaste puzzle, composé de pièces juxtaposées, vivant côte à côte, mais non ensemble. « L'affaiblissement des relations de voisinage, le cloisonnement des groupes sociaux, la spécialisation de l'espace et du temps dans la vie moderne conduisent à une sorte d'univers éclaté, où le tissu de la proximité humaine s'est déchiré, où règnent la solitude et l'anonymat et où chacun éprouve [...] la nostalgie d'une unité perdue. » La crainte exprimée n'est pas nouvelle, chaque génération a le sentiment que la société se défait, que c'était mieux avant, selon l'expression consacrée. Elle annonce l'analyse que développera cinquante ans plus tard Jérôme Fourquet dans *L'Archipel français*[1].

Comment répondre à ces problèmes ? Pour Giscard, le recours aux idéologies traditionnelles n'est plus d'un grand secours. Ni le marxisme qui a eu sa part de vérité au XIXe siècle ni le libéralisme classique auquel on doit une part de notre condition actuelle ne peuvent rendre compte de la réalité sociale contemporaine et contribuer à l'améliorer. C'est une autre démarche, fondée non sur l'économie mais sur les besoins de l'homme qu'il convient de promouvoir. Elle conduit à ce qu'il appelle la « société pluraliste », garantissant tout à la fois la liberté et l'ordre.

Par quels mécanismes peut-on espérer y parvenir ? D'abord, par des institutions équilibrées entre lesquelles

1. Jérôme Fourquet, *L'Archipel français. Naissance d'une nation multiple et divisée*, Seuil, 2019.

est réparti le pouvoir politique. C'est le grand dessein de la Constitution de 1958, dont Giscard salue les mérites. Le président de la République reçoit son autorité du peuple, c'est donc à lui que sont demandés des comptes. Le gouvernement, chargé d'appliquer les orientations présidentielles, est protégé contre les manœuvres des partis qui, sous le régime précédent, faisaient et défaisaient les majorités. Mais « la démocratie pluraliste n'est pas une démocratie d'acquiescement ». Le parlement doit donc remplir sa fonction de contrôle car il est, dans l'intervalle des élections, le « lieu normal de la vie politique. C'est là que doivent se discuter, sur le fond, les réformes nécessaires au progrès de la vie sociale. »

Comme on le voit, Giscard est attaché à la séparation et à la complémentarité des rôles. On sent là la double influence de la culture parlementaire familiale et de son expérience personnelle de député, de 1956 à 1959. S'il adhère à la Ve République, il regrette la concentration excessive du pouvoir auquel une pratique dévoyée a donné lieu. Pour lui, la démocratie pluraliste qu'il espère acclimater implique le débat, la contradiction. « Seules l'existence d'une opposition, la critique qu'elle exerce, l'alternative qu'elle constitue donnent à la souveraineté du citoyen un pouvoir concret. » Le respect du parlement et de l'opposition explique d'ailleurs la réticence que lui inspire le référendum. Comment demander au peuple une réponse binaire (« oui » ou « non ») à une question par nature complexe ? L'hémicycle parlementaire se prête mieux à la confrontation des arguments et à la recherche des solutions les plus adaptées. Ayant mal vécu la réponse unique d'avril 1969 à deux réformes différentes, il n'utilisera d'ailleurs jamais durant son septennat ce procédé trop simplificateur à ses yeux.

Mais le pluralisme ne se limite pas à l'ordre constitutionnel. Il s'attache aussi à une organisation décentralisée, indispensable pour contrebalancer des siècles de concentration ayant conduit à une « hypertrophie parisienne » et à une bureaucratie envahissante. « Un puissant mouvement de décentralisation est nécessaire, qui transfère à des collectivités locales revigorées et dotées de ressources financières appropriées, des attributions retenues par l'État central. » C'est un véritable changement dans les rapports respectifs de l'État, des collectivités locales, en particulier les communes, et des citoyens que VGE entend provoquer mais que la lenteur calculée du Sénat l'empêchera, en fin de mandat, de réaliser.

Enfin le pluralisme implique une presse écrite et des médias indépendants et concurrents pour garantir la liberté d'information sans laquelle le débat politique serait confisqué par le pouvoir en place ou par de puissants groupes d'intérêts. Giscard d'Estaing déplore à ce niveau que l'affrontement idéologique, l'opposition binaire droite-gauche éclipsent dans notre pays la confrontation des idées prévalant dans les démocraties anglo-saxonnes. Il milite dans *Démocratie française* pour une culture du dialogue, de la délibération se substituant à notre traditionnelle « guerre de religion », peu propice à la recherche du bien commun.

C'est à toutes ces conditions que se réalisera dans une société « ordonnée, forte et paisible » l'alternance au pouvoir dont Giscard dit qu'elle est le « mode de régulation politique » des démocraties avancées. En 1974, lorsqu'il se présente à l'élection présidentielle et, deux ans plus tard, lorsqu'il rédige son livre, il sait qu'elle est ardemment espérée par les uns et fortement redoutée par les autres. Il en fait néanmoins le critère de la démocratie apaisée qu'il veut promouvoir. En se projetant consciemment sur l'échéance de 1981, c'est à l'avenir qu'il songe, bien au-delà de sa personne.

Une société plus juste

Si depuis la Libération la France a bien changé, l'organisation sociale révèle aux yeux de Giscard la persistance de nombreuses inadaptations. Certes, la lutte des classes, provoquée par les rudes contraintes de l'industrialisation, a cédé le pas à une aspiration à l'unité. Mais le but est loin d'être atteint, malgré l'élévation générale du niveau de vie. Il ne pourra l'être que si la justice vient effacer les divisions héritées du passé et « mettre en œuvre, sans lenteur ni précipitation, les correctifs nécessaires ». Pour l'auteur de *Démocratie française*, cette action réformatrice doit s'exercer en priorité dans trois domaines dans lesquels subsistent encore de profondes discriminations.

« Le premier, essentiel à mes yeux, est celui de la condition des femmes. » Il convient de mettre fin au statut subordonné dans lequel elle est maintenue depuis trop longtemps et d'établir une stricte égalité avec les hommes, dans l'ordre familial, professionnel et politique, sans déboucher sur une identité absolue des rôles qui n'aurait pas de sens, selon lui. La suppression des discriminations dont les femmes sont victimes n'est pas seulement une question de justice, elle améliorera le fonctionnement de notre société dont le potentiel de « sensibilité, d'imagination et de réalisme » sera accru par une participation féminine plus complète et reconnue. En écrivant cela, ce n'est pas à une mode, à une tendance bien portée qu'il cède, c'est une conviction sincère qu'il exprime, inspirée par son expérience personnelle.

Le deuxième est celui des travailleurs manuels, souffrant d'inégalités injustifiées, de l'école jusqu'à la vie professionnelle. Giscard dénonce aussi bien la hiérarchie arbitraire établie par l'enseignement général à leur détriment, les différences de rémunération et l'absence de véritable déroulement de carrière qui n'ont aucune justification économique et sociale et pénalisent le développement du pays.

Enfin, la discrimination « la moins supportable » est celle qui frappe la jeunesse, en termes de formation et d'accès à l'emploi. Le système éducatif comme les voies d'accès aux professions doit être modifié pour assurer ce qu'il appelle « l'égalisation des chances », à mérite égal. Il prend à ce propos l'exemple de l'Ena par laquelle il est passé et qu'il connaît donc bien : créée pour démocratiser la haute fonction publique, elle n'a pu atteindre cet objectif en raison d'un recrutement socialement et culturellement trop restreint.

D'une manière générale, Giscard entend lutter contre la pauvreté et la précarité qui affectent les plus vulnérables, les plus exposés aux accidents de la vie, handicapés, inactifs, personnes isolées. « La misère dégrade, écrit-il. Comme le racisme, elle offense la dignité humaine. » Ni l'âge, ni un handicap, ni la perte d'emploi, ni le sexe ne justifient qu'une communauté prospère abandonne un de ses membres à la détresse. Mais comment éviter ce sort funeste ? Giscard n'hésite pas à poser explicitement la question de la création d'un « revenu minimum » qui assurerait à tout Français, sans distinction, des ressources suffisantes pour vivre dans des conditions décentes. Cette réflexion mérite quelques explications. Elle est en effet ouverte à un moment où le thème n'a pas encore affleuré dans le débat public. Seule, l'Unef avait inscrit, en 1946, le salaire étudiant dans la charte de Grenoble, mais il ne s'agissait là que d'une revendication catégorielle que le monde syndical s'était empressé d'oublier. C'est seulement au début des années 2000 que l'idée est reprise, faisant l'objet d'études plus ou moins complètes. En présentant en 1976 cette réponse comme simple et inéluctable à terme, Giscard est donc un véritable précurseur, il s'aventure sur un terrain qui ne sera exploré que bien plus tard.

Mais il reconnaît ne pas pouvoir la mettre en œuvre pendant son septennat, pour deux raisons. D'une part, l'opinion n'est pas encore prête à accepter un tel bouleversement ; d'autre part, son coût budgétaire dépasserait les capacités de financement de l'économie française, frappée par les conséquences du premier choc pétrolier. L'estimant provisoirement hors de portée, il propose plus modestement une expérimentation au bénéfice des veuves et des mères isolées, avant son extension lorsque le contexte sera plus favorable. Cette vision anticipatrice prépare la voie au revenu minimum d'insertion mis en place par Michel Rocard, mécanisme limité dans son montant comme dans le nombre de ses bénéficiaires. Depuis, la création d'une allocation universelle revient périodiquement agiter la sphère publique mais sans résultat tangible jusqu'ici.

Dans l'analyse de VGE, cet effort de justice s'inscrit dans une perspective précise : non pas réaliser un nivellement, une uniformisation de la société mais rendre impossible « la reproduction automatique des privilèges et des handicaps » d'une génération à l'autre. Ne subsisteront que les différences liées au talent, à la volonté, à la prise de risque de chacun, mais sans fatalité attachée à la naissance. En somme, une défense et illustration du mérite dans le prolongement de la Déclaration de 1789. Ainsi se constituera un « groupe central » qui, succédant au face-à-face de la bourgeoisie et du prolétariat, aura vocation à regrouper le plus grand nombre d'individus. Cette idée est présente chez lui très tôt : dans un discours prononcé le 4 février 1964, il appelait déjà à l'émergence d'une « grande classe moyenne » prenant place entre les extrêmes. Ouvert à toutes les catégories, porteur de valeurs modernes, ce noyau s'élargira et intégrera progressivement la société tout entière. Cette vision est souvent qualifiée de généreuse, d'optimiste mais aussi de naïve. Les contours de cette classe centrale n'ont d'ailleurs jamais été définis avec précision par les sociologues. Ceux qui s'y réfèrent considèrent qu'elle inclut tantôt 40 %, tantôt la moitié, tantôt les deux tiers des Français. Elle présente donc une forte élasticité qui la condamne à rester floue. Mais au-delà d'une quantification impossible, elle fixe une perspective à notre destin collectif, elle donne sens à l'effort que chacun peut entreprendre pour améliorer son propre sort.

En ce domaine, la similitude avec la démarche du philosophe américain John Rawls est frappante. Tous deux posent que l'égalité parfaite est une illusion. Ils s'interrogent l'un et l'autre, empiriquement, sur les moyens de concrétiser, dans les sociétés contemporaines, l'égalité, non de condition mais de chance. Dans *Théorie de la justice*[1], Rawls ne cherche pas une utopique égalisation économique, il s'agit seulement pour lui de corriger, sans les faire disparaître, les discriminations qui empêchent chaque individu de réaliser son projet personnel. De la même manière, Giscard admet qu'existent, en France, des différences de rémunération, mais il s'interroge sur ce qu'il appelle « l'écart

1. John Rawls, *Théorie de la justice* (1971), Seuil, 1987.

social maximum », au-delà duquel la solidarité et la justice ne seraient plus que de vains mots. Au fond, l'un et l'autre veulent éviter que soit franchi le seuil d'inégalités supportable par la société. Affirmant que les écarts excessifs de rémunération et de patrimoine sapent le sentiment d'appartenance à une communauté, ils reconnaissent aussitôt l'impossibilité de donner à la notion une mesure quantifiée et valable une fois pour toutes. Cela ne condamne pas pour autant l'effort à entreprendre dans cette direction.

C'est bien là le but que poursuit Giscard dans son plaidoyer politique *Démocratie française*: l'édification d'une « communauté d'hommes libres et responsables », favorisant « l'épanouissement et non l'écrasement de la personnalité ». Car l'initiative, la réalisation d'un projet sont les moteurs de la nature humaine. Pour lui, le « besoin de s'affirmer et de se dépasser » prend tout son sens dans l'exercice de sa responsabilité. C'est aussi ce que prétend John Rawls lorsqu'il écrit que « la vie privée de chaque individu est en quelque sorte un projet à l'intérieur d'un projet plus vaste qui est celui que permettent les institutions publiques de la société ». Idéalisme, diront certains. Sans doute, mais cela autorise-t-il à déconsidérer ces vues généreuses ?

Une économie sociale de marché

Les onze années passées au ministère des Finances ont mis Giscard en contact direct avec les réalités économiques dont il pressentait déjà, depuis ses études, la forte empreinte sur la société. L'évolution qu'il observe le confirme dans cette certitude que le dynamisme des peuples repose, en grande partie, sur leur aptitude à créer des richesses mais aussi à les répartir de manière équitable. Pendant la période qui précède son élection, la croissance annuelle a été forte et continue, au point de faire passer la France pour un modèle que les observateurs étrangers venaient étudier avec intérêt. Mais il en a mesuré aussi la principale faiblesse : l'insuffisance des investissements productifs, au moment où s'avivent simultanément l'interdépendance des économies et la concurrence internationale. La hausse brutale du prix du pétrole, à l'automne 1973, ouvre les yeux de ceux qui, incrédules, croyaient encore aux bienfaits d'une croissance ininterrompue. Giscard y voit au contraire les signes d'une mutation dont les effets durables selon lui transformeront en profondeur les économies occidentales.

Empruntant la formule à ses voisins allemands, VGE qualifie le modèle qu'il souhaite, pour la France et pour l'Europe, d'« économie sociale de marché ». Il se dit d'ailleurs volontiers, dans ses discours, « libéral, social et européen ». Au-delà de ce qui relève de la communication politique, quel projet recouvrent cette expression et ces qualificatifs ?

Son analyse prend pour point de départ la nature et les limites du marché. Ce dernier présente un caractère irremplaçable dans l'adaptation de l'offre à la demande et dans la fixation des prix. La vaine tentative de gestion administrative de l'économie mise en place par le collectivisme a démontré l'impossibilité de lui substituer avantageusement un autre mécanisme. Mais la reconnaissance de cette utilité ne saurait conduire à lui attribuer toutes les qualités ou à lui assigner des fonctions qu'il ne peut pas remplir. Certes, le marché est le lieu des échanges de biens et de services, il favorise à ce titre l'initiative et la créativité des acteurs. « C'est tout. Il ne faut pas lui faire dire davantage[1] », écrira Giscard. Une société « avancée » ne peut se décharger sur lui du soin de la conduire.

Que le marché soit un mécanisme et non un instrument de justice, on peut en donner plusieurs exemples qui fixent ce que Giscard appelle ses « limites ». Ainsi, il ne garantit pas seul le plein-emploi, il ne réduit pas automatiquement les écarts entre pays riches et pays pauvres ni les inégalités au sein de ces deux ensembles, enfin il n'assure pas par lui-même la protection de l'environnement et des ressources de la planète. Pour simplifier, on pourrait dire que le choix de l'économie de marché est, pour VGE, une condition nécessaire mais non suffisante : il appartient à la collectivité d'en corriger certains effets ou d'en pallier l'absence.

L'État n'est pas la solution, il est le problème, affirmait Reagan dans son discours d'investiture, le 20 janvier 1981, au moment où triomphait l'ultralibéralisme. Ce n'est en rien la position de Giscard d'Estaing, pour qui l'intervention de la puissance politique est au contraire souhaitable : « Seul le pouvoir public nous protège de l'excès du pouvoir privé. » Quelle fonction assigne-t-il à l'État, « instrument au service de la nation », dans la société pluraliste qu'il veut promouvoir ? Autrefois, il était cantonné dans l'exercice de ses missions régaliennes : monnaie, justice, défense. Mais dans la société contemporaine, son rôle est beaucoup plus vaste. « Toutes les grandes tâches sociales, éducation, santé, cadre de vie, développement industriel et agricole, appellent, sous une forme ou sous une autre, une certaine intervention ou participation de l'État. » Il serait donc vain d'enfermer ses actions dans un périmètre défini par avance ;

1. *Les Français. Réflexions sur le destin d'un peuple*, *op. cit.*

elles varient en effet en fonction des circonstances et des exigences du moment. Sa mission régulatrice s'est beaucoup étendue, en réponse aux besoins de protection contre les risques ressentis par les familles comme par les acteurs économiques.

Si l'on ne peut circonscrire *a priori* ses interventions, l'État ne saurait pourtant devenir « ni envahissant ni arbitraire ». Sensible aux critiques sur la bureaucratie, Giscard pense qu'il doit encourager l'initiative privée et ne se substituer à elle que si elle est défaillante. Obéissant à la lettre et à l'esprit de la loi, il tire sa force de l'indépendance qu'il doit conserver à l'égard des groupes de pression et d'intérêts particuliers : « Sans un État démocratique respecté, il n'y a pas de communauté qui puisse fonctionner librement », écrit-il à ce propos. Mais le bénéfice d'une administration de qualité, « compétente et intègre, ce qui est un bienfait rare dans le monde », ne la dispense pas d'une véritable « conversion » dans ses rapports avec les citoyens : moins de lenteur, moins d'anonymat, moins de condescendance, plus de dialogue, plus de langage simple et clair, en un mot plus de respect. La gestion des services publics devrait aussi inclure une plus grande personnalisation, facilitée par une consultation régulière des usagers.

Dans ce libéralisme très tempéré, l'entreprise elle aussi ne peut rester à l'écart des adaptations nécessaires. Un effort s'impose à elle pour favoriser la « participation des représentants des travailleurs » à sa vie interne. L'organisation du travail mérite également d'être repensée dans le sens d'un allègement des rapports hiérarchiques, d'une autonomisation des équipes, d'une expression directe sur les conditions d'exécution des tâches. C'est au prix de cette évolution que l'entreprise, renonçant à être un lieu de conflit de classes, deviendra une « véritable communauté humaine ».

Comme on le voit, la réflexion de Giscard est plus vaste que le schéma réducteur et caricatural que ses opposants de l'époque en livrent. Elle ne se borne pas au rétablissement des fondamentaux économiques qui a guidé son action comme ministre des Finances. Ce sont les contours d'un « futur modèle européen » qu'il tente de dessiner, « aux antipodes du collectivisme » mais différent aussi du « projet libéral classique tel que la société américaine l'a rêvé, et l'exprime encore ». En bref, une sorte de « ni ni » avant l'heure, une voie nouvelle échappant à l'opposition binaire capitalisme contre collectivisme. La consistance n'en reste pas moins assez floue. Les discours et les écrits giscardiens se contentent d'évoquer les principes appelés à gouverner la société démocratique moderne qui devra être, selon lui, « libérale par la structure pluraliste de tous ses pouvoirs, avancée par le haut degré de performance économique, d'unification sociale et de développement culturel ». Mais au-delà de cette ambition généreuse, la spécificité du futur modèle est encore à construire. Si les buts sont clairement posés, les moyens pour les atteindre laissent le lecteur de *Démocratie française* sur sa faim.

En revanche, il est un point sur lequel son analyse fait de lui un précurseur : c'est ce que, dans les années 1970, il appelle la « nouvelle croissance ». Il tire en effet les leçons de l'évolution du monde bien avant le personnel politique de l'époque, resté pour la majeure partie imprégné par l'idéologie productiviste et minimisant les effets d'une crise qu'il pense passagère. Certes, il n'adhère pas aux conclusions du Club de Rome, dont le rapport publié en 1972 prône l'arrêt de la croissance, ce que la logique simplificatrice des médias a traduit à tort par « croissance zéro ». La persistance de besoins non satisfaits et le maintien de l'emploi lui font admettre d'emblée la nécessité d'une activité économique encore forte. Mais son contenu ne peut plus être identique, il doit s'adapter aux données nouvelles et non reproduire les choix antérieurs.

La nouvelle croissance devra selon lui satisfaire à quatre exigences : « être plus équitable », « mieux déployée », « plus économe et plus douce », enfin « plus utile ». Ces orientations contiennent les germes d'une écologie moderne. La fiscalité, les transferts sociaux, la politique contractuelle seront ainsi mis au service de la réduction des inégalités et d'une meilleure protection de la nature. Dans les nouveaux rapports de force à l'échelle mondiale, les compétences distinctives de notre économie, notamment dans le domaine industriel, sont à encourager. Acquise auparavant à un coût social et environnemental élevé, la croissance nouvelle sera plus respectueuse des ressources du milieu et plus attentive aux tensions imposées aux hommes. Giscard pointe en particulier l'entassement dans de grands ensembles démesurés et l'urbanisation incontrôlée des métropoles, au détriment des villes moyennes. Il ouvre ainsi précocement un débat qui restera longtemps au second plan mais qui prendra toute sa vigueur plusieurs décennies plus tard. La concentration excessive des hommes et des emplois en Île-de-France et dans quelques agglomérations privilégiées rend non seulement leur gestion plus difficile mais creuse aussi le fossé avec ce que le géographe Christophe Guilluy appellera la « France périphérique ». Ce déménagement du territoire est d'ailleurs au centre des motivations du mouvement des Gilets jaunes qui secouera le pays en 2018-2019.

Enfin, cette exigence qualitative devra pour VGE être mise au service de la protection et l'information des consommateurs : plus conscients de leurs choix, ceux-ci limiteront les effets nocifs d'une publicité et d'une diversification trompeuse ainsi que d'un vieillissement prématuré des produits. Sans parler d'un changement total de paradigme, l'approche différente qu'esquisse Giscard le conduira à prendre de nombreuses initiatives sans qu'il puisse aller cependant jusqu'au bout de sa vision anticipatrice. La réforme de la fiscalité et de l'entreprise qu'il souhaitait réaliser se heurtera à de puissants intérêts conservateurs.

Pour René Rémond, grand spécialiste des droites en France, le libéralisme giscardien est au fond « plus politique et philosophique qu'économique ». Le jugement de l'historien, qui va à contre-courant d'une opinion répandue, me semble fondé. C'est avant tout le changement de la société, encore engoncée dans le conformisme, son adaptation aux défis nouveaux qui mobilisent l'énergie du président. Pour importante qu'elle soit, l'économie est au service d'une fin plus ambitieuse, d'un projet plus vaste. Lors d'un colloque organisé les 16 et 17 janvier 2006, Giscard aura l'occasion de préciser sa pensée : « Quand je parlais de modernisation [...], c'était celle de la société. Ce n'était pas seulement celle de l'économie. C'était celle de la société prise dans son ensemble, économique, politique, social ou culturel. » Contrairement à ce que ses détracteurs ont tenté de faire croire, dans l'univers giscardien, l'économie appartient plus à l'ordre des moyens qu'à celui des valeurs. Si on peut qualifier son libéralisme politique, dans la lignée de Tocqueville, de profond, son libéralisme économique apparaît en revanche nettement plus tempéré et bien loin du « laissez-faire, laissez-passer » qui en résume le credo.

L'indépendance par l'Europe

L'ambition pour la France que conçoit Valéry Giscard d'Estaing s'inscrit dans son Histoire et dans l'évolution du monde. Depuis le XVIIIe siècle, sa vocation est de porter des valeurs censées être universelles : cette vision messianique, exaltée par Michelet et par Malraux, exclut tout repliement sur elle-même. Plus récemment, la multiplication des échanges et des communications, doublée de l'apparition de superpuissances dominatrices, lui interdit également de se réfugier dans l'isolement et dans l'autarcie. C'est donc la voie du dialogue et de la coopération qu'elle doit cultiver en cette seconde moitié du XXe siècle.

Dans cette perspective, le maintien de son indépendance est un principe intangible : il implique selon les propres termes de VGE « la volonté d'être soi-même » et « le droit de décider nous-mêmes, en dernier ressort, de tout ce que nous considérons comme essentiel pour la collectivité française ». Mais comment en garantir le respect en ce temps où l'horizon s'élargit et où les rapports de force se tendent ? À cette question centrale, Giscard répond en deux temps. Le constat d'abord, la proposition ensuite. La France n'appartient plus désormais au cercle des grandes puissances dont elle a fait partie jusqu'à la Première Guerre mondiale. Giscard ne tire pas cette conclusion de gaieté de cœur, personne ne se réjouit de la perte de pouvoir et d'influence de son pays. Mais entretenir l'illusion ferait, selon lui, courir à la nation des risques qu'elle ne pourrait conjurer seule.

Après le mythe de la grandeur retrouvée cultivé par le romantisme gaulliste, certains commentateurs, confondant réalisme et défaitisme, ont vivement reproché au président d'avouer aux yeux de tous cet affaiblissement de notre position collective. Mais la mesure précise de ses forces et de ses faiblesses n'est-elle pas préférable à la surestimation déraisonnable de son poids réel dans les affaires du monde ? Jean-Hervé Lorenzi, président du Cercle des économistes, reviendra plus tard sur la situation de notre pays et proposera pour la qualifier l'expression de « puissance intermédiaire[1] ». Hubert Védrine, ancien ministre des Affaires étrangères, suggère de son côté une formulation différente, en évoquant une « puissance moyenne d'influence mondiale ». Au-delà des mots et des nuances qu'ils comportent, l'essentiel, pour VGE, est notre capacité à « nous admettre tels que nous sommes : ni hyperpuissance ni objet de dévalorisation ou d'autoflagellation permanente. La France est et restera à vue d'homme entre la cinquième et la huitième place mondiale. Ça n'est pas si mal ».

Par sa présence au sein du Conseil de sécurité de l'Onu et le droit de veto qu'elle lui procure, par sa force de dissuasion et sa capacité de se projeter sur des terrains extérieurs, par son rayonnement culturel et son génie inventif, la France n'est pas une puissance subalterne. Comment conjuguer alors le respect de sa vocation avec la transformation du monde ? Pour Giscard, la seule perspective qui s'offre à elle est de contribuer activement à la construction européenne, ébauchée par le traité de Rome. Par son arrimage à l'Europe, elle pourra faire avec d'autres ce qu'elle ne peut accomplir seule : concourir à l'équilibre du monde en s'opposant aux prétentions hégémoniques des super-grands, participer au règlement des conflits internationaux, encourager une répartition moins injuste des richesses, demeurer

1. Jean-Hervé Lorenzi, *Le Fabuleux Destin d'une puissance intermédiaire*, Seuil, 1987.

fidèle à ses alliances traditionnelles sans allégeance à quiconque.

Ce dessein auquel a cru passionnément la génération traumatisée par les camps de concentration et le goulag mérite d'être expliqué tant il a été caricaturé par ses opposants. « Construire l'Europe, ce n'est pas défaire la France, proclamait avec force Jean Lecanuet, c'est la parfaire. » L'adhésion au projet européen n'implique pour VGE ni renoncement ni abandon. Le droit de se gouverner soi-même sans lequel la liberté est un vain mot impose des devoirs à notre pays. Il exige d'abord qu'il « puisse compter sur ses propres forces pour assurer sa sécurité ». Aussi l'effort engagé par le général de Gaulle pour le doter de la dissuasion nucléaire doit être évidemment poursuivi. Sur ce point, aucun doute n'effleure Giscard avant, pendant ou après son septennat. Dans le même temps, notre intérêt est de disposer également de moyens conventionnels performants pour garantir notre défense sur les divers théâtres d'opérations.

Or, secouée par la guerre d'Algérie, mal équipée du fait de la priorité donnée à l'arme atomique, l'armée traverse alors une crise de confiance à laquelle il est urgent de répondre intelligemment. Au début de 1974, l'« Appel des 100 » exprime le malaise que ressentent beaucoup de militaires. La réponse de Giscard consiste à nommer à la tête du ministère de la Défense le tandem Yvon Bourges-Marcel Bigeard, qui s'emploie à rassurer les militaires : l'augmentation de la solde et celle des crédits de fonctionnement améliorent leur condition. Parallèlement, le renforcement de la dissuasion nucléaire se traduit par le lancement de deux SNLE (sous-marins nucléaires lanceurs d'engins) et du programme de construction de porte-avions nucléaires. Si bien qu'en 1980, le budget de la Défense représente 3,6 % du PIB (il ne cessera de diminuer ensuite, jusqu'à tomber à 2 %).

Mais, pour VGE, l'indépendance ne repose pas seulement sur la capacité de se défendre militairement. Elle suppose aussi une économie solide qui ne soit pas plombée par un endettement excessif, qui assure la pérennité de nos approvisionnements et un haut niveau de recherche et d'innovation technologique. Comme il l'avait déjà affirmé, jeune député, lors de la ratification du traité de Rome, la participation au projet européen est l'occasion de mettre en œuvre une politique économique cohérente, préparant le pays aux défis qui l'attendent. En nous imposant une discipline collective, l'édification du Marché commun nous protège de nos turpitudes antérieures.

Enfin, l'ultime mais non la moindre composante de ce droit à nous gouverner nous-mêmes est, pour Giscard, le renforcement de la cohésion nationale. Il écrit significativement à ce propos que « l'indépendance est [...] la récompense de l'unité ». Sous l'angle de la force et de la faiblesse de la France, il est dans la droite ligne de l'avertissement lancé par de Gaulle, le 16 juin 1946, dans son célèbre discours de Bayeux : « Soyons assez lucides et assez forts pour nous donner et pour observer les règles de la vie nationale qui tendent à nous rassembler quand, sans relâche, nous sommes portés à nous diviser contre nous-mêmes ! Toute notre Histoire, c'est l'alternance des immenses douleurs d'un peuple dispersé et des fécondes grandeurs d'une nation libre groupée sous l'égide d'un État fort. » Chaque fois que le pays s'est déchiré en querelles intestines, il a été exposé aux menaces et a subi des humiliations. Hanté par cette hypothèse dont le dernier signe a été donné en mai 1968, le futur président espère sans le dire que l'Europe nous aidera à trouver le chemin de la démocratie apaisée à laquelle il aspire. Pour lui, le projet européen est tout à la fois un but et un aiguillon. Charité bien ordonnée commence par soi-même.

Le monde contemporain appelle à la constitution de grands ensembles d'États éprouvant entre eux une solidarité renforcée. C'est le destin de l'Europe que de s'organiser ainsi, c'est le destin de la France d'y concourir activement et même de le conduire, déclarait déjà Giscard en 1957. Les priorités qu'il se fixe au début des années 1970 sont claires. Il s'agit d'abord d'achever l'union économique et monétaire prévue par le traité de Rome, ce qui était loin d'être le cas au moment où il accède au pouvoir. Il s'agit aussi de « faire progresser le fonctionnement confédéral de l'Union européenne ». Cette tâche, il la sait « difficile et originale ». D'où l'importance de s'y atteler sans perdre de temps, avec pragmatisme et imagination selon la méthode qu'il affectionne. Le projet présenté aux électeurs puis explicité deux ans plus tard dans *Démocratie française* tient dans ces deux objectifs : la consolidation de la solidarité économique et l'amélioration du processus confédéral.

Contrairement à ceux qui souhaitent engager l'Europe dans cette voie, Giscard a toujours refusé de faire du fédéralisme l'alpha et l'oméga de la construction européenne. Pour lui, le débat sur la nature des institutions est d'ailleurs un faux débat. L'Europe est une association d'États-nations conservant leur souveraineté et leur identité et gérant les compétences qu'ils lui attribuent expressément. Dans *L'Expérience du pouvoir*, Raymond Barre confirme cette vision confédérale, reposant sur le compromis de Luxembourg, adopté en 1966, après la politique de la chaise vide, décidée en signe d'opposition par le général de Gaulle. C'est aux seuls dirigeants des pays membres et non à la Commission, organe technique, d'en assurer la direction, ce qui explique l'insistance française à obtenir la création ultérieure du Conseil européen des chefs d'État et de gouvernement, avec l'appui du chancelier Helmut Schmidt. Ce modèle recueille d'autant plus la faveur de Giscard que, depuis 1973, l'ouverture à la Grande-Bretagne, au Danemark et à l'Irlande a sensiblement modifié le fonctionnement de l'espace européen.

Avec le recul qu'autorise l'Histoire, il est évidemment tentant de confronter cette vision aux initiatives prises par le président pendant son septennat puis bien après 1981. Car l'Europe est restée son obsession jusqu'à la fin de sa vie. Une telle démarche, légitime à condition d'être toujours rapportée à son contexte, permet de mesurer l'évolution de sa pensée et de ses prises de position. Elle passe schématiquement par trois phases, découvrant successivement l'espoir puis la crainte enfin la défiance éprouvée à l'égard de l'Union. Les années 1960 à 1980 marquent l'apogée du rêve européen : non seulement il assure la paix, accélère la réconciliation entre les peuples, mais encore il laisse augurer la construction d'un ensemble solidaire économiquement et capable de concourir à l'équilibre du monde. L'arrimage à une Europe confédérale est la condition de l'indépendance nationale et du maintien de la diplomatie française dans le sillage du gaullisme : fidélité sans allégeance dans les relations avec les États-Unis, réalisme sans compromission dans ses rapports avec le bloc soviétique. Raymond Aron, dont le regard est sans complaisance, reconnaît volontiers dans ses *Mémoires* que, de Pompidou à Giscard, la politique étrangère du pays resta dans la voie tracée par leur illustre prédécesseur, à laquelle Mitterrand l'atlantiste finit par se rallier le jour où il approuva la force de dissuasion nucléaire.

Après l'éclatement de l'Empire soviétique, l'élargissement précipité aux pays de l'Europe centrale et orientale fait craindre à VGE le délitement des liens patiemment construits, la transformation de l'espace européen en un vaste marché, ouvert à tout vent, sous l'influence prédominante des libre-échangistes anglo-saxons. Longtemps après qu'il eut quitté le pouvoir, il tente alors de fonder un nouveau pacte, avec la rédaction d'une Constitution qui puisse ouvrir la voie à l'Europe-puissance qu'il souhaite de longue date. Le référendum négatif en France puis aux Pays-Bas sonne le glas de ce dernier espoir. La montée des peurs et des égoïsmes nationaux qui empêchent l'émergence du pôle espéré le conduit finalement à proposer, dans *Europa*, publié en 2014, une réduction de la géométrie de l'Union, limitée provisoirement à douze États, seule capable de stopper la dérive constatée et de constituer un ensemble solide, entre les deux géants de la mondialisation que sont les États-Unis et la Chine. Cette proposition qui consacrerait l'existence d'une Europe à deux vitesses traduit le désenchantement éprouvé par Giscard au fil d'un élargissement trop précoce aux pays de l'espace central et oriental. Elle seule garantirait cependant, pour lui, la poursuite de l'ambition initiale.

Sous tous les aspects qui nourrissent son ambition pour le pays, démocratie, justice, économie, indépendance, Giscard est convaincu que, faute de s'adapter à l'évolution, d'entreprendre un effort collectif, la France sera malheureusement condamnée à décliner. La perspective qu'il propose ne s'inscrit pas dans la rupture car il sait combien une telle politique serait néfaste. Sous couvert d'hypothétiques jours meilleurs, elle aboutirait à diviser les Français, déjà trop prompts à se quereller. « Le changement sans le risque », pour reprendre son slogan de campagne, est celui qui passe par la réforme acceptée, non par tous, ce qui serait illusoire, mais par le plus grand nombre, ce qui est à la portée d'un gouvernement attentif aux aspirations du corps social. Ce dernier doit en effet trouver en lui « l'énergie nécessaire pour améliorer ce qui doit l'être, la maturité indispensable pour en débattre, la patience pour mettre en œuvre les réformes et la ténacité pour les faire aboutir ».

L'image qu'il utilise dans *Démocratie française*, empruntée sans le dire à Machiavel, est celle du lion et du renard. Pour le maître florentin, le prince doit pour gouverner « être tout à la fois renard et lion car, s'il n'est que lion, il n'apercevra point les pièges ; s'il n'est que renard, il ne se défendra point contre les loups ». C'est entre ces deux écueils qu'il doit maintenir son cap.

Le septennat de VGE a-t-il su combiner la force du premier et la ruse du second ?

Seconde partie

L'exercice du pouvoir

5

L'État de la France en 1974

Lorsque, le 20 mai 1974, nouvellement élu, Valéry Giscard d'Estaing remonte à pied les Champs-Élysées, il songe déjà à la manière d'impulser le « changement sans le risque » qu'il souhaite pour la France. La foule joyeuse qui l'acclame lui renvoie l'image d'habitants heureux de vivre, saluant avec enthousiasme l'arrivée au pouvoir d'un président jeune, incarnant la modernité. Mais les apparences sont souvent trompeuses, elles ne reflètent qu'une partie de la réalité profonde d'un pays dont l'inquiétude sur son avenir commence à se frayer un chemin à bas bruit dans la société.

La victoire est d'autant plus belle qu'elle est largement inattendue, comme en témoignent les résultats du premier tour de la présidentielle. VGE, loin d'être favori, est au début de cette brève campagne au coude à coude avec Chaban-Delmas. Puis, à mesure que se précise l'image respective des deux candidats, il creuse l'écart sur son concurrent, qu'il devance de plus de dix-sept points au soir du premier tour. Mais le plus difficile est encore à venir : François Mitterrand, avec 43 % des suffrages, n'est qu'à une encablure de la majorité qui fera le président quinze jours plus tard. Giscard a certes éliminé Chaban mais accuse un retard de plus de dix points sur le leader de la gauche. A-t-on jamais vu le candidat arrivé en tête et si près du but battu au second tour ? Le précédent de 1965 laisse penser que la victoire ne peut échapper à la gauche. Certains dirigeants socialistes commencent déjà à rêver aux postes ministériels qu'ils se partageront. François Mitterrand lui-même aborde le débat télévisé avec l'assurance d'un postulant presque consacré. En 1965, le général de Gaulle, mis en ballottage à sa grande surprise, avait regroupé sur son nom un peu moins de 45 % des voix avant de l'emporter largement au second tour. Petit clin d'œil de l'Histoire, Giscard est, en 1974, à peu de chose près dans la même situation que le leader de la gauche dix ans plus tôt.

Pourtant, le 19 mai, c'est Giscard qui l'emporte, avec une différence de 400 000 voix seulement, sur son adversaire. C'est le plus faible écart enregistré lors des élections présidentielles, de 1965 à aujourd'hui, avec une participation jamais égalée, de plus de 87 %. L'issue était tellement indécise à la veille du scrutin que plusieurs instituts de sondage avaient prudemment renoncé à un pronostic, se contentant d'invoquer une égalité dans les intentions de vote.

Si cette victoire, incertaine jusqu'au bout, est d'abord la sienne, Giscard d'Estaing ne peut pas ne pas songer à la situation politique fragile dans laquelle il se trouve. Sa légitimité n'est pas en cause car, Dieu merci, la France applique un mode de scrutin qui la met à l'abri des surprises américaine et britannique qui ont vu, à plusieurs reprises, des candidats minoritaires en suffrages populaires accéder au pouvoir suprême. Mais, dans leur sécheresse, les résultats électoraux de 1974 ne sont-ils pas le reflet d'une société qui perçoit confusément l'émergence d'une mutation dont personne ne peut dire si elle sera bénéfique ou dommageable ? Après quinze ans de suprématie du courant gaulliste, fortement ébranlé en 1968, l'avenir du pays ne se dessine plus avec une certitude confiante.

À plusieurs signes, la démocratie française n'est pas encore apaisée. Son assise économique, pas encore consolidée. Un sondage réalisé en mai 1974 révèle ainsi que deux tiers des Français croient à une prochaine secousse sociale comparable à celle de mai 1968. Le « changement dans la continuité » promis par Georges Pompidou, pourtant largement élu en 1969, s'est perdu dans les sables d'un conservatisme de bon aloi. Promoteur d'une « nouvelle société », qualifiée de « mythique » par le président lui-même, Chaban a été la victime désignée de ce raidissement. La maladie longtemps cachée de Georges Pompidou a par ailleurs ruiné toute initiative d'ampleur et figé une situation dont le premier choc pétrolier de l'automne 1973 souligne la fragilité. La dépendance de l'économie française à la production et au cours des matières premières s'impose aux Français, qui s'étaient habitués depuis longtemps à une énergie bon marché : l'envolée du prix du pétrole affecte brutalement leur pouvoir d'achat.

La fin des Trente Glorieuses

Globalement, les facteurs positifs donnent à voir une France dotée d'institutions solides et dont la reconstruction économique est près d'être achevée. Malgré le « cartel des non » qui regroupaient alors les forces politiques traditionnelles, du parti communiste à la droite, le général de Gaulle a magistralement renforcé la fonction présidentielle, avec l'appui du peuple, lors du référendum de 1962. Ayant sorti le pays, non sans drames humains, de la colonisation, il rétablit la crédibilité internationale de la France, en la dotant de l'arme nucléaire, réservée à l'époque à cinq grands États. Après la perte de son Empire, qui lui assurait des débouchés et des produits sans concurrence, la mise en œuvre en 1959 du Marché commun replace l'économie nationale dans une compétition qui ne peut que la stimuler à long terme mais qui la bouscule à court terme. Le retour à l'équilibre budgétaire et le rétablissement de notre balance commerciale dans les années 1960 témoignent cependant de la bonne santé des finances publiques.

De 1950 au début des années 1970, vingt-cinq ans de prospérité ininterrompue ont procuré aux habitants le plein-emploi et une augmentation continue de leur pouvoir d'achat. Le taux de croissance a toujours été supérieur à 5 % par an, faisant dire en 1973 à certains experts américains que « la France possède aujourd'hui l'économie la plus dynamique[1] ». Mais, quelle part de rattrapage due à la guerre et à ses destructions ce miracle comporte-t-il ? Est-il vraiment durable ? Si nos concitoyens ne se hasardent pas au pronostic, du moins savourent-ils leur entrée dans une consommation de masse sans exemple pour eux. L'équipement croissant des ménages en électroménager et en automobiles est le signe le plus visible d'un confort auquel ils accèdent après de longues années de privation.

L'économie nationale n'est cependant pas sans faiblesses. La monnaie, fortement dévaluée en 1969, a du mal à faire face à la fin de la convertibilité du dollar et aux changes flottants. Le cours du deutschemark à Paris a quasiment triplé depuis sa création en 1948.

---

1. Edmund Stillman, James Bellini, William Pfaff, Laurence Schloesing, Jonathan Story, *L'Envol de la France dans les années 1980*, Hachette, 1973.

Comme Valéry Giscard d'Estaing le dira crûment, « la France dévaluait. L'Allemagne réévaluait[1]. » L'inflation demeure un mal chronique, combattu malheureusement par des artifices, le contrôle des prix et l'encadrement du crédit, incompatibles avec l'internationalisation croissante des échanges. Malgré l'ouverture de la France à la concurrence (le « choix du large »), elle subit encore une économie semi-administrée, héritée de l'après-guerre. L'État règle les flux monétaires, encadre les prix et joue ainsi un rôle directeur dans l'évolution des salaires. Les partenaires sociaux y trouvent leurs avantages, les syndicats obtiennent d'autant plus aisément des augmentations de salaire que les employeurs obtiennent en contrepartie une réévaluation des prix. Le système entretient plus les mauvaises habitudes qu'il n'encourage l'innovation, les gains de productivité et une saine concurrence.

Si les transformations sociales, facilitées par la prospérité, sont évidentes, elles n'empêchent pas la montée d'une inquiétude que le choc pétrolier de 1973-1974 va accélérer. La France, qui s'est résolue à accorder l'indépendance à son ancien Empire, est-elle encore un grand pays, ou n'est-elle pas devenue, malgré les efforts de de Gaulle pour la hisser au rang des plus grands, une puissance moyenne, dont le statut dépend désormais de sa place en Europe et du cours du baril de pétrole? Le dessein gaulliste, qui a bénéficié du concours de la haute administration, a peu à peu perdu de sa netteté et de sa capacité à convaincre, au printemps 1968. Si la révolte étudiante a été vue avec un mélange de bienveillance et d'inquiétude par l'opinion, en revanche

1. S. Bernstein, J.-C. Casanova, J.-F. Sirinelli (dir.), *Les Années Giscard*, *op. cit.*

les revendications du monde du travail affaiblissent le pouvoir. Au début des années 1970, on assiste à une montée significative des conflits sociaux. Les syndicats, qui ont négocié habilement les accords de Grenelle, n'acceptent pas que la hausse des salaires soit, au mieux, égale à celle de l'inflation. Le brutal enchérissement du prix du pétrole, après la guerre du Kippour en octobre 1973, souligne la dépendance internationale du pays pour ses matières premières (aucun réacteur nucléaire à eau pressurisée n'est encore en service) et la fragilité de la compétitivité de nos entreprises. Le Premier ministre Pierre Messmer voit bien que notre voisin allemand met en place un dispositif rigoureux mais ne parvient pas à convaincre le président, malade, de prendre les mesures énergiques qui s'imposent de ce côté-ci du Rhin.

Le chômage, jusqu'alors limité à un niveau incompressible, connaît une augmentation rapide, passant de 450 000 demandeurs d'emploi à 700 000 en six mois. Cette poussée, dont personne ne pense alors qu'elle va durer plusieurs décennies, provoque dans les milieux populaires d'abord puis dans la société tout entière un doute sur l'opportunité d'accueillir une immigration ayant depuis les années 1960 une origine essentiellement maghrébine et africaine. Ainsi, le 10 décembre 1973, le secrétaire général de Force ouvrière, André Bergeron, demande qu'il soit mis fin à l'immigration de travail, le PC et la CGT lui emboîtant le pas peu après. De plus, l'entrée récente de la Grande-Bretagne dans le Marché commun, longtemps refusée par de Gaulle puis acceptée par son successeur, ouvre la perspective d'un élargissement aux pays méditerranéens, Grèce, Espagne, Portugal, ce qui ne peut manquer d'inquiéter les agriculteurs. Aussi les Français, jusque-là concentrés sur la reconstruction du pays, commencent à s'interroger sur leur destin collectif et sur leur avenir personnel, sans savoir qu'ils vont glisser pour longtemps dans une phase de déprime dont on n'est pas encore sorti aujourd'hui.

Parmi les ouvrages reflétant les mentalités de l'époque, deux d'entre eux, publiés respectivement en 1970 et en 1976, illustrent le sentiment partagé d'*Une société bloquée* (Michel Crozier) ou, à tout le moins, d'un *Mal français* (Alain Peyrefitte). Chacun à sa manière, les auteurs montrent que notre organisation institutionnelle comporte encore des travers et des handicaps qui freinent son adaptation au monde nouveau.

Pour Michel Crozier, les défis auxquels la société doit faire face sont ceux de l'innovation, de l'informatique et de la communication. Ils posent avec force la question de l'exercice du pouvoir, non seulement dans l'ordre politique mais aussi dans l'ordre économique. Alors qu'il faudrait y répondre, selon lui, par la mobilité, la concurrence, la négociation, une communication plus ouverte à tous les échelons, la France continue de subir une bureaucratie trop rigide, un enseignement supérieur inadapté qui hypothèquent le changement social nécessaire. Mai 68 est pour lui l'illustration significative de la « société bloquée » dont il traque méthodiquement les mécanismes cachés.

Dans un registre plus politique que sociologique, Alain Peyrefitte ne dit pas autre chose. La principale responsabilité du « mal français » incombe à l'État qui, oubliant son rôle de régulateur, s'est transformé en une administration lourde et tatillonne, réduisant l'autonomie du pouvoir politique. La conséquence est que nos concitoyens n'ont plus le goût de la liberté. Au principe sain selon lequel tout ce qui n'est pas interdit est permis s'est peu à peu substituée la croyance stérilisante selon laquelle seul ce qui est réglementé est autorisé.

N'ayant pas suffisamment l'esprit d'entreprise, le goût du risque, ils en appellent à une « autorité qu'ils révèrent et redoutent à la fois, comme une divinité familière ». L'échec du référendum de 1969, conçu par de Gaulle pour rompre avec l'effort pluriséculaire de centralisation, est le dernier avatar de notre incapacité à échapper à ce colbertisme asphyxiant. Pour Alain Peyrefitte, cela explique l'absence de continuité, le passage incessant « d'un extrême à l'autre [...] de la plus naïve confiance en notre génie collectif à la plus noire morosité ». On ne prend donc pas le chemin de la « société de confiance » qu'il appellera de ses vœux dans un livre postérieur.

Au moment où Valéry Giscard d'Estaing s'apprête à endosser les habits et la fonction de président de la République, les Français n'ont pas encore conscience que la période des Trente Glorieuses (en fait, vingt-cinq ans de prospérité) s'achève, mais ils commencent à craindre que l'avenir de leurs enfants soit plus sombre que le leur. L'immense succès que rencontre Jean-François Revel, en 1970, avec *Ni Marx ni Jésus* est trompeur. S'il prédit avec raison que la révolution n'aura pas lieu en URSS, dans le tiers-monde ou en Europe mais aux États-Unis, son plaidoyer en faveur du libéralisme laisse dubitative une grande partie de l'opinion.

« Cours, cours, le vieux monde est derrière toi », avaient scandé les manifestants au printemps 1968. Mais le projet politique dont ils dessinaient les contours n'a guère dépassé le stade de slogans imaginatifs incapables de guider une conduite collective ordonnée. Quel point commun pouvait exister entre l'aspiration libertaire des étudiants, les revendications salariales des ouvriers et la crainte du désordre éprouvée par le plus grand nombre ? Comme Pascal Ory l'a bien montré, si le système politique et économique n'a pas été ébranlé, un renversement profond dont on n'a pris conscience que progressivement s'est produit en matière culturelle, le triomphe de l'individualisme[1]. Le symbole le plus évident de cette rupture qui va peu à peu miner le collectif et l'institutionnel est l'implantation des premiers McDo à la fin des années 1970.

Au début de ces années charnières, il est bien difficile de dire en quoi la société à venir différera de l'actuelle. L'héritage laissé par de Gaulle est considérable, mais comment le prolonger en l'adaptant à un monde changeant ? Comment poursuivre, sans rupture avec le passé et sans fracture sociale, la transformation d'un pays encore sous le choc de la défaite humiliante de 1940 ? Interrompu par son décès, le mandat de Georges Pompidou a laissé ces questions sans réponse. La gestion, plutôt bien inspirée, du statu quo l'a emporté sur l'ultime espoir gaulliste de secouer le joug des mauvaises habitudes. Il n'est donc qu'une parenthèse sans aboutissement clair, comme en témoigne le résultat des élections législatives de mars 1973.

Les forces politiques en présence

Face à une gauche rassemblée par François Mitterrand autour du programme commun de gouvernement, la majorité remporte une victoire à la Pyrrhus grâce à un mode de scrutin simplificateur et déformant. Au-delà de l'apparence trompeuse de la répartition des sièges, le rapport des forces politiques confirme comme en 1967 l'existence d'un quasi-équilibre entre les deux

1. Pascal Ory, *L'Entre-deux-mai. La crise d'où nous venons, 1968-1981*, Seuil, 1983.

camps en présence. Dans ces conditions, comment conduire une action politique délibérément réformatrice, comment surmonter la division de l'électorat en deux blocs sensiblement égaux ? À cette contrainte s'ajoutent les ferments de division au sein de la majorité parlementaire, partagée entre adhésion au changement et propension conservatrice.

En mars 1973, l'union de la gauche porte ses fruits. En forte progression, elle fait oublier les échecs des législatives de 1968, et de la présidentielle de 1969 où aucun de ses candidats, socialiste (Gaston Defferre, 5 %) et communiste (Jacques Duclos, 21 %) n'avait pu participer au second tour. Cette fois, sa poussée est générale, même si elle profite plus au PS qu'au PC. Au soir du premier tour, avec près de 45 % des suffrages, elle devance la majorité sortante et peut caresser l'hypothèse d'une victoire. Pourtant, déjouant les pronostics, la majorité sortante, en dépit d'un net recul, parvient à l'emporter au second tour grâce à l'effet de ciseau du mode de scrutin et au retrait de nombreux centristes d'opposition, en situation d'arbitrer entre la gauche et la droite. Cependant, en son sein, le rapport des forces est sensiblement modifié : l'UDR n'est plus en état de gouverner seule, elle devra plus que jamais compter sur le soutien de ses partenaires, les Républicains indépendants et les centristes. C'est de cette représentation parlementaire artificielle et instable qu'hérite le nouveau président, un an plus tard.

Le jour même de sa prise de fonction, le 20 mai 1974, il déclare un peu pompeusement que s'ouvre « une ère nouvelle de la politique française ». Son optimisme résolu l'incite à croire qu'il pourra impulser le changement, adapter le pays aux mutations que le choc pétrolier vient de révéler. Il a confiance, malgré la faiblesse des soutiens politiques dont il dispose. En réalité, sa victoire acquise de justesse l'a été à l'évidence contre la gauche mais aussi contre une partie de la droite. Le mouvement populaire qui l'a porté à l'Élysée ne correspond pas à la majorité parlementaire issue des législatives précédentes. Il y a un fort décalage entre le courant qui l'a fait gagner au printemps 1974 et celui qui a confirmé la majorité sortante un an plus tôt. Entre une gauche dynamisée par la personnalité de Mitterrand et la signature du programme commun, et une droite parlementaire dominée par les gaullistes, la marge de manœuvre de VGE est d'autant plus réduite que ses supports sont faibles et émiettés.

Les Républicains indépendants, qui se transformeront plus tard en Parti républicain, ont une assise électorale nettement plus étroite que celle du président nouvellement élu. Plus conservateurs, ils ne disposent de surcroît d'aucune personnalité de premier plan, capable d'imposer par son charisme une autorité naturelle à des députés plus ou moins en phase avec le projet présidentiel. Le Centre démocrate de Jean Lecanuet, principale composante du Mouvement réformateur créé en 1971 et incarné par Jean-Jacques Servan-Schreiber, ne peut être qu'une modeste force d'appoint même si elle symbolise l'ouverture que Giscard souhaite mettre en œuvre durant son septennat. C'est une avant-garde de la majorité présidentielle, non son axe principal.

Enfin les Clubs Perspectives et Réalités, créés en 1966, comportent environ dix mille membres, pour la plupart bien insérés dans la vie active et faisant preuve d'une grande liberté de ton et de pensée. Mais, structure décentralisée, ils constituent surtout un lieu d'échange et de proposition, sans aspirer à devenir un véritable mouvement politique architecturé, avec ses instances de direction, d'investiture et de discipline. Chacun d'eux ayant ses propres centres d'intérêt, il est difficile de transformer l'ensemble en une courroie de transmission de la parole présidentielle. Dans le débat public, les Clubs apportent leur capacité créative sans pouvoir être un relais permanent de l'action présidentielle.

Sous le soleil printanier, la victoire de Valéry Giscard d'Estaing doit beaucoup à une campagne électorale moderne et intelligemment rythmée. Elle doit au moins autant à l'engagement prolongé de l'homme comme ministre des Finances, au service des deux chefs d'État précédents. Sa candidature à la magistrature suprême en est le prolongement logique, presque naturel. Car, au-delà des sondages, l'opinion s'interroge toujours sur ce qui fait la cohérence d'un parcours politique, ce qui lui donne sens. Sous cet aspect, la crédibilité de sa candidature est évidente aux yeux de beaucoup. Il n'a pas à démontrer sa stature d'homme d'État, acquise au fil des années. Comme l'écrit Mathias Bernard, « avant même son élection, Giscard a réussi à incarner la fonction présidentielle[1] ». Occupant une position d'équilibre entre les socialistes alliés aux communistes et la droite plus conservatrice, il impose vite son style, d'abord contre Chaban, pour lequel l'héritage gaulliste est un peu lourd, ensuite contre Mitterrand, l'adversaire historique du gaullisme. Mais le plus difficile est à venir, l'exercice du pouvoir dans un pays où la bipolarisation semble installée pour longtemps. Plus que les critiques de l'opposition, qui est dans son rôle, ce sont les réticences d'une majorité parlementaire qui n'est pas la sienne qui sont le plus à craindre : quelle méthode de gouvernement permettra de les surmonter, sans pour autant trahir son projet ?

---

1. Mathias Bernard, *Valéry Giscard d'Estaing. Les ambitions déçues*, *op. cit.*

6

Quelle méthode de gouvernement ?

La démocratie est le plus exigeant de tous les régimes. Alors que la dictature trouve son unique principe d'action dans la contrainte, la démocratie implique au contraire un subtil équilibre entre le peuple (le *demos*) et le pouvoir (le *cratos*) qu'il est toujours difficile de trouver. Car il suppose que l'un et l'autre fassent preuve de sagesse et de vertu. Le peuple, en faisant prévaloir le bien commun sur les avantages particuliers ; les dirigeants, en sachant commander sans excès et écouter sans démagogie. Confrontées à cette redoutable dialectique, les démocraties contemporaines suscitent plus de déception que de confiance.

Dans sa recherche d'un nouvel art de gouverner, Pierre-Henri Tavoillot le définit par la capacité de maîtriser les quatre conditions suivantes : « Il faut d'abord savoir gagner les élections, ou du moins ne pas y perdre ; il faut ensuite faire vivre la délibération sans s'y noyer ; il faut aussi garder la force de décider sans en abuser ; il faut inventer, enfin, une manière adulte de rendre et de recevoir des comptes. Chacun de ces moments est en soi un défi et tenir les quatre ensemble paraît insurmontable[1]. » Que l'une de ces composantes

1. Pierre-Henri Tavoillot, *Comment gouverner un peuple-roi ? Traité nouveau d'art politique*, Odile Jacob, 2019.

soit défaillante et toute la chaîne de la gouvernance est en effet affaiblie.

Si, au printemps 1974, VGE a sans conteste rempli la première condition, il lui fallait encore satisfaire aux autres pendant toute la durée de son septennat. Or, comme l'écrit le cardinal de Retz dans ses *Mémoires*, « il y a loin de la velléité à la volonté, de la volonté à la résolution, de la résolution au choix des moyens, du choix des moyens à l'application ». Ce jugement pertinent découragerait plus d'un prétendant ! Ne bénéficiant pas du concours d'un appareil politique structuré, comparable au parti socialiste ou à l'UDR, quelle méthode de gouvernement Giscard compte-t-il employer, dans un pays divisé en deux camps opposés et sensiblement égaux ? C'est sur plusieurs registres qu'il veut agir simultanément : celui des symboles et du style et, surtout, celui d'une conception et d'une pratique rigoureuses de la fonction présidentielle à laquelle il s'est longuement préparé.

Le style et les symboles

Dans le registre qui environne l'exercice du pouvoir, Giscard souhaite donner un style plus décontracté, moins rigide à sa présidence quotidienne, celle qui concerne ses rapports personnels avec les Français. L'exercice est délicat car, si louable soit-il, il ne faut pas évacuer la solennité de la fonction, la dimension historique qui s'attache à l'image de la France dans ses relations avec les puissances étrangères. Comment être plus simple, plus naturel sans pour autant abaisser la prestance de la magistrature exercée ?

Giscard avouera plus tard que c'est le modèle scandinave qui a inspiré sa façon d'être dans les mois suivant son élection. Dans les pays nordiques, les déplacements officiels et, plus encore, la vie privée des dirigeants ne sont pas entourés du même luxe de formalisme et de précautions qui accompagne le moindre geste des autorités françaises. Contrairement à la France qui a conservé en République le décorum hérité de la monarchie, cette sorte de plain-pied y procure une sensation de plus grande proximité avec les citoyens. C'est précisément ce que recherche le président français, hanté par la crainte que l'institution ne l'enferme dans un univers hors du réel, ne l'isole ainsi de la population. Sans doute, après l'exercice gaulliste du pouvoir, qui n'était guère transposable, montaient dans l'opinion une aspiration à un comportement plus spontané du chef de l'État, une envie de mieux connaître aussi ses goûts, ses loisirs, sa famille. Dans sa campagne, en faisant figurer sa fille sur ses affiches, puis dès son élection, VGE a tenté, par divers signes, de les capter et de les traduire.

La visite d'une prison, ponctuée par un entretien avec des détenus en instance de jugement, le petit déjeuner à l'Élysée avec des agents de propreté, les éboueurs de l'époque, plus tard l'invitation à partager, chez eux, le repas de gens ordinaires, les images diffusées de ses vacances à la neige ou à la mer, toutes ces initiatives s'inscrivent dans cette quête de simplicité. Ont-elles produit le résultat espéré ? On peut en douter tant nos concitoyens restent attachés à des traditions qu'ils aiment voir respectées. Et que dire d'autres gestes, tels que la modification du rythme de *La Marseillaise*, le choix d'un nouveau bleu pour le drapeau tricolore ou l'éphémère déplacement du défilé militaire du 14 Juillet place de la Bastille ? Inspirés par une intention louable, parler aux oubliés et aux exclus, donner sa touche personnelle à certains symboles, ils auront au mieux peu d'effet et au pire accréditeront l'image d'un président peu respectueux des us et coutumes, sinon inutilement capricieux.

Jean Lecanuet racontait ainsi combien il s'était senti troublé lorsqu'à l'issue d'un entretien avec le ministre de la Justice britannique, il avait vu son homologue partir à pied et sans escorte dans Londres alors qu'une voiture de l'ambassade, avec chauffeur et garde du corps, avait été mobilisée pour assurer son propre déplacement. Mais si cette pratique l'avait impressionné, elle ne lui paraissait guère adaptée aux mœurs de notre pays. Il avait sans doute raison. Avec le recul, le style apparemment décontracté du président, se voulant naturel sans y parvenir, a quelque chose de déconcertant. Exploitée férocement par ses adversaires politiques, sa maladresse involontaire finira par se retourner contre lui au fil du temps. Raillée par des humoristes flattant sans vergogne l'ironie critique d'auditeurs complaisants, elle éclipsera chez certains les qualités de chef d'État de l'homme dont on retiendra plus une manière d'être que le contenu de son action. Effet pervers grandissant de l'émotion et des images !

Raymond Barre, questionné plus tard, avoue s'être beaucoup interrogé sur ce qu'il appelle des « fautes de goût » ayant suscité des attaques démesurées contre la personne du président de la République. Son explication est convaincante. Il distingue délibérément, chez Giscard d'Estaing, le comportement de l'homme appliqué à gérer le pays de celui appelé à soigner son image et sa communication. S'agissant des affaires de la France, « c'était un homme d'État de premier plan », capable de s'abstraire des contraintes du présent pour sonder l'avenir avec clairvoyance et lucidité. En revanche, « quand il s'agissait de lui-même, c'était

Narcisse, trop attentif à son image, aux sentiments que l'on pouvait avoir envers lui[1] », déclare-t-il à Jean Bothorel. Ce président, précis, rigoureux, animé d'un esprit de synthèse hors du commun, imagine lorsqu'il est question de lui des mises en scène et des gestes inattendus, manquant souvent leur cible.

Beaucoup de ses proches partagent cette analyse et insistent sur cet étrange dédoublement, fréquent chez les dirigeants politiques mais poussé à l'extrême chez lui. Lorsqu'il sera reçu à l'Académie française, au fauteuil de Senghor, Jean-Marie Rouart, faisant son éloge, notera fort opportunément : « C'est la caricature de votre personne et non votre politique qui vous a valu votre défaite. » Le charisme d'un chef d'État, ce qui lui donne un caractère à la fois imposant et attachant, et confère un surcroît d'autorité à ses décisions, ne se forge pas dans une orchestration spectaculaire de postures calculées, plus ou moins artificielles, mais dans la répétition et la cohérence d'attitudes, de paroles et d'actes concourant tous à la défense d'un intérêt supérieur. Tous les présidents de la Ve République qui ont sacrifié à une communication superficielle, produit de leur habileté plus que de leur nature profonde, s'y sont cassé les dents.

Ainsi, la présidence « hyperactive » que voulait incarner Nicolas Sarkozy a été contredite par son agitation désordonnée. À l'inverse, la présidence « normale » dont se prévalait François Hollande a ruiné la prestance de la fonction et suscité un apitoiement généralisé. Le style résolument moderne d'Emmanuel Macron, se voulant à la tête d'une « *startup nation* », sans être aussi

1. Raymond Barre, *L'Expérience du pouvoir*, conversations avec Jean Bothorel, Fayard, 2007.

ravageur, alimente un large scepticisme et, chez certains, une hostilité minoritaire mais très résolue. De Gaulle disait à propos de l'action politique que «la grandeur a besoin de mystère». Seul, Mitterrand a poussé cette maxime à l'extrême, jusqu'à devenir secret, insaisissable, pour le meilleur et pour le pire. Au fond, que la légitimité résulte moins de l'apparence que des actes, qui s'en plaindrait?

Personnalité exceptionnelle par son parcours et par son intelligence, Giscard sera perçu pour certains de ses gestes comme appartenant à un autre monde, alors même qu'il s'efforçait, en les pratiquant, de réduire la distance avec ses concitoyens. La source de ce paradoxe réside, pour une part, dans la maladresse de certaines de ses initiatives mais également dans la contradiction affectant le tempérament national qui exige en même temps un président imposant le respect et décourageant toute familiarité, mais aussi proche des électeurs et compatissant à leurs malheurs. On n'a pas fini d'être aux prises avec cette difficulté aussi insoluble que la quadrature du cercle. Emmanuel Macron, huitième président de la Ve République, en a fait les frais. Réélu pour un second mandat en avril, il subit deux mois plus tard un échec sévère en n'obtenant pas la majorité absolue qu'il demandait, lors des élections législatives.

Une présidence méthodique

Si le style et les symboles ne sont que l'enveloppe du pouvoir, c'est de la méthode gouvernant sa présidence que le nouveau président entend surtout tirer parti pendant son septennat. Elle s'inspire directement de sa longue participation au Conseil des ministres et de l'observation patiente du comportement des hommes qu'elle lui a procurée. Cette expérience privilégiée, sous l'autorité successive du Général et de Pompidou, l'a convaincu de la vanité de ce qu'il a appelé « l'exercice solitaire du pouvoir » et de l'importance d'une pédagogie sans cesse renouvelée pour rythmer les réformes et en expliquer les enjeux à un pays encore marqué par le long effort de reconstruction ainsi que la crainte d'une nouvelle secousse comparable à celle du printemps 1968. De l'exceptionnelle leçon donnée par le général de Gaulle pendant dix ans, il retient deux aspects essentiels à ses yeux. D'une part, l'aptitude à scruter les forces à l'œuvre dans le monde et à dégager d'elles l'intérêt supérieur de la nation, par-delà les circonstances du moment. D'autre part, l'attention portée à la « besogne la plus modeste, la plus astreignante qui soit, dès qu'elle faisait partie de [la] charge[1] » présidentielle. En revanche, la culture parlementaire de Giscard n'a pu lui faire accepter que des décisions majeures, sur l'Algérie, sur l'Europe ou dans le domaine international, soient prises et annoncées sans consultation préalable du gouvernement et du parlement.

Le 20 mai 1974, le président déclare solennellement : « C'est moi qui conduirai le changement mais je ne le conduirai pas seul. » Comment comprendre cette affirmation assez contradictoire, prononcée à l'orée de sa prise de fonction ? Sachant que c'est à lui seul que l'opinion demandera des comptes, il entend assumer la responsabilité de sa charge : la transformation sans risque de la société. Mais il souhaite associer à son action réformatrice non seulement les institutions, gouvernement et parlement, mais aussi la jeunesse qui est pour

1. Lettre au président de la République, 1969.

lui l'avenir du pays. La feuille de route est claire : il a présenté aux électeurs ses propositions pendant sa campagne. Il convient encore d'en définir les moyens pour les concrétiser. Or, c'est souvent dans cette phase d'exécution que s'émousse l'action politique.

D'emblée, sa volonté se concrétise par la constitution auprès de lui d'une équipe restreinte, d'environ vingt personnes, à l'Élysée. Convaincu que le succès dépend moins du nombre que de la qualité, il choisit des collaborateurs jeunes et pour beaucoup non issus de la politique, et leur assigne la mission d'être une cellule d'impulsion et de contrôle, en aucun cas de gestion. Pour lui, c'est au gouvernement de mettre en œuvre, en relation avec la majorité parlementaire, les objectifs du chef de l'État. À l'usage, cette répartition des rôles, conforme à l'esprit de la Constitution, connut quelques ratés. Avec Jacques Chirac, les désaccords apparaissent assez vite, obligeant le président à mettre fréquemment les pendules à l'heure. Avec Raymond Barre, auquel il faisait pleine confiance, la complémentarité institutionnelle se déroule au contraire sans accroc et laisse au Premier ministre une assez grande liberté d'action.

La conception giscardienne de la fonction présidentielle est dans la droite ligne de celle de son illustre prédécesseur. Le président, choisi pour son projet, fixe le cap et donne les grandes orientations, le Premier ministre les met en musique et veille à leur bonne application. Cette dualité implique la subordination ou, si l'on préfère un autre terme, la loyauté du chef de gouvernement à l'égard du chef de l'État. Car l'un et l'autre ne jouent pas dans la même cour. Le premier, confronté sans cesse au choix des moyens, à la coordination ministérielle, aux aléas du débat parlementaire, a pour horizon le court, au mieux le moyen terme. Le second, en charge de l'intérêt national et du rôle de la France dans le monde, a pour mission d'adapter le pays aux défis du temps et sa ligne de mire enjambe allègrement le mandat qui lui est confié. Comment cadrer le travail gouvernemental, tout en laissant au Premier ministre la marge de manœuvre indispensable ? En privilégiant la transparence et la pédagogie.

Ainsi, Giscard d'Estaing est le premier à recourir à des « directives », rédigées personnellement et rendues publiques pour prendre à témoin l'opinion du déroulement de son septennat. Adressées au Premier ministre, elles définissent les priorités de l'action gouvernementale et le calendrier de leur application. Elles obéissent à des raisons politiques et pédagogiques, comme le souligne Didier Maus : « Politiques pour bien souligner le fait non contesté que le gouvernement est d'abord là pour mettre en œuvre la politique du président de la République ; pédagogiques pour fixer les rendez-vous réguliers avec l'opinion, annoncer des objectifs et pouvoir ensuite en rendre compte[1]. » Ce sont ainsi dix directives de portée générale qui seront remises au Premier ministre, trois destinées à Jacques Chirac (2 janvier, 9 juillet 1975 et 14 janvier 1976) et sept à Raymond Barre (10 janvier, 16 mai, 12 octobre 1978, 25 avril, 21 novembre 1979, 5 juin et 13 novembre 1980). Curieusement, elles sont nettement plus fréquentes dans les dernières années du septennat, au moment où la relation président-chef de gouvernement est au beau fixe. Sentant venir la fin de son mandat, Giscard veut réaliser tous les engagements pris sans se laisser aller à la résignation du temps qui

1. Serge Bernstein, René Rémond, Jean-François Sirinelli (dir.), *Les Années Giscard. Institutions et pratiques politiques 1974-1978*, Fayard, 2003.

passe. Au contraire, elles sont nettement moins nombreuses de 1974 à 1976, en dépit de ses divergences de vues avec Chirac. Cette comparaison suffirait à relativiser l'accusation malveillante des esprits chagrins dénonçant à tort une ingérence présidentielle permanente.

Transmis aux archives nationales, les brouillons raturés de ces notes traduisent l'implication de leur auteur, la rigueur de sa méthode : à travers la déclinaison des objectifs assignés au gouvernement, ce sont ses convictions qu'il exprime, non la pensée inspirante de ses collaborateurs. On touche là un point distinctif de la gouvernance de Giscard. Sur les réformes qu'il juge essentielles, il ne se repose pas sur les avis éclairés de ses conseillers, mais sur l'analyse patiente qu'il a faite des choses. Ainsi, au moment où il décide de mettre sur les rails la légalisation de l'avortement, il réunit deux ou trois concours et travaille avec eux à la formulation des principes qui devront l'encadrer. Cet investissement est la résultante de sa conception de la fonction, il est aussi la garantie d'un texte clair dont les bureaux puis les parlementaires s'empareront ensuite pour le compléter. Le chef de l'État sait par expérience combien la dynamique politique peut sombrer dans la gestion paralysante, il mesure les facteurs de résistance que les corporatismes de toute nature opposent au changement, quel qu'il soit. C'est pourquoi, par ces directives, rendues publiques, il prend à témoin à la fois les acteurs et l'opinion des défis qui jalonnent la route de la société française.

Complété par des directives spécifiques, encore plus nombreuses (on en compte vingt-deux), cet encadrement du travail gouvernemental a fait l'objet de critiques injustes, visant à démontrer que le président s'occupait de tout. Remarquons d'abord que, comme le disait

Raymond Barre, gouverner avec méthode vaut mieux que gouverner sans méthode. Surtout, cette signature présidentielle permet de mieux comprendre la gestation des projets de loi, d'en suivre pas à pas l'évolution. VGE a conscience dès le début qu'on lui demandera des comptes à l'issue de son mandat, il travaille à visage découvert, facilitant délibérément le jugement qu'on portera sur son action.

La comparaison avec la gouvernance pratiquée par son successeur est à cet égard édifiante. François Mitterrand, sachant qu'on sort toujours de l'ambiguïté à ses dépens, privilégie une communication orale qui a l'avantage pour lui de ne pas laisser de traces et de garder ouvertes les différentes options qu'il entrevoit. En 1982-1983, au moment où se dessine le tournant de la rigueur et de l'arrimage à l'Europe, il laisse s'exprimer à la fois les tenants de la rupture et les adeptes du Marché, et cultive ses « visiteurs du soir », venus lui chanter les mérites de l'une et de l'autre, jusqu'au moment où il confirme son choix à Pierre Mauroy. La conséquence politique de cette équivoque prolongée a été d'entretenir le trouble des électeurs, ne sachant pas à quel saint se vouer. Le changement de pied effectué par le président explique sa double défaite aux municipales de 1983 et aux législatives de 1986.

La méthode de gouvernement de VGE est, par contraste, beaucoup plus lisible. Il l'accompagne d'ailleurs de rendez-vous réguliers avec l'opinion : interventions télévisées, réunions de presse (appellation préférée un moment à celle de conférences), mises en scène des gestes de sa fonction comme de sa vie personnelle sont autant d'occasions de présenter et d'expliquer ses choix. Ce n'est pas seulement parce qu'il aime convaincre et séduire, c'est aussi parce qu'il attache une grande importance au respect des engagements qu'il a pris comme candidat. Dès l'été 1974, il entreprend une série de réformes d'ampleur, donnant le tempo de son action publique. Pour lui, il s'agit de lutter contre le temps qui passe, ennemi de tous les dirigeants des régimes démocratiques. Certes, le rythme se ralentira quelque peu ensuite en raison de l'hostilité croissante d'une partie du RPR et de la montée du chômage. Mais jusqu'au bout seront mises en chantier des lois ayant sur la vie des Français un impact important, comme le bilan de son septennat le montrera aisément.

On le voit, la rupture délibérée avec ses prédécesseurs est nette. La rédaction de lettres de mission destinées au Premier ministre, la présidence d'un grand nombre de conseils restreints, la tenue de « séminaires » gouvernementaux sont sans exemple antérieur. Le président ne se cache pas derrière son gouvernement, il est sur le devant de la scène. La médiatisation de la fonction, le calcul entourant tout geste public contrastent avec l'austérité teintée de mystère du général de Gaulle et le paternalisme faussement bonhomme de Georges Pompidou. Beaucoup ont vu dans ce changement de style le signe d'une présidence monarchique et souligné à l'occasion l'inspiration orléaniste de Valéry Giscard d'Estaing.

En réalité, sa conception de la fonction s'inscrit pleinement dans la ligne gaullienne qui fait du président de la République la « clé de voûte des institutions », selon l'expression employée par le Général. Les chefs de l'État successifs, avec leurs propres mots, ont tous repris à leur compte la suprématie présidentielle et la subordination politique du gouvernement. C'est ce principe hiérarchique qui inspire les directives adressées au Premier ministre et l'insistance avec laquelle lui sont rappelés les objectifs à atteindre. Giscard sait que la responsabilité des succès comme des échecs de sa politique lui sera exclusivement attribuée par les électeurs. Laisser accroire que ses ministres et le premier d'entre eux pourraient l'exonérer des conséquences de ses choix est aussi vain que faux.

Quoi qu'en ait dit Jacques Chirac, accusant le président de ne pas lui permettre d'assumer son rôle, Giscard ne s'occupe pas de tout, il est le garant de l'essentiel. Ses conseillers à l'Élysée n'ont pas été de super-ministres comme l'ont été ensuite ceux de Sarkozy par exemple, ses entretiens directs avec des ministres ont été plutôt rares. Et s'il a pris la plume aussi souvent, c'est pour guider le travail gouvernemental sans jamais lui en imposer les détails. Se méfiant des journalistes, il n'a pas cherché comme d'autres à les amadouer par des révélations calculées et des confidences pleines d'arrière-pensées. Calme, méthodique, contenant l'expression de sa sensibilité, il a exercé sa fonction dans une humeur égale, sans emportement avec ses plus proches collaborateurs. Soucieux de se ménager des moments de réflexion ou de liberté, il a parfois pris ses distances et même disparu momentanément à leur vue. Connaissant la capacité dévastatrice d'une charge dans laquelle on peut s'absorber tout entier, est-ce critiquable? Le procès instruit par Chirac en 1976 («Je ne dispose pas des moyens que j'estime aujourd'hui nécessaires pour assumer mes fonctions») n'est qu'un prétexte derrière lequel se cache un désaccord politique entre les deux hommes, ne pouvant se résoudre que par le départ du Premier ministre.

L'un des signes de la singularité de la méthode de gouvernement de VGE est le soin apporté à la conservation des archives présidentielles dès son arrivée à l'Élysée. Alors que selon l'usage elles étaient considérées comme privées, il affirme qu'elles appartiennent à la nation. Il crée donc un service chargé de les mettre en ordre et signe, en 1979, un protocole d'accord avec le ministère de la Culture. La masse des documents transmis en 1981 est ainsi quatre fois supérieure à celle versée par Georges Pompidou. On peut certes y voir le souci de témoigner pour l'Histoire, on peut y voir aussi l'importance attachée à l'écrit, plus apte à éclairer l'action que les silences, les paroles ou les sous-entendus. Il n'est d'ailleurs pas de dossier où ne s'exprime son analyse ou sa vision, sous la forme d'une note ou d'une observation en marge, par exemple. Bien plus que celle de ses homologues, l'empreinte présidentielle est toujours identifiable, qu'il s'agisse de relations internationales, de projets de loi ou de questions économiques et sociales. Lorsqu'ils seront accessibles, à partir de 2024, les comptes rendus du Conseil des ministres ainsi que les notes d'urgence fréquemment destinées au chef de l'État offriront aux chercheurs une mine d'indications précieuses à cet égard.

Un exemple édifiant d'une manière de gouverner bannissant toute trace écrite est celui du dramatique massacre des Tutsis au Rwanda, en 1994, pendant le second mandat de François Mitterrand. Dans leur rapport remis en 2021, les historiens confirment que le président a entretenu délibérément le secret dans cette affaire, refusant d'énoncer toute directive et opposant un silence prolongé aux questions insistantes posées par les diplomates ou les militaires en poste à l'époque. Si bien que les doutes sur la pertinence de son analyse et sur les objectifs poursuivis n'ont cessé de s'amplifier. Ce mutisme présidentiel n'a pu que laisser le champ libre à ceux qui étaient animés du plus noir dessein. Il n'y a rien de tel chez Giscard, dont la méthode de gouvernement s'accommode mal du goût de l'énigme et du secret. Dans les dossiers qu'il traite, il prend d'abord le temps de l'analyse et, lorsque son opinion est faite, exprime son point de vue et donne toujours le cap à tenir. Dans la méthode respective des deux chefs d'État, on serait évidemment tenté de voir la différence entre la culture littéraire de l'un et la culture scientifique de l'autre, mais ce n'est pas là l'essentiel. C'est en réalité une conception opposée de la gouvernance qui les distingue profondément.

Mais s'il est préférable de diriger un pays avec méthode, rien ne peut mettre à l'abri d'une erreur d'appréciation. Or, pour mener à bien sa mission de modernisation, Giscard commence son septennat en sous-estimant, par excès de confiance, la fragilité du soutien parlementaire dont il dispose.

Erreurs d'appréciation

La majorité élue un an plus tôt est loin de correspondre au projet qu'il a présenté aux électeurs et qui l'a fait choisir pour présider aux destinées de la France. Le groupe parlementaire de l'UDR s'inscrit dans une fidélité gaulliste que Georges Pompidou a incarnée et une grande partie de ses membres ressent comme un échec l'élimination au premier tour de Chaban-Delmas, leur candidat naturel. Pour eux, Giscard n'est pas un intrus mais il n'est pas l'un des leurs. Aussi le concours de nombre d'entre eux sera mesuré, sans enthousiasme, sous bénéfice d'inventaire et, pour les plus conservateurs, empreint d'une méfiance instinctive. Alexandre Sanguinetti, alors secrétaire général de l'UDR, résume bien l'état d'esprit initial de son mouvement: «Nous ne lui ferons pas dès le départ un procès d'intention, mais, après ce soutien, nous aurons à reconsidérer notre position chaque fois que cela sera nécessaire. » Les Républicains indépendants, fer de lance de l'aventure giscardienne, ne représentent qu'un dixième des députés et, même avec l'apport des centristes, ils ne peuvent constituer une force d'équilibre au parti dominant. Au Sénat, la situation politique est plus favorable au président, qui s'efforcera d'en jouer mais sans pouvoir faire de la seconde chambre un véritable contrepoids à l'Assemblée nationale.

La composition du gouvernement, annoncée par VGE lui-même, exprime clairement la prééminence institutionnelle du président dans le choix des ministres et de leurs attributions. Mais elle souligne la distorsion avec la représentation parlementaire des forces en présence. Les gaullistes historiques, rares, comme ses héritiers autoproclamés, plus nombreux, n'y occupent qu'une place modeste. Les postes-clés leur échappent, l'appel à des personnalités issues de la société civile marque ce que beaucoup appelaient de leurs vœux, la fin de « l'État UDR ». C'est donc bien d'une rupture qu'il s'agit à ce niveau. La seule satisfaction des caciques pourrait être la nomination de Jacques Chirac comme Premier ministre. Encore n'est-elle que relative car l'initiative d'un soutien à Giscard, annoncée le 13 avril, l'a largement éloigné des barons gaullistes. En politique, les transfuges et les ralliés ont toujours du mal à se faire pardonner par leur famille d'origine et à se faire accepter par leur famille d'adoption.

Présenté comme judicieux en mai 1974, le choix de Jacques Chirac ne peut qu'interroger le politologue. Certes, il est la conséquence logique du service rendu à Giscard d'Estaing avant le premier tour de l'élection présidentielle. Il n'a cependant fait l'objet d'aucune tractation avant la victoire finale, il n'est pas l'accomplissement d'un pacte scellé entre les deux hommes. Il est l'unique fruit de la décision personnelle du nouveau président. Questionné par des historiens sur les raisons de cet appel à Chirac, au cours d'un colloque en 2003, VGE confirme cette version. Le choix du Premier ministre « était évident, bien que parmi mes conseillers il y ait eu des opinions divergentes ». Parmi ses proches, en effet, l'affaire n'allait pas de soi, la loyauté présumée de Chirac comportait un risque de rivalité, voire de conflit. Pourtant, il confesse aussitôt: « Mais je ne me suis pratiquement pas interrogé. » Trente ans après, cette phrase sonne comme l'aveu d'une certaine naïveté. Certes, la nomination de l'initiateur de l'« appel des 43 » a pour elle l'attrait de l'évidence tant elle s'accorde avec les circonstances de ce printemps 1974. Une analyse approfondie des avantages et des risques aurait cependant conduit à envisager avec plus de circonspection une hypothèse séduisante dans l'immédiat mais préjudiciable pour l'avenir. Dans le parcours de Chirac, rien ne le prédestinait à devenir le partenaire privilégié du nouvel élu. Cette rapidité, pour ne pas dire cette précipitation, n'est pourtant ni dans les gènes ni dans la méthode habituelle de Giscard. Elle est à mettre au compte d'un excès de confiance et d'une forme de candeur.

Le nouveau président avait en réalité une assez grande marge de choix avant d'installer à Matignon son futur adversaire de 1981. L'apport de l'« appel des 43 », inspiré par Pierre Juillet et Marie-France Garaud, n'a pas l'importance qu'on lui prête souvent. Lorsqu'il se produit, le 13 avril, Chaban est déjà sur une pente descendante. L'annonce de la candidature du maire de Bordeaux, avant même l'inhumation de

Georges Pompidou, n'avait déjà pas été du meilleur goût. Surtout, sa campagne télévisée, égrenée d'une voix nasillarde et sapée par les effets oratoires mal inspirés de Malraux, commençait bien mal. L'homme, affaibli par la découverte de sa situation fiscale avantageuse, pour ne pas dire plus, voit son crédit diminuer rapidement. Les intentions de vote en sa faveur sont supérieures au départ à 25 %, mais déclinent avant de connaître un véritable effondrement à la fin du mois d'avril. Lorsque s'enclenche une telle descente aux enfers, il n'est pas d'exemple d'une remontée significative avant le scrutin. Tout porte à penser que Giscard aurait devancé Chaban, même sans le ralliement des 43.

C'est d'une main tremblante que le nouveau président aurait dû signer la nomination de Jacques Chirac comme chef du gouvernement. Le seul véritable point commun entre les deux hommes, à l'époque, était leur passage à l'Ena, dont ils étaient sortis l'un et l'autre « dans la botte ». Cela ne suffit pas à faire naître une complicité, encore moins une loyale amitié. L'itinéraire du futur maire de Paris est, en réalité, l'exact inverse de celui de Giscard. Alors que ce dernier n'avait exercé, pendant plus de onze ans, qu'une seule responsabilité ministérielle, son futur Premier ministre avait déjà, en moins de sept ans, occupé cinq fonctions gouvernementales différentes : Emploi, Économie et Finances comme secrétaire d'État en 1967 et 1968, Relations avec le parlement, Agriculture, Intérieur comme ministre, de 1971 à 1974. Cette brochette d'affectations successives donnait plutôt l'impression d'une ambition sans limites que d'une volonté de servir, avec constance et application, les intérêts supérieurs de l'État.

À l'époque, Chirac se cherche encore, il se précipite tel un cheval fou vers tout poste ministériel, comme si le mouvement lui tenait lieu de pensée. Il est encore bien loin de la sérénité dont il fera preuve plus tard comme chef de l'État. Sa métamorphose ne s'est produite qu'en 1995 lorsqu'il a revêtu les habits de président. Vingt ans plus tôt, il subit dans l'ombre l'influence négative du couple Juillet-Garaud, dont le tableau de chasse comporte l'élimination de Chaban, déconsidéré aux yeux de Pompidou, puis le harcèlement législatif de Giscard et sa défaite. Oubliant que tout jugement excessif finit par être dérisoire, Marie-France Garaud avouera cruellement au *Canard enchaîné*: « Je croyais que Chirac était du marbre dont on fait les statues. En réalité, il est de la faïence dont on fait les bidets. »

Au début des années 1970, la cohérence n'est pas le principe directeur de l'action publique de Chirac : il multiple les promesses, n'hésite pas à soutenir des causes contradictoires pourvu qu'elles lui permettent d'exister. Le 8 juillet 1974, il déclare ainsi au *Quotidien de Paris*: « Le régime français doit se présidentialiser beaucoup plus. » Cela ne l'empêche pas de démissionner avec perte et fracas deux ans plus tard, en invoquant l'insuffisance des moyens dont il dispose pour exercer sa fonction. Dans sa déclaration de politique générale, prononcée devant les députés le 5 juin, il s'inscrit délibérément dans une perspective de changement (« une nouvelle étape dans notre Histoire a vibré lors de la dernière consultation du pays »), de « rétablissement de notre équilibre économique et financier », de renforcement de la construction européenne (« elle est l'œuvre que nous devons accomplir »). Il évoque enfin la majorité nouvelle « unie et cohérente », rassemblée sur les « options claires qui ont été définies par le président de la République ». Ces mots font espérer, sinon une loyauté sans faille, du moins un zèle attentionné.

En réalité, Chirac est à l'époque immergé dans le court terme. N'ayant pas pris la mesure de la mutation profonde qui agite l'économie, il cherche avant tout à répondre avec la panoplie budgétaire dont il dispose aux revendications qui s'expriment bruyamment. Hector Rolland, dans ses souvenirs, écrit non sans humour qu'avec les promesses de cet homme, « il y aurait de quoi mettre un terme à la famine du tiers-monde[1] ». Cet empressement désordonné est à l'image du titre évocateur qu'il donnera plus tard à ses mémoires, *Chaque pas doit être un but*[2]. On n'ose imaginer la marche chaotique qui serait celle d'un dirigeant appliquant au pied de la lettre ce principe incompréhensible. Hormis l'aversion constante qu'il éprouve pour les extrêmes, les gestes du député de la Corrèze fluctuent au gré des circonstances. Les signes de ce mouvement brownien sont nombreux. Ainsi, il apporte son soutien à Simone Veil qu'il juge « admirable » lors des débats houleux sur l'IVG mais vote ensuite contre la prorogation de la loi, en 1979. Après avoir appelé comme Premier ministre au nécessaire renforcement de la construction européenne, il dénonce ensuite, dans l'appel de Cochin, « l'asservissement économique et l'effacement international » de la France et la soumission présidentielle au « parti de l'étranger ». Dès qu'il réussit à s'emparer de l'UDR, avec la complicité de Pasqua, le 15 décembre 1974, la logique qui l'absorbe est l'opportunité de se démarquer du président, avant de se présenter finalement contre lui, en 1981.

Dans ce que Catherine Nay appelle la « double méprise », l'Histoire n'a pas à distribuer de bons ou

1. Hector Rolland, *Souvenirs dérangeants d'un godillot indiscipliné*, Albin Michel, 1990.
2. NiL, 2009.

de mauvais points, mais elle s'interroge sur les raisons qui poussent les hommes à coopérer ou à s'affronter. Analysant objectivement la situation, le président du Sénat, Christian Poncelet, dira plus tard qu'il n'y a « personne à blâmer ». Entre l'UDR qui ne se résout pas à perdre sa suprématie politique et un président qui n'a pas de majorité parlementaire cohérente, l'affrontement est inévitable. Mais par un mélange de naïveté et d'excès d'optimisme, Giscard a cru jusqu'au bout être en mesure d'adoucir la défiance des députés gaullistes et de convaincre leur leader de se rallier à lui. Cet espoir s'est révélé vain, au début comme à la fin de son mandat. En 1976, par sa démission tonitruante, en 1981, par son refus d'apporter le soutien du RPR, à la veille du second tour, ce ne sont pas des pavés mais des missiles que Chirac lance dans le jardin présidentiel.

L'entente entre les deux branches de l'exécutif ne dure d'ailleurs que quelques mois. Dès la fin de l'été, entre le président, désireux d'aller vite, et le Premier ministre, employé à ralentir le rythme, le fossé s'est creusé. Trop confiant dans sa capacité de convaincre, grisé sans doute par l'enthousiasme de sa campagne, Giscard croit encore possible de ramener à la raison les parlementaires les plus virulents et de ménager avec Chirac une cohabitation de façade lui réservant le rôle essentiel. Sa cote de popularité élevée lui fait minimiser les conséquences de la dégradation de leurs rapports au sommet de l'État, il sous-estime l'ambition personnelle du chef de gouvernement et la charge négative qu'elle comporte pour lui. Par son engagement dans la 1re armée et par sa longue présence au ministère des Finances, il pense n'avoir pas de leçon à recevoir d'hommes qui n'ont pas encore fait leurs preuves. Mais cela ne suffit pas à les amadouer.

En 1975, prenant le contrepied de la politique économique mise en œuvre depuis son élection, il fait un pas significatif vers le Premier ministre en lui concédant, contre l'avis de son ministre des Finances, le plan de relance de 30 milliards qu'il réclamait avec insistance. Cette entorse qu'il sait néfaste aux objectifs poursuivis ne calme pas l'impatience de Chirac, qui demande à être démis de ses fonctions au début de l'été 1976. Giscard l'invite alors à différer son départ mais ne peut l'empêcher de mettre en scène sa démission avec fracas, le 25 août. La dureté des termes utilisés par le Premier ministre est sans exemple sous la Ve République, elle atteste que le divorce est consommé. Pourtant, le président ne tente pas d'exploiter ce conflit, il cherche au contraire à faire passer ce départ fracassant pour un non-événement auquel l'opinion n'accordera pas crédit. Sur le moment, c'est sans doute exact mais, à plus long terme, cette déchirure au sommet de l'État est lourde de conséquences.

On est en droit de s'interroger également sur le refus de dissoudre l'Assemblée nationale que plusieurs de ses amis lui demandaient avec empressement. Comment un président nouvellement élu peut-il gouverner efficacement avec une majorité rétive, marquée du sceau de la fidélité au chef de l'État précédent ? Interrogé à plusieurs reprises, VGE tente de se justifier, mais les raisons invoquées – volonté de respecter le calendrier parlementaire et caractère aventureux d'élections anticipées – ne sont pas convaincantes. Le droit de dissolution, prérogative du président de la République, est consacré sans condition de fond par l'article 12 de la Constitution. Le général de Gaulle l'a utilisé à deux reprises, en 1962 après la motion de censure adoptée par l'assemblée et en 1968 pour mettre fin à une crise sociale dont personne n'entrevoyait l'issue. L'opinion, désireuse la première fois d'arbitrer un conflit politique majeur, soulagée la seconde fois de sortir du désordre, a largement approuvé ces décisions et donné au président la majorité qu'il souhaitait.

Au printemps 1974, la situation est évidemment différente. Il n'y a ni crise de régime ni paralysie de l'économie. C'est un événement imprévisible, le décès du président pendant son mandat, qui provoque une élection présidentielle anticipée. Mais la défaite du candidat gaulliste et la victoire d'un réformateur justifiaient une remise à jour des compteurs électoraux. À ère nouvelle annoncée par Giscard, assemblée nouvelle pour conduire le changement proposé au peuple. Le discours paraissait simple à tenir. Pourtant Giscard ne s'y résout pas. L'expérience, postérieure il est vrai, a montré que les Français ont été cohérents dans leurs choix : ils ont dans l'ensemble accordé à tout président élu ou reconduit la majorité indispensable pour accomplir son mandat. Ce fut le cas pour Mitterrand en 1981 et 1988, pour Sarkozy en 2007, pour Hollande en 2012 et pour Macron en 2017. On ne compte guère qu'une exception contraire, en 1997. Si les élections anticipées provoquées par Chirac, sur le conseil de Dominique de Villepin, produisent l'effet inverse de celui escompté, c'est que la dissolution, un an avant le terme prévu, n'obéit à aucune logique compréhensible par l'opinion. En 2022 enfin, si les électeurs ne donnent à Emmanuel Macron, reconduit pour un second mandat, qu'une majorité relative, c'est pour lui imposer une présidence arbitrale, moins « jupitérienne » que la précédente ; ils limitent ses moyens d'action mais ne le désavouent pas.

Certes, la victoire obtenue en 1974 était courte mais, une fois acquise, on oublie vite avec quelle marge elle l'a été. Si le pari de la dissolution comportait un risque, il valait la peine d'être tenté, au nom d'une raison simple : la correspondance souhaitable entre majorité présidentielle et majorité parlementaire, condition de l'efficacité de l'action politique. Bien qu'il ne l'ait jamais reconnu, Giscard a dû au fond de lui-même regretter son manque d'audace en mai-juin 1974. Deux ans plus tard, au printemps 1976, l'opportunité d'une dissolution de l'Assemblée nationale s'est présentée à nouveau. En conflit de plus en plus ouvert avec le président, Chirac la lui a demandée, en avril, avec l'arrière-pensée de tirer profit lui-même d'élections anticipées. Giscard fait alors la sourde oreille et ne donne pas suite. Pour lui, une dissolution aurait un sens si elle avait pour objet de trancher un conflit. Toujours soucieux de maintenir un mode de fonctionnement apaisé, il ne souhaite pas aggraver ses rapports difficiles avec son Premier ministre, encore moins avec la majorité parlementaire. Cela se comprend.

Cependant, la démission théâtrale de Jacques Chirac, le 25 août, change la donne : elle permet au président de dramatiser la crise ouverte par le chef du gouvernement et de prendre à témoin les électeurs de l'impossibilité d'accomplir son projet dans ces conditions. Mais une seconde fois, il refuse d'entrer dans cette logique, pensant encore que le changement de Premier ministre (il songeait depuis plusieurs mois à Raymond Barre) banalisera ce geste intempestif. En préférant la recherche d'un compromis à l'affrontement, il se prive pourtant du support politique qui lui manquera lors des consultations électorales de 1977. Les élections cantonales des 7 et 14 mars 1976 avaient déjà délivré un signal clair, avec la nette poussée de la gauche qui, bénéficiant de la dynamique du programme commun, avait renforcé son implantation locale. L'inutile implication présidentielle dans les municipales à Paris, l'année suivante, se solde par un nouvel échec. Au succès répété des socialistes et des communistes s'ajoute la défaite subie par le candidat giscardien, Michel d'Ornano, face à Jacques Chirac, trop heureux de pouvoir compter désormais sur l'appui logistique de la capitale pour asseoir sa stratégie personnelle.

Les élections intermédiaires sont par nature défavorables au pouvoir en place mais ce double avertissement décide enfin VGE à se doter d'un relais politique, capable d'équilibrer le parti gaulliste, que Chirac a transformé, le 5 décembre 1976, en Rassemblement pour la République (RPR). Hostile à toute dissolution, plus que réticent à l'égard du référendum, la seule arme qui lui reste est la constitution d'une force nouvelle soutenant ouvertement son action réformatrice. Il invite donc les diverses formations centristes à se regrouper en une confédération. Le 1er février 1978 naît ainsi l'Union pour la démocratie française, l'UDF, dont le nom s'inspire du titre de l'ouvrage publié par Giscard deux ans auparavant. Réunissant pour la première fois le Parti républicain, le Centre des démocrates sociaux, les Radicaux « valoisiens » et le Centre national des indépendants et paysans, ce cartel électoral est une avancée décisive pour préparer les élections législatives de 1978, que la gauche sur sa lancée entend bien gagner.

S'il est évident que, sans l'UDF, le combat aurait été perdu, on ne peut s'empêcher d'observer que cette initiative est bien tardive. Il a fallu attendre quatre ans pour voir le président se doter de l'outil nécessaire pour relayer son action. L'intelligence, la capacité visionnaire d'un seul homme, la conduite d'un projet cohérent ne suffisent pas. Il faut encore un puissant réseau pour expliquer le sens des décisions prises et en prolonger les effets sur l'ensemble du territoire. Le général de Gaulle, qui disposait pourtant d'une légitimité historique exceptionnelle, comprit les avantages qu'il tirerait d'un parti à l'assise sociologique la plus large possible. Ce dont les événements l'avaient privé à la Libération, il s'empressa de le mettre en place dès son retour au pouvoir, en 1958. Même si dans ses discours il n'y faisait pas référence, il suivit de près la création de l'UNR, préparée avec soin à Matignon pour lui fournir la force dont il savait avoir besoin.

La dynamique enclenchée par la création de l'UDF permit à Giscard d'Estaing de renverser une situation politique compromise par la poussée électorale de la gauche et la victoire parisienne de Chirac. Il gagna ainsi successivement les élections législatives de 1978 et les élections européennes de 1979, repoussant à la fin du septennat l'ultime confrontation avec ses adversaires politiques. Nul doute que son action réformatrice aurait été facilitée s'il avait pu s'appuyer sur un tel relais dès le début de son mandat. Ce sont en effet deux conservatismes qu'il eut à affronter. Celui de la gauche qui, hormis la légalisation de l'avortement, combattit aveuglément ses réformes ; celui de la droite qui, privée du pouvoir qu'elle exerçait depuis 1958, mena contre lui une guerre de harcèlement, sans aller toutefois jusqu'à censurer le gouvernement. L'un et l'autre étaient mus par la conquête ou la reconquête du pouvoir, plus que par une contribution désintéressée au bien public.

« Père, gardez-vous à droite, père gardez-vous à gauche », lançait son jeune fils au roi Jean le Bon, encerclé par ses ennemis, à la bataille de Poitiers en 1356. L'avertissement n'en finit pas de s'appliquer à la gouvernance d'une nation fière et capricieuse, portée à se rassembler dans l'effort ou à se diviser dans le renoncement. Giscard sait que l'Histoire de la France est faite de tels mouvements erratiques. C'est la conclusion même du discours qu'il prononce le 27 janvier 1978 à Verdun-sur-le-Doubs: « Tantôt, quand elle s'organise, c'est un pays courageux, volontaire, efficace, capable de faire face au pire, et capable d'aller loin. Tantôt, quand elle se laisse aller, c'est un pays qui glisse vers la facilité, la confusion, l'égoïsme, le désordre. La force et la faiblesse de la France, c'est que son sort n'est jamais définitivement fixé entre la grandeur et le risque de médiocrité. »

Comme de Gaulle, Giscard d'Estaing sait qu'avec un tel peuple, rien n'est jamais acquis. Entré à l'Élysée en 1974 sous les acclamations d'une foule joyeuse, il en sortira en 1981 sous les sifflets de revanchards impénitents. Du moins s'est-il ingénié jusqu'au bout à réaliser le projet qui l'avait fait élire sept ans plus tôt.

7

Consolidation des libertés

La démocratie représentative serait entrée selon de nombreux analystes dans l'ère de la menace, voire de la disparition. Le pronostic est peut-être excessif, mais il faut convenir que sa force d'attraction dans le monde, très forte à la fin du siècle dernier, s'affaiblit aujourd'hui. Elle éprouve une difficulté croissante à trouver son équilibre entre la nécessaire protection des libertés sans laquelle elle est condamnée à disparaître et la non moins nécessaire autorité sans laquelle elle se fractionne en communautés qui s'ignorent. Pour le philosophe Pierre-Henri Tavoillot, qui refuse de sombrer dans le déclinisme, elle souffrirait de plusieurs maux, une « terrible crise de la représentation, une grave impuissance publique et un profond déficit de sens ». Elle aurait perdu en cours de route à la fois le « peuple qui la fonde, le gouvernement qui la maintient et l'horizon qui la guide[1] ».

L'une des causes de cette dégradation est à rechercher dans la liberté prise par ses dirigeants avec les engagements formulés avant les élections. On admettra aisément que des circonstances nouvelles puissent

1. Pierre-Henri Tavoillot, *Comment gouverner un peuple-roi ?*, *op. cit.*

rendre intenables les promesses faites pendant les campagnes. Une inversion brutale du contexte économique, la montée des tensions internationales, une crise financière de grande ampleur justifient évidemment une remise en cause ou un renvoi à plus tard des objectifs initialement fixés. Le peuple est parfaitement capable de le comprendre. Mais pour beaucoup de candidats, la condition indispensable pour l'emporter est de procurer du rêve et, une fois la victoire acquise, seules les réalités commandent. Selon la célèbre formule, les promesses n'engageraient donc que ceux qui y croient et non ceux qui les ont énoncées ! L'exigence de clarté et de responsabilité implique pourtant que, sans être prisonniers de leurs propositions, les dirigeants s'efforcent de les concrétiser au mieux de l'intérêt général. Faute de quoi la confiance envers eux ne peut que s'effriter au fil de leurs reniements.

La pratique de la Vᵉ République offre à ce propos d'utiles points de repère. Ainsi, avant le premier tour de l'élection présidentielle de 1965, de Gaulle commet l'erreur de ne pas livrer bataille, convaincu que tout se jouera sur son bilan et sur sa personne. À Alain Peyrefitte, il déclare alors : « Un programme ? Jamais ! La politique, c'est la réalité[1] ! » Mis en ballottage, à sa grande surprise, il fait alors campagne entre les deux tours et l'emporte assez nettement. Plus question dans les rangs gaullistes de nier l'intérêt de présenter un projet aux Français, dont on sollicite le suffrage. C'est d'ailleurs ce que fait Georges Pompidou cinq ans plus tard, en déclinant des propositions regroupées sous le slogan : « Le changement dans la continuité. »

1. Alain Peyrefitte, *C'était de Gaulle*, t. 3, Éditions de Fallois/Fayard, 2000.

Au printemps 1974, la situation politique est bien différente de celle, largement désabusée, que nous connaissons aujourd'hui. L'élection connaît une participation très élevée, elle s'accompagne de part et d'autre d'une espérance de victoire qui mobilise les supporters des deux camps en présence. La politique parle au plus grand nombre des Français. L'incertitude des résultats entretient une certaine tension mais, lorsqu'ils sont proclamés, personne ne les conteste. Par définition, la démocratie trouve sa raison d'être, non dans le consensus mou et sans saveur, mais dans le dissensus assumé qui assure l'alternance pacifique au pouvoir.

Malgré la brièveté de la campagne, c'est un projet élaboré que présente Giscard. Placé sous le signe du « changement sans le risque », il inclut à la fois des réformes de société et de nombreuses propositions visant à améliorer le fonctionnement démocratique et les conditions de vie des Français. Fruit d'une longue observation et de son expérience personnelle, elles ont pour beaucoup été avancées avant même qu'il ne soit candidat à l'Élysée. Parmi elles, l'extension des droits et libertés occupe une place centrale car elle est la condition d'une modernisation du pays, de son adaptation aux réalités nouvelles. Quel que le soit le contexte économique qu'il pressent difficile, le respect de ses engagements donne sens au mandat qu'il ambitionne d'exercer, il n'est pas une variable d'ajustement livrée à son bon plaisir ou aux caprices des événements.

Giscard d'Estaing fait clairement valoir la différence séparant son projet de celui de son adversaire : la modernisation maîtrisée, face à l'aventure hasardeuse du programme commun. Mais, au-delà de l'affrontement qui est la règle avant l'élection, il aspire à une démocratie apaisée dans laquelle la culture du débat l'emporte sur la division idéologique en deux blocs irréconciliables. C'est tout le sens de la formule qu'il a lancée en 1972 : « La France veut être gouvernée au centre. » Il ne s'agit pas pour lui de créer un parti qui, aspirant la droite et la gauche, viendrait à faire disparaître ce qui structure de longue date la société politique française ; il s'agit de faire émerger, grâce aux apports de chacune de ces forces, ce qui correspond le mieux à l'intérêt national. Il sait d'évidence que la tâche sera rude et qu'il se heurtera au conservatisme puissant existant dans tous les camps et qui fait préférer le statu quo avantageux au partage des responsabilités. Face à un problème à résoudre, la tentation est grande de choisir, non l'adhésion à une réforme bénéfique, mais la prudence rassurante qui conserve pour un temps les avantages acquis. « Encore une minute, monsieur le bourreau ! »

C'est en agissant au plus vite sur quelques vecteurs emblématiques, l'abaissement de la majorité à dix-huit ans, la consolidation de l'État de droit, la transformation des rapports entre administration et citoyens, que Giscard espère desserrer l'étau qui empêche d'accéder à une démocratie adulte. En même temps, il compte promouvoir une présidence plus respectueuse des droits du parlement.

L'abaissement de la majorité à dix-huit ans

Ce ne sont pas les slogans nés dans les épaisses fumées des amphis, en mai 1968, qui ont convaincu Giscard que la place faite aux jeunes dans la société était injustement réduite. Dans l'hémicycle puis dans son poste d'observation privilégié rue de Rivoli, il a senti le poids excessif des habitudes, du conformisme et de l'ancienneté.

L'attirance qu'il éprouve alors pour John F. Kennedy, élu président des États-Unis à quarante-trois ans et assassiné en 1963, tient à la fois à sa jeunesse et à son style. Pourquoi ne serait-il pas un jour, dans son pays, l'artisan de ce nécessaire renouvellement ? Lors du débat sur la loi d'orientation de l'enseignement supérieur, préparée par Edgar Faure après le tourbillon du printemps, il avait déjà affirmé sans détour : « La société française actuelle n'est pas accueillante à la jeunesse [...] L'action gouvernementale doit tendre à ce qu'à l'avenir, [elle] se sente participante à la société française [...]. »

Symboliquement, l'abaissement de la majorité à dix-huit ans est la première loi de modernisation votée par le parlement le 5 juillet 1974, soit six semaines après l'entrée en fonction du gouvernement. Figurant dans le programme de Giscard, cette réforme fait l'objet d'un certain consensus politique, exprimé cependant avec des nuances perceptibles. La gauche y est favorable et a d'ailleurs inscrit la mesure dans le programme commun. Une partie des gaullistes y adhère également mais sans être passée à l'acte jusqu'ici. L'insistance avec laquelle elle est revendiquée par le PC l'incite en effet à la prudence, à l'image de Georges Pompidou qui redoutait la préférence des jeunes pour les partis révolutionnaires en général et pour les partis de gauche en particulier. Avant l'élection de VGE, rien n'a donc été mis sur le métier par la majorité.

Juridiquement, si l'âge de la majorité civile, fixé à vingt et un ans en 1792, n'avait jamais varié depuis, en revanche celui de la majorité électorale a beaucoup fluctué, de la Révolution au milieu du XIXe siècle : établi à vingt-cinq ans par la Constitution de 1791, il est passé à trente avec la Charte de 1814, avant d'être abaissé à vingt-cinq par celle de 1830, puis à vingt et un par la

Constitution de 1848. Les constitutions postérieures n'ont plus remis en cause ce seuil. L'idée initiale du nouveau président était d'accorder le droit de vote aux jeunes plus tôt sans modifier immédiatement l'âge de la majorité civile. Aussi, le projet de loi qu'il fait préparer est-il simple et court. Déposé le 13 juin, il est adopté, en procédure d'urgence, le 24 par l'Assemblée nationale et le 28 par le Sénat. L'affaire est rondement menée. Mais la loi finalement votée est nettement différente, en volume et en contenu.

Ne comportant au départ que deux articles, le texte adopté finalement en compte près de trente. Ludivine Boutigny explique clairement les causes de ce gonflement législatif : « Le parlement estima en fait qu'il ne pouvait ni ne devait y avoir de majorité électorale distincte de la majorité civile, et que les deux notions étaient constitutionnellement et logiquement liées[1]. » Malgré le plaidoyer contraire du garde des Sceaux, Jean Lecanuet, qui défendit avec fougue le point de vue gouvernemental, les députés et les sénateurs suivirent la voie de l'harmonisation préconisée par Jean Foyer, président de la Commission des lois, ce qui conduisit à une loi plus longue et plus complète.

Quoi qu'il en soit de ces péripéties parlementaires, la première loi du septennat montrait bien la direction suivie : faire émerger une « génération sociale et libérale » pour reprendre le nom que se donnèrent eux-mêmes les Jeunes giscardiens. L'un d'eux, Benoît Roger-Vasselin, dira avec un peu d'emphase qu'il s'agissait selon lui d'unir dans un même élan les « espérances de mai 1968 et celles de mai 1974 ». Plus concrètement, le but

1. Serge Bernstein, Jean-François Sirinelli (dir.), *Les Années Giscard. Les réformes de société 1974-1981*, Armand Colin, 2007.

poursuivi par le président de la République est de donner aux jeunes Français ce qu'avaient déjà obtenu les jeunes Américains, Britanniques ou Allemands. La France comble ainsi son retard sur les grandes démocraties occidentales. Pourtant, cette réforme desservait plutôt l'intérêt électoral de Giscard. À l'époque, les enquêtes réalisées montraient en effet une nette préférence des 18-25 ans pour la gauche, en particulier le PSU et les mouvements extrémistes. Il est vrai que cette génération n'avait connu jusqu'ici que le gaullisme, elle aspirait donc à de nouveaux horizons. On sait depuis que l'âge n'est qu'un des facteurs de conditionnement du vote et qu'il induit, selon les circonstances, un comportement électoral variable. Ainsi, en 1995, sortant du double septennat de François Mitterrand, la majorité des jeunes votera à l'inverse pour Jacques Chirac. Aujourd'hui, c'est surtout l'abstention, devenue massive, qui caractérise l'attitude de cette classe d'âge face aux urnes.

Au début des années 1970, la jeunesse est nettement plus politisée et éprouve une réelle attirance pour la gauche. Un sondage réalisé par la Sofres, le 21 juin 1974, montre précisément que si les jeunes de dix-huit à vingt et un ans avaient pu voter, lors de la présidentielle, ils l'auraient fait à 59 % en faveur de Mitterrand contre 41 % en faveur de Giscard. Ce dernier n'ignorait rien de cette tendance ; il savait qu'à court terme, l'abaissement de la majorité électorale lui serait défavorable. Mais pour lui, la seule question valant d'être posée était, non pas de savoir à quel camp la mesure profiterait mais si elle était utile au pays et favoriserait l'insertion de la jeunesse. Il a donc tranché sans hésitation en faveur de la réforme. Les faits en ont d'ailleurs montré la pertinence puisque les jeunes admis à voter pour la première fois ont largement utilisé leur droit. Précurseur, Giscard l'est d'autant plus qu'aujourd'hui l'abstention électorale croissante dans cette tranche d'âge suscite un débat sur l'opportunité d'un nouvel abaissement de la majorité. Ce n'est pas le seul domaine dans lequel il a su privilégier une vision à long terme sur un opportunisme à courte vue.

L'extension de l'État de droit

Bien avant qu'elle ne soit popularisée dans les années 1970, la formule exprime l'idée simple d'une soumission générale au droit. Les citoyens mais aussi la puissance publique doivent respecter l'ensemble des règles que se donne la société. L'État de droit est donc celui où s'impose le droit. Le grand juriste français Léon Duguit écrit en ce sens dès le début du XXe siècle que l'État doit être « subordonné à une règle de droit supérieure à lui-même qu'il ne crée pas et qu'il ne peut violer[1] ». Il combat farouchement la doctrine allemande qui soutient à l'époque que l'État fait le droit et qu'il ne saurait donc être limité par lui. Cette toute-puissance ouvrira la voie au totalitarisme, comme on le constatera amèrement avec le régime hitlérien.

Dans une approche plus précise, la supériorité du droit implique une organisation dans laquelle soient assurées simultanément l'égalité de tous devant la loi, la séparation des pouvoirs exécutif, législatif et judiciaire, et l'indépendance de la justice. Que l'un de ces principes fasse défaut, aussitôt serait ouverte une brèche pouvant mener à l'arbitraire. En effet, la démocratie ne garantit pas à elle seule le respect de la loi par tous les acteurs. L'Histoire montre au contraire que la tentation de

---

1. *Traité de droit constitutionnel*, Fontemoing & Cie, 1911.

s'affranchir des règles, en invoquant le caractère exceptionnel d'une situation, est permanente. Un dirigeant peu scrupuleux cherchera à limiter le champ des libertés publiques pour mieux se maintenir au pouvoir. Une majorité trop sûre d'elle-même peut abuser de sa position dominante pour voter des lois iniques et réduire la liberté d'expression de l'opposition. Le phénomène est aujourd'hui si répandu qu'on a forgé le concept de « démocratie illibérale » (un oxymore) pour qualifier de telles dérives.

Si la France des années 1970 est à l'abri de cette confiscation du pouvoir, les garanties de protection des libertés publiques sont insuffisantes aux yeux de la majorité des juristes. La préoccupation essentielle de Charles de Gaulle était, en 1958, de rétablir l'autorité de l'État, compromise par les soubresauts de la guerre d'Algérie et la propension de certains généraux à imposer leur point de vue à un pouvoir civil défaillant. Il fit ainsi des pouvoirs exceptionnels que lui conférait l'article 16 de la Constitution un usage prolongé excessivement jusqu'en septembre, bien après l'échec du putsch d'avril 1961. Dans sa campagne, Giscard avait clairement proposé la nécessaire consolidation des libertés publiques, dans un pays désormais en paix et ayant rompu avec la colonisation. Il reprend l'idée dans son message au parlement le 30 mai, en évoquant notamment « l'extension des attributions du Conseil constitutionnel » pour mieux protéger les droits des citoyens.

Sachant que cette réforme suppose une révision de la Constitution qui ne peut être réalisée en un tournemain, son premier acte, un peu oublié aujourd'hui, est l'annonce de la suppression des écoutes téléphoniques sauvages « si elles existent », avait-il pris soin de préciser. En réalité, la situation était peu flatteuse : aux écoutes autorisées par un juge d'instruction ou justifiées par des raisons de sécurité, s'ajoutaient celles occultes et pratiquées sans aucun contrôle. La découverte de faux plombiers posant des micros dans les locaux du *Canard enchaîné* en avait révélé l'existence à l'opinion, en 1973. La même année, un rapport sénatorial évaluait ainsi à plus de mille les personnes écoutées au mépris de toute règle. La décision du chef de l'État a-t-elle fait disparaître cette pratique abusive ? Si on ne peut l'affirmer avec certitude, du moins marque-t-elle une volonté de se démarquer de ses prédécesseurs. Cette rupture fit écrire par le journal *Le Monde*, pourtant peu favorable au nouveau président, que le septennat naissant s'affranchissait ouvertement de « l'État UDR ». Avec le recul du temps, elle souligne aussi la différence qui sépare la gouvernance de VGE de celle de son successeur, moins scrupuleux dans ce domaine. La cellule élyséenne mise en place par François Mitterrand a pratiqué, de 1983 à 1986, une surveillance téléphonique à grande échelle et hors de tout contrôle : ce scandale d'État a donné lieu à la condamnation vingt ans après par le tribunal correctionnel de sept collaborateurs du président.

Pour Valéry Giscard d'Estaing, l'élargissement du recours au Conseil constitutionnel est la pièce maîtresse de la consolidation des libertés fondamentales. On sait que sa saisine avait été conçue de manière très restrictive par les rédacteurs de la Constitution de 1958, qui l'avaient réservée au président de la République (qui ne s'en servait guère), au Premier ministre (qui en faisait un large usage) et aux présidents de chacune des assemblées. Ce mécanisme privait donc l'opposition de toute possibilité de recourir au juge constitutionnel, ce qui était d'autant plus choquant que la jurisprudence de ce dernier ne cessait de couvrir des matières nouvelles. L'idée initiale de VGE était très ambitieuse : d'une part, accorder au Conseil la faculté de se saisir lui-même, en matière de libertés publiques ; d'autre part, reconnaître à l'opposition parlementaire le droit de soumettre à son contrôle toute loi qu'elle estimerait non conforme à la Constitution. C'est sur cette base que s'engage le débat parlementaire à l'été 1974. Très vite, il fait apparaître l'hostilité de la gauche et d'une grande partie de l'UDR à l'attribution à la haute juridiction du droit de se saisir elle-même, illustrant ainsi le décalage existant entre l'aspiration présidentielle à faire bouger les lignes et le conservatisme dominant des partis politiques. Ce blocage compromet l'adoption de la réforme, qui exige un vote en termes identiques par les deux chambres, puis une approbation par l'ensemble des parlementaires à la majorité des trois cinquièmes.

Pour conjurer ce risque, c'est finalement un compromis moins ambitieux qui aboutit. La révision de la Constitution est adoptée le 21 octobre par 488 voix contre 273 et trois abstentions. Curieusement, l'ampleur de cette réforme ne fut pas comprise par l'opposition, à laquelle elle conférait pourtant un droit nouveau. Tous les parlementaires socialistes et communistes se prononcèrent contre d'un même élan, montrant dans quel enfermement politicien ils étaient plongés : il faut que l'opposition s'oppose même lorsque la proposition votée lui est favorable ! Giscard avait bien raison de dénoncer ce parti pris stérile, contraire à la recherche de l'intérêt général. Fort heureusement, le débat public passé, la gauche prit rapidement conscience de l'avantage qu'elle pouvait tirer de la révision et multiplia les saisines du Conseil, ce qui fournit à ce dernier autant d'occasions de préciser les contours de l'État de droit.

Au-delà de la conjoncture politicienne, aujourd'hui oubliée, l'élargissement du recours au Conseil constitutionnel est une avancée saluée unanimement. En ouvrant à 60 députés ou à 60 sénateurs la faculté de vérifier la conformité des lois à la Constitution, la réforme de 1974 opère une mutation à la fois quantitative et qualitative. La multiplication du contrôle permet aux Sages de mieux protéger les libertés, de donner un statut à la minorité et de rappeler la majorité à ses devoirs. Si sa saisine était restée ce qu'elle était en 1958, la haute juridiction aurait été cantonnée à un rôle subalterne. De 1958 à 1974, on comptait en effet moins de dix décisions relatives à la constitutionnalité des lois. Après 1974, et en attendant l'autre grande révision de 2008, ce nombre a connu une croissance exponentielle, faisant passer le Conseil d'un rôle de régulateur des compétences des pouvoirs publics à celui de garant de nos libertés.

Un présidentialisme respectueux du parlement

De 1958 à 1969, l'exercice du pouvoir reposait sur deux piliers : la légitimité historique de Charles de Gaulle et l'appel régulier au peuple, par le référendum et la dissolution, pour vérifier la confiance accordée au chef de l'État. Le référendum, utilisé à quatre reprises (politique algérienne et révision de la Constitution) et la dissolution de l'Assemblée nationale décrétée en 1962 et 1968 ont permis ce retour aux sources pendant les deux mandats du Général, conformément à l'article 3 de la nouvelle Constitution : « La souveraineté appartient au peuple qui l'exerce par ses représentants et par la voie du référendum. » En toute logique gaullienne, la réponse négative du corps électoral, le 27 avril 1969, provoque la démission du président de la République, non qu'il y soit tenu juridiquement mais parce qu'il a lié son sort au résultat de la consultation populaire.

La conception de Giscard d'Estaing est quelque peu différente. Nos institutions sont passées, selon lui, d'un déséquilibre parlementaire à un déséquilibre présidentiel, sans trouver de juste milieu[1]. Sans renier la place centrale qu'occupe désormais le président de la République, il s'efforcera de rendre au parlement son rôle de lieu privilégié du débat politique et s'interdira de recourir au référendum comme l'avait fait souvent son illustre prédécesseur. Jean-Pierre Dubois note à juste titre le passage, pendant son mandat, « du présidentialisme gaullien, à base plébiscitaire, à un présidentialisme libéral à base parlementaire[2] ». Dès le début de son septennat, le nouveau président souligne l'intérêt d'une revalorisation du parlement et d'un plus grand respect de l'opposition, directement inspiré de son expérience personnelle. Aussi s'empresse-t-il de mettre en chantier plusieurs réformes en ce sens, sans pouvoir cependant les faire aboutir toutes, faute d'une majorité cohérente. Au tête-à-tête entre le chef de l'État et le peuple, il souhaite substituer un jeu constitutionnel plus équilibré s'inscrivant dans sa vision d'une démocratie pluraliste, rendant possible une alternance au pouvoir.

C'est d'abord sur la création de questions au gouvernement que s'engage Giscard dans son message au parlement du 30 mai. En leur réservant une heure par

1. Nicolas Roussellier, *La Force de gouverner. Le pouvoir exécutif en France, XIXe-XXIe siècle*, Gallimard, 2015.
2. S. Bernstein, J.-F. Sirinelli (dir.), *Les Années Giscard. Les réformes de société*, *op. cit.*

semaine et à égalité de temps entre majorité et opposition, il espère rendre plus accessible et plus vivant le contrôle parlementaire, à l'image de la Chambre des communes britannique. Jusqu'alors, le dispositif des questions, introduit sous la IIIe République, fonctionnait largement en circuit fermé et plutôt à l'avantage du gouvernement. Le Conseil constitutionnel, chargé de vérifier la conformité du règlement des assemblées à la Constitution, s'était opposé à plusieurs reprises à son renforcement. Craignant une nouvelle censure des neuf sages, le président de l'Assemblée nationale, le sémillant Edgar Faure, suggéra astucieusement de répondre à l'initiative présidentielle non par une révision formelle du règlement mais par une simple pratique, validée par ses organes directeurs, Conférence des présidents et Bureau.

Inaugurées dès le 12 juin 1974, quelques semaines après l'élection, les questions au gouvernement rencontrent immédiatement un incontestable succès. Posées le mercredi en présence du Premier ministre, elles vivifient le travail des députés et offrent à l'opposition une tribune, dans la foulée du Conseil des ministres hebdomadaire. La formule profite d'ailleurs plus à la minorité qui, disposant d'un temps de parole égal à celui de la majorité, donne à ses interventions un tour incisif destiné à marquer l'opinion. De tout temps, celle-ci retient plus facilement les critiques acerbes que l'approbation sans réserve. Est-ce l'écho de ces questions qui en fit craindre les effets négatifs aux nouveaux dirigeants socialistes, en 1981 ? Tout le fait penser. Car dès leur accession au pouvoir, le temps de parole, attribué jusqu'ici sur une base égale entre majorité et minorité, fut réparti désormais proportionnellement à l'effectif des groupes parlementaires. Le libéralisme politique et le respect de l'opposition ne sont pas nécessairement là où on les imagine…

Un autre changement moins visible traduit l'importance que Giscard attache à un équilibre institutionnel redéfini. Il concerne la modification du régime des parlementaires suppléants, engagée à l'automne. On sait que de Gaulle, très critique à l'égard des institutions de la IIIe et de la IVe République, avait imposé en 1958 l'incompatibilité entre fonction gouvernementale et mandat parlementaire. Le député ou le sénateur entrant au gouvernement voyait donc son suppléant occuper son siège, sans qu'il puisse le retrouver lorsqu'il perdait sa qualité de ministre, en cas de remaniement notamment. Le chassé-croisé des parlementaires nommés au gouvernement puis récupérant leur mandat, sans être la cause première de l'instabilité ministérielle des régimes précédents, avait eu au moins tendance à la faciliter : la mise en minorité de l'exécutif n'avait en effet aucune conséquence personnelle, les ministres démis retrouvant aussitôt leur siège dans leurs assemblées respectives.

Giscard d'Estaing considérait le régime de la suppléance introduit en 1958 comme contraire à la tradition parlementaire européenne et française. Reprenant l'idée qu'avant lui Chaban-Delmas avait exprimée en 1969, il l'inclut dans son message au parlement, dès sa prise de fonction. Mais malgré le vote favorable émis par les deux chambres, l'hostilité d'une fraction notable de l'UDR fit craindre que la majorité requise (les trois cinquièmes) ne pût être atteinte lors de la réunion du Congrès le 21 octobre 1974. En dépit de son caractère subalterne, la modification du régime de la suppléance nécessitait en effet une révision de la Constitution. Ne pouvant prendre le risque d'un échec pour quelques voix, le président se résolut à abandonner son projet. Ce dernier aurait obligé les suppléants à restituer leur siège aux titulaires, six mois après leur départ du gouvernement. Il faudra attendre 2008 pour qu'il reprenne corps, à l'occasion de la révision constitutionnelle dont Nicolas Sarkozy prit l'initiative.

La modification des règles encadrant la candidature à l'élection présidentielle, connues sous le terme équivoque de « parrainage », eut un meilleur sort. Annoncée le 30 mai 1974, elle connaît une gestation assez lente mais consensuelle. Le projet de loi organique, adopté en Conseil des ministres en septembre 1975, est finalement adopté en juin de l'année suivante. Le but poursuivi est de durcir les conditions posées en 1962 afin de limiter le nombre des candidats admis à concourir à l'élection reine de la Ve République. De six en 1965, on était passé en 1974 à douze candidatures, dont plusieurs relevaient du témoignage ou de la satisfaction personnelle, non de l'espoir raisonnable d'exercer la fonction présidentielle. Les signatures requises passent ainsi de cent à cinq cents, émanant d'au moins trente départements différents, au lieu de dix auparavant, et sont désormais rendues publiques. Si la volonté était de trouver, avec cette réglementation nouvelle, le bon équilibre entre diversité et sérieux des candidatures, force est de constater, avec le recul, que le seuil retenu n'a pu endiguer leur multiplication. Après la réforme, leur nombre a toujours été supérieur à dix, avec un pic à seize en 2002. En revanche, la publication des parrainages, limitée au nombre requis en 1976 puis intégrale en 2016, a fait naître chez beaucoup d'élus une attitude de prudente réserve. Toujours simplificatrice, l'opinion confond parrainage et soutien : aussi ce frein psychologique a souvent dissuadé les élus d'accorder leur signature à des candidats hors système ou perçus comme tels. La collecte des signatures est devenue une course d'obstacles épuisante pour certains candidats. Faut-il revenir au secret antérieur ou imaginer un parrainage citoyen ? La question est ouvertement posée, sachant qu'il n'est guère aisé de trouver un équilibre entre deux exigences contradictoires, pluralisme politique et clarté du débat.

Plus que par ces initiatives de second ordre, c'est sur d'autres registres que le président aurait pu imprimer plus fortement sa marque sur le fonctionnement des institutions. Il y a évidemment songé mais, face à une majorité conservatrice, il ne disposait pas du soutien parlementaire indispensable à la rénovation du présidentialisme qu'il appelait de ses vœux. Toutes deux évoquées pendant la campagne électorale, la modification du mode de scrutin et la réduction de la durée du mandat présidentiel n'ont pas abouti.

Le candidat Giscard d'Estaing souhaitait introduire une dose de proportionnelle dans l'élection des députés. Il avait déploré le succès écrasant mais artificiel obtenu en 1968 grâce au scrutin majoritaire comme il avait mesuré l'incertitude qu'il avait fait peser sur l'issue des élections de 1973. Sans en remettre en cause les effets positifs – simplification des choix électoraux, prime attribuée au parti vainqueur –, l'introduction d'une faible dose de proportionnelle en aurait atténué la logique polarisante et assuré la représentation des courants minoritaires, jusqu'ici exclus du Palais Bourbon. Il n'avait pas encore fixé les modalités de ce changement lorsqu'il comprit que les députés UDR, attachés à l'orthodoxie gaulliste, ne le suivraient pas sur ce terrain. Non seulement il dut renoncer à son idée de scrutin mixte, mais encore il prit curieusement le chemin inverse deux ans plus tard, lorsque ses rapports avec le Premier ministre, Jacques Chirac, furent des plus tendus.

Espérait-il alors le ramener à une attitude plus raisonnable en le dissuadant de démissionner ? Il choisit en tout cas de renforcer encore le caractère sélectif du mode de scrutin législatif. Une loi du 19 juillet 1976 élève ainsi le seuil exigé pour participer au second tour : de 10 % des inscrits, il passe à 12,5 %. Cette majoration n'est pas anecdotique car, compte tenu du niveau habituel de l'abstention, elle équivaut à environ 20 % des suffrages exprimés, à l'époque, et à 25 % aujourd'hui. Les petites formations n'ont donc plus aucune chance de franchir cette barre. On est loin du pluralisme qui devait fonder la « Démocratie française ». Le prix payé ici par un président minoritaire au sein de l'Assemblée nationale est amer.

Ce contexte défavorable explique également l'abandon du quinquennat, qui lui semblait pourtant mieux correspondre au rythme de la vie politique moderne. Dans les pays occidentaux (États-Unis, Allemagne fédérale, Grande-Bretagne, Italie), l'exercice du pouvoir politique était réglé par un cycle plus court, de quatre ou de cinq ans. Le sujet était d'autant plus sensible que son prédécesseur, Georges Pompidou, avait vainement tenté en 1973 de raccourcir le mandat présidentiel : il avait finalement abandonné son projet de révision constitutionnelle de peur de ne pas atteindre la majorité fatidique des trois cinquièmes au Congrès, et de voir le référendum pollué par les spéculations sur son état de santé, qui commençait à inquiéter l'opinion. Pendant sa campagne, VGE avait évoqué la perspective du quinquennat et était revenu à la charge peu après son élection lors de la réunion de presse du 25 juillet.

Sur ce point aussi, les réticences plus que vives de la majorité UDR se sont vite exprimées. Pour beaucoup de députés gaullistes ou s'affirmant tels, le septennat faisait alors partie de l'héritage ; le remettre en cause, c'était offenser la mémoire du Général. Pourtant, quatre ans après son élection au suffrage universel direct, ce dernier avait amèrement ressenti la rapidité de l'usure au pouvoir d'un président élu par le peuple. La confiance se perd d'autant plus vite qu'elle s'investit sur un homme dont on attend, sinon tout, du moins beaucoup. L'effet d'une telle personnalisation excessive se manifeste avec évidence dans l'ensemble des démocraties. L'expérience aurait dû instruire les parlementaires désireux de renforcer l'efficacité gouvernementale, mais il n'est pas pire sourd que celui qui ne veut pas entendre. Après 1976, la guérilla ouverte que mènent Chirac et ses troupes rend plus inaccessible l'adoption du quinquennat présidentiel. Malgré le succès obtenu aux législatives de 1978, Giscard annonce qu'il abandonne l'idée, lors de la traditionnelle allocution du 14 Juillet.

Avait-il alors un autre choix ? La marge de manœuvre était fort réduite, il devait sa victoire à la création récente de l'UDF et à l'entente politique avec son Premier ministre, Raymond Barre. Ce n'était sans doute pas suffisant pour se lancer dans une épreuve de force et provoquer des remous supplémentaires au sein d'une majorité divisée. Même le recours ultime au référendum, autorisé par l'article 89 de la Constitution, qui lui inspirait une méfiance instinctive, exigeait un vote préalable en termes identiques par les deux assemblées, ce qui n'était pas acquis. Giscard avait-il raison trop tôt ? On peut le penser, avec le recul de l'Histoire. N'ayant pu faire aboutir le quinquennat pendant son mandat, faute d'un soutien parlementaire, l'opportunité de le concrétiser lui est offerte une vingtaine d'années plus tard, lors de la cohabitation à couteaux tirés entre Jacques Chirac et Lionel Jospin. Il convainquit alors les deux protagonistes de l'avantage qu'ils pourraient tirer l'un et l'autre de la réduction du mandat dans la perspective de l'élection présidentielle de 2002, qui se rapprochait à grands pas.

Il ne faisait aucun doute que les deux hommes s'y affronteraient. Pour Chirac, qui avait perdu les élections législatives après une dissolution absurde en 1997, le bilan du septennat serait de toute évidence maigre. L'idée de solliciter un second mandat de durée plus courte était donc séduisante. Pour Jospin, dont l'action gouvernementale, portée par un climat économique favorable, était jusqu'ici bien conduite, sa poursuite pendant cinq ans et non pas sept était également plus facile à plaider. Ralliés à la proposition de Giscard, les deux hommes s'accordèrent sur le contenu d'un projet de loi qui devint ainsi la loi constitutionnelle du 2 octobre 2000. La victoire intellectuelle différée de l'ancien président fut complète lorsqu'ils s'entendirent également sur le calendrier électoral. En fixant l'élection présidentielle quelques semaines avant l'élection législative, l'effet d'entraînement de la première sur la seconde réduisait considérablement le risque d'une nouvelle cohabitation.

La durée différente du mandat présidentiel (sept ans) et du mandat législatif (cinq ans) avait déjà conduit Giscard à soupeser l'éventualité d'une alternance politique durant son mandat. Sachant que le calendrier conduisait à renouveler l'Assemblée nationale en 1978, il ne pouvait pas écarter l'hypothèse d'une défaite électorale à la mi-temps de son septennat. Dans *Démocratie française*, il écrit à ce propos que « l'alternance est le propre des sociétés démocratiques avancées [...], elle est le mode de régulation politique des démocraties paisibles ». La différence avec le présidentialisme référendaire qui caractérisait l'exercice gaulliste du pouvoir est nette. Elle s'accuse encore dans le fameux discours sur «le bon choix» de Verdun-sur-le-Doubs, le 27 janvier 1978. Sa position en cas de victoire de la gauche est sans équivoque: la survenue d'une cohabitation n'entraînerait nullement sa démission, contrairement au général de Gaulle qui conditionnait son maintien au pouvoir à une victoire législative ou référendaire. Giscard d'Estaing repousse cette dramatisation qui n'est pas compatible avec sa conception des institutions. Si la gauche socialiste et communiste l'emportait, c'est le programme de la nouvelle majorité qui s'appliquerait: «Ne croyez pas que le président de la République ait, dans la Constitution, les moyens de s'y opposer.» La logique démocratique prime.

Intervenant plus tard lors d'un colloque consacré à son septennat, l'ancien président précise les contours de l'attitude qu'il aurait adoptée si un tel scénario s'était réalisé. «J'étais élu pour sept ans. Je resterais même si une majorité plus ou moins mécontente, plus ou moins hostile devait se manifester. [...] En revanche, je savais qu'il était impossible, dans une telle situation, de prétendre exercer la même influence sur la vie politique du pays ou sur les travaux du Conseil des ministres[1].» Réfugié à Rambouillet, résidence qu'il appréciait particulièrement, il aurait accompli les actes rituels de sa fonction, sans les accompagner d'un commentaire personnel. Il aurait attendu patiemment la probable dégradation de la situation économique pour dissoudre l'Assemblée nationale, selon sa prévision, au printemps ou à l'automne 1979. On peut observer que le respect

1. S. Bernstein, R. Rémond, J.-F. Sirinelli (dir.), *Les Années Giscard. Institutions et pratiques politiques*, *op. cit.*

des échéances prévues par la Constitution qu'il ressentait comme une exigence élémentaire aurait alors cédé le pas devant l'intérêt supérieur du pays, à savoir la sortie du marasme provoqué par une politique inadaptée. Ce sont alors les principes qui auraient plié devant la réalité, comme c'est souvent le cas.

Sans bouleverser le modèle institutionnel légué par l'inspirateur de la Ve République, Giscard a pris quelques distances avec la pratique de son illustre prédécesseur. Refusant de recourir au droit de dissolution, en 1974 comme en 1976, il a respecté le calendrier électoral. Réticent à l'égard du référendum consistant à répondre de manière binaire à un sujet complexe, il a privilégié le canal parlementaire et procuré à l'opposition, par la saisine du Conseil constitutionnel et les questions au gouvernement, des moyens d'expression plus conformes à la démocratie pluraliste qu'il voulait acclimater en France. Mais il n'a pu aller aussi loin qu'il le souhaitait dans la modernisation des institutions. Au début de son mandat, la majorité, dominée par un courant conservateur, lui a mesuré son soutien puis, à l'instigation de Jacques Chirac, a opté pour un harcèlement législatif, dans les dernières années. De leur côté, les socialistes et les communistes, vivant dans l'espoir d'une alternance qui s'était jusqu'ici refusée à eux, ont préféré au dialogue une opposition systématique. Si l'empreinte sur les institutions d'un président centriste, libéral et européen n'a pas été aussi profonde qu'il le souhaitait, elle a néanmoins préparé le terrain à l'alternance et à l'adhésion de la gauche à une République soutenue jusqu'ici par la seule droite. Ce mérite lui est aujourd'hui rendu par l'Histoire.

De nouveaux rapports entre citoyens et administration

La transformation politique dont le jeune président est l'ardent promoteur ne trouve pas seulement à s'exprimer au plus haut niveau de l'État. Elle a aussi pour objet de décrisper le système administratif français, encore marqué par un sentiment de supériorité, teinté d'arrogance à l'égard des citoyens, de ceux que les juristes appellent les « usagers » du service public. Le modèle jacobin, hérité de Napoléon, mérite d'être assoupli et modernisé, en favorisant l'esprit d'initiative et de responsabilité. Dans *Démocratie française*, le président plaide pour un « changement profond de la pratique administrative ». Lenteur, anonymat, bureaucratie, elle donne souvent l'impression d'être la seule détentrice de la vérité, d'ignorer le citoyen, traité comme un assisté plus que comme un adulte. Pour bousculer cette culture bien ancrée dans les bureaux, Giscard inspirera, de 1974 à 1981, une série de lois qui, considérées une à une, peuvent sembler secondaires mais qui, mises en perspective, constituent un ensemble cohérent de droits nouveaux destinés à modifier le rapport entre administrations et citoyens.

Moins connu que les réformes de société, ce libéralisme administratif vise aussi bien à protéger le citoyen contre l'intrusion informatique, en plein essor à l'époque, à faciliter son accès aux documents administratifs et aux archives, qu'à améliorer ses garanties en matière de justice. Outre l'adoption d'une rafale impressionnante de textes, le moyen privilégié pour les faire entrer dans les mœurs est la création de nombreuses autorités administratives, censées rendre des décisions indépendantes de la pression du pouvoir politique et des divers groupes d'intérêts. Le réformisme de Giscard le conduit également à s'attaquer à une anomalie ancienne trouvant sa source dans la méfiance éprouvée à l'égard du peuple parisien depuis les événements tragiques de la Commune, en 1871. Son projet vise à donner à la capitale un statut municipal le plus proche possible du droit commun. Une décentralisation de grande ampleur qui n'est pas sans lien avec le projet avorté de 1969 devait enfin couronner cet édifice en inscrivant les rapports entre l'État et les collectivités locales dans la confiance mutuelle et non une subordination déresponsabilisante.

La loi du 6 janvier 1978, connue sous l'appellation « informatique et libertés », dote la France de sa première législation relative à la collecte des données personnalisées. Remaniée par la loi du 6 août 2004, elle demeure le texte de référence toujours en vigueur et témoigne de la capacité d'anticipation qui animait ses inspirateurs. Au début des années 1970, la mise en place de Safari (Système automatisé pour les fichiers administratifs et les répertoires des individus) est le premier signe d'un mouvement qui va rapidement connaître, avec la carte à puce, la téléphonie mobile et les ordinateurs, un formidable développement. Le souhait exprimé par l'Insee de coupler ce dispositif aux indications collectées par la Sécurité sociale et le ministère de l'Intérieur suscite dans l'opinion une vive émotion. Beaucoup s'alarment de la possibilité offerte par l'informatique de suivre à la trace les Français dans leur vie privée.

Entré en fonction peu après le scandale provoqué par la centralisation éventuelle des données personnelles, Giscard d'Estaing demande à son ministre de l'Intérieur, Michel Poniatowski, de reprendre la proposition qu'il avait déjà conçue comme député du Val-d'Oise, quelques années auparavant. Une commission de travail, dite « Commission de l'informatique et des libertés », se met alors en place et prépare un projet à soumettre à la discussion parlementaire. Quel équilibre trouver entre l'informatique et la protection de la vie privée et des libertés ? Reconnaissant aux particuliers un droit d'information, d'accès, d'opposition et de rectification, la loi votée encadre, sous le contrôle de la Cnil, le traitement des données et la création de fichiers, et édicte des sanctions pénales pour réprimer les abus constatés. La précocité innovante de cette démarche s'essoufflera vite, malheureusement : pionnier en 1978, notre pays sera l'un des derniers à ratifier, en 2004, la directive européenne en la matière.

Une série d'autres réformes a pour objectif commun de procurer une meilleure connaissance, un accès facilité aux documents administratifs et aux archives publiques. Dans leur domaine respectif, elles créent des droits opposables à la pratique du silence ou du secret qui baignait à l'époque l'action de la puissance publique. Ainsi, aucune règle écrite n'imposait à l'administration une obligation de motiver ses décisions individuelles, même défavorables aux demandeurs. Le Conseil d'État, qu'on a vu plus audacieux en d'autres domaines, n'y trouvait rien à redire. On partait donc d'assez loin, seuls quelques rares textes obligeaient l'auteur à justifier son acte. La loi du 11 juillet 1979 rompt délibérément avec cette situation opaque qui favorisait le risque d'arbitraire. Elle définit les cas dans lesquels l'autorité administrative doit indiquer les raisons de droit et de fait fondant sa décision, et restreint ainsi sensiblement le champ, auparavant très étendu, des actes non motivés. Cette inversion marque un incontestable progrès pour les usagers. Connaissant les raisons ayant dicté la décision prise (refus d'autorisation, sanction, par exemple), ils peuvent plus aisément en contester la légalité.

Dans le même esprit, l'accès aux documents administratifs fait l'objet de la loi du 17 juillet 1978. Celle-ci instaure un droit d'accès aux documents détenus par l'État, les collectivités territoriales ou les personnes de droit privé investies d'une mission de service public, quel que soit leur forme ou leur support. Une autorité administrative indépendante, la Cada, est chargée de veiller à son respect. Elle peut être saisie par tout demandeur auquel un refus de communication ou de consultation a été opposé. Son avis, préalable à l'exercice de tout recours contentieux, est le plus souvent suivi.

Dans ce registre, la loi du 3 janvier 1979 sur les archives, sans avoir sur la vie quotidienne des Français un impact aussi fort, mérite une explication particulière, en raison de l'attention que lui a portée le président. Impressionné par l'exercice d'une responsabilité comparable à celle qu'avaient remplie avant lui de grands personnages de l'Histoire, il souhaitait qu'on puisse juger son septennat aussi objectivement que possible. Il veilla donc scrupuleusement à ce que les documents publics ayant jalonné sa fonction soient classés et conservés. Jusqu'alors, les Archives de France étaient régies par des textes anciens qui n'étaient plus adaptés à la pratique moderne de l'administration et répondaient mal aux besoins des historiens. La nouvelle loi, dont il suivit de près la gestation, réunit dans un cadre juridique plus cohérent les principes applicables à la conservation et à la communication des documents. Soucieux de prouver par l'exemple le caractère novateur du dispositif, Giscard remettra aux archives un fonds très volumineux et utile aux chercheurs.

Pour donner une vue d'ensemble mais non exhaustive du libéralisme administratif promu par VGE, on mentionnera brièvement deux textes destinés à rendre la justice plus accessible et à faciliter l'exécution de ses décisions. D'une part, la loi du 30 décembre 1977 pose le principe de la gratuité de la copie des actes et décisions des juridictions judiciaire et administrative et supprime un grand nombre de droits, redevances, taxes dont la perception occupait une grande partie de l'activité des greffes. L'objectif est de diminuer le coût de la justice, qui alimente un sentiment d'inégalité profondément ressenti par les Français. D'autre part, la loi du 16 juillet 1980 vise à faciliter l'exécution des décisions juridictionnelles mettant en cause des personnes morales de droit public. Elle permet ainsi au Conseil d'État de prononcer une astreinte à l'encontre de l'État, des collectivités locales et des établissements publics défaillants.

Malgré les progrès accomplis pour rapprocher l'administration locale des citoyens, subsistait dans notre pays épris d'égalité un îlot de résistance que les législateurs successifs avaient renoncé à réduire depuis la fin du XIXe siècle : le statut municipal de Paris. Se méfiant d'autorités locales qui auraient pu appeler à l'émeute populaire, ils avaient refusé dans un même élan, depuis 1884, de donner aux Parisiens un conseil et un maire dotés des mêmes attributions que les trente-six mille autres communes de France et de Navarre. Cette situation anachronique choquait d'autant plus Valéry Giscard d'Estaing qu'elle contrariait la vocation internationale de la ville. Lorsque le président évoque l'évolution souhaitable, le Premier ministre Jacques Chirac se montre réticent, démontrant ainsi sa culture jacobine. Malgré cette divergence d'appréciation,

VGE insiste cependant pour qu'un projet de loi soit préparé. Il deviendra peu après la loi du 31 décembre 1975, qui donne enfin à la capitale un statut proche du droit commun, à l'exception du pouvoir de police, qui demeure dans les mains du préfet. Dans la foulée de cette réforme est créé le premier outil de coopération à plus vaste échelle : l'établissement public régional de l'Île-de-France, mis en place par la loi du 6 mars 1976, encourage la gestion coordonnée d'un espace aussi peuplé.

Politiquement, le pas franchi est considérable. Ce qui semble évident aujourd'hui ne l'était pas dans ces années où le pouvoir central avait pris l'habitude de fixer seul l'avenir de la capitale et le sort de ses habitants. Promoteur du nouveau statut, le président n'en a pourtant pas bénéficié, bien au contraire, lors des élections municipales qui suivront. Il semblait acquis que le futur maire de Paris qui lui devait son existence appartiendrait à la même famille de pensée libérale. Mais c'était sans compter sur les atermoiements du candidat pressenti (Pierre-Christian Taittinger), sur la maladresse entourant l'investiture de Michel d'Ornano et sur l'appétit de Jacques Chirac, pressé par Marie-France Garaud de jeter un pavé dans les jardins de l'Élysée. Au soir du 20 mars 1977, Paris se donne pour premier maire le président du RPR, qui fera de l'hôtel de ville un bastion de prestige et d'influence, utilisé pour contrer le chef de l'État. Perdant le sens de la mesure et oubliant que Paris n'est pas la France, Michel Debré appellera alors à un effacement temporaire du président et à la formation d'un gouvernement de salut public. Sa tirade de mauvais goût l'éloigna un peu plus de l'esprit du gaullisme.

Cet avatar parisien montre que si réformer est une chose, en tirer profit en est une autre. Après l'échec qu'il a subi à Paris, c'est à une réforme plus vaste que s'attache Giscard dans les dernières années de son mandat : l'organisation décentralisée du territoire, destinée à parachever l'édifice administratif patiemment construit. Le général de Gaulle avait déjà proposé une ambitieuse régionalisation, à laquelle il était favorable dans son principe, mais l'échec du référendum de 1969 avait incité son successeur Georges Pompidou à réaliser une réforme beaucoup plus modeste. Pour fonder cette fois une véritable décentralisation, reposant sur la confiance, Giscard met en œuvre une vaste concertation comportant deux étapes.

Il installe d'abord une commission de développement des responsabilités locales dont il confie la présidence à un baron gaulliste, Olivier Guichard, apprécié pour l'ampleur de sa vision. Un rapport de cinq cents pages, intitulé *Vivre ensemble*, lui est remis en octobre 1976. Salué pour sa qualité, il est riche de propositions destinées à préciser les compétences respectives de l'État et des collectivités locales et à alléger la tutelle pesant sur celles-ci. Puis, à la fin de l'année, Jacques Aubert, conseiller d'État, est mandaté pour recueillir, par la voie d'un vaste questionnaire, les attentes et les suggestions des maires. Accompagnée d'une lettre du président fixant le sens de la démarche, cette consultation donne lieu à une synthèse qui sert de base au projet de loi soumis en Conseil des ministres, le 19 décembre 1978. Ce dernier est alors déposé sur le bureau du Sénat qui, selon la Constitution, « assure la représentation des collectivités territoriales de la République ».

Pour Giscard d'Estaing, la concertation est la condition du succès, mais le temps passe inexorablement. « Dans un monde qui change, [...] la France doit renforcer son unité. Elle le fera grâce à un État qui saura se consacrer à l'essentiel, à des collectivités locales fortes, responsables, compétentes et bien gérées et grâce à une démocratie équilibrée» (discours de Thann, 14 mai 1979). Le projet dont s'empare la seconde chambre comporte plusieurs axes : il allège le contrôle pesant sur les communes et les départements, propose une liste de compétences destinées à leur être transférées, améliore le statut de l'élu local et du personnel, et encourage la coopération intercommunale. C'est donc une réforme à la fois novatrice et complète. Mais la discussion traîne en longueur au Sénat, qui ajoutera une centaine d'articles au texte initial, le rendant moins lisible. Il n'est pas de législateur plus sourcilleux qu'un sénateur penché sur le statut des communes et des départements qui constituent sa base électorale. L'adoption finale du projet de loi réunit une large majorité, le consensus trouvé avec la seconde chambre est de bon augure. Mais ce vote favorable n'intervient que le 22 avril 1980, soit près d'un an et demi après son dépôt.

Jugeant que le délai est désormais trop court et trop proche de l'élection présidentielle, Giscard ne le fera pas inscrire à l'ordre du jour de l'Assemblée nationale. Cependant, tout ce travail n'a pas été fait pour rien. Si c'est, pour lui, une occasion perdue, elle ne l'a pas été pour ses successeurs. Le débat public provoqué par le rapport Guichard, la consultation des maires, la discussion parlementaire au Sénat ont largement préparé le terrain. Le texte mis au point servira de base à Gaston Defferre, mandaté par François Mitterrand pour réaliser la décentralisation attendue : remanié et étendu aux régions, il deviendra la loi du 2 mars 1982, mettant ainsi fin à une centralisation quasi continue depuis près de deux siècles.

8

Réduction des inégalités

La campagne-éclair de Giscard d'Estaing au printemps 1974 est tout entière placée sous le signe d'un changement maîtrisé, seule voie pour épargner au pays les conséquences d'un déclin subi. Ce que Georges Pompidou n'a ni voulu ni pu réaliser durant un mandat écourté, Giscard compte l'entreprendre à grandes enjambées, sans toutefois provoquer de cassure au sein d'une société fragile. Les présidents américains, qui ont une longue expérience de la course à la Maison-Blanche, lui ont appris que les cent premiers jours d'exercice du pouvoir sont décisifs pour donner à l'opinion la tonalité et la mesure de l'action publique. Aussi, dès les semaines qui suivent son entrée en fonction, les réformes vont s'enchaîner à un rythme soutenu.

Elles prennent leur source dans la certitude qu'il existe un fort décalage entre les aspirations de la société civile et le mode de gouvernement, encore trop vertical et rigide. C'est ce hiatus que note en historien René Rémond, en ouvrant le colloque consacré en 2006 aux réformes de société du septennat. Mai 1968 a agité et divisé le pays, et le rétablissement de l'ordre social a tenu à peu de chose. C'est la preuve, pour Giscard, d'une inadaptation de la France à son époque. D'où la nécessité de conduire une modernisation rapide pour éviter la reproduction d'une crise semblable, considérée comme probable par la majorité des Français. Mais selon quelle méthode et dans quelle direction prioritaire ?

Pour le nouveau président, il s'agit d'identifier les causes des blocages, les dispositifs défectueux, bref tout ce qui freine ou contrarie l'ajustement des pratiques et des mentalités aux besoins du monde nouveau. Puis de mettre en œuvre les mesures correctrices nécessaires pour favoriser ce que VGE appelle « l'harmonie sociale », dans une démocratie apaisée. Ce projet implique une égalisation des chances, par la réduction des privilèges et par la redistribution des prestations sociales au bénéfice des plus vulnérables. Toute société comporte d'inévitables inégalités, de statut, de richesse ou de talent : mais elles ne sont acceptables que si elles ne dépassent pas un certain seuil et si elles ne sont pas figées, vouant des couches entières du peuple au statu quo. Elles ne sont supportables que si chaque catégorie sociale peut espérer voir sa condition s'améliorer à l'avenir, sous l'angle financier, culturel ou de son bien-être. Selon le sociologue Robert Castel, ce « principe de satisfaction différée » atténue les conflits et désamorce l'explosion de grandes crises[1]. Or, depuis les années 1950, cette perspective d'un ascenseur social accessible au plus grand nombre a entretenu une confiance en l'avenir que le contexte international des années 1970 commence à saper durablement.

Parmi les initiatives prises pour réduire les inégalités, il faut distinguer celles qui relèvent du symbole et de la communication de celles qui ont pour but d'apporter un changement concret, plus ou moins profond, dans la vie quotidienne. Leur impact est évidemment bien

1. Robert Castel, *La Montée des incertitudes*, Seuil, 2009.

différent. Dès l'été, la composition du gouvernement révèle la création de plusieurs ministères de mission, création destinée à montrer l'importance qu'attache Giscard d'Estaing à ces sujets sensibles : la Qualité de la vie confiée à André Jarrot, la Condition féminine attribuée à une journaliste issue de l'opposition, Françoise Giroud, les Travailleurs immigrés sous la responsabilité de Paul Dijoud ou encore la Condition pénitentiaire affectée à Hélène Dorlhac. Il y a là une volonté forte de mettre en lumière des thèmes que l'action publique laissait jusqu'ici dans l'ombre. À cette liste inhabituelle s'ajoute l'ambitieux ministère des Réformes, qui devait couronner l'ensemble mais dont l'existence a été météorique. Placé sous la responsabilité de Jean-Jacques Servan Schreiber, inspirateur du Mouvement réformateur, il disparaît corps et biens, à peine installé : son titulaire, qui a publiquement condamné la reprise des essais nucléaires par la France, démissionne le 14 juin, à la demande du Premier ministre. D'emblée, l'architecture gouvernementale est ainsi privée de l'impulsion espérée d'un esprit indépendant et fécond en propositions souvent provocatrices.

Au-delà de ces péripéties, vite oubliées, la mémoire collective retient l'ampleur des changements accomplis de 1974 à 1981 sous l'expression consacrée de « réformes de société ». Si la formule semble en souligner l'objet, on doit cependant l'utiliser avec précaution, tant sa définition est fluctuante et peu rigoureuse. Que recouvre au juste une question de société ? Pour certains, elle concernerait les règles de la vie commune, voire plus largement encore les fondements de notre civilisation. Selon d'autres, elle serait, plus modestement, au croisement de la sphère privée et de la sphère publique. De plus, il est d'autant plus difficile d'en cerner le champ que ce dernier varie selon la sensibilité du moment. Car ces acceptions ont toutes un contenu émotionnel fort et suscitent souvent des réponses passionnées. C'est ce qu'a montré le débat entourant, par exemple, la liberté scolaire, le mariage pour tous ou, plus récemment, la vaccination obligatoire. Plus la société est diverse et éclatée, plus s'affrontent des conceptions antagonistes qu'il est difficile de concilier. Dans ces conditions, pour en traiter, faut-il recourir à la loi, avec le risque de cassure que cela implique, ou convient-il de laisser, prudemment, libre cours à l'évolution des mœurs ? La question n'est pas véritablement tranchée.

Pour le président de la République nouvellement élu, il est plusieurs sujets dont le législateur doit s'emparer sans attendre. C'est d'abord le cas de la condition des femmes, qu'il souhaite transformer profondément, sous l'angle de la maîtrise de leur corps et d'une meilleure insertion sociale et professionnelle. C'est ensuite le cas de ceux qui sont injustement exclus, personnes subissant un handicap, abandonnées à la solidarité de leur famille, et personnes âgées, maintenues trop longtemps dans la précarité et l'isolement. Enfin, pour les jeunes, qui sont l'avenir du pays, l'urgence appelle une démocratisation de l'enseignement que l'institution du collège pour tous devra concrétiser. À ces grands chantiers ayant pour point commun l'amélioration du quotidien des Français s'ajoute une vaste réforme de la politique du logement, dont la situation dénoncée vingt ans plus tôt est encore problématique. Le rappel des enjeux et des controverses de ce changement illustrera s'il en était besoin la difficulté du passage, voulu par VGE, d'une société de répression à une société de responsabilité.

L'émancipation des femmes

Parmi les mesures prises en faveur de l'amélioration de la condition féminine, la plus identifiée par l'opinion est celle qui légalise, sous conditions, l'interruption volontaire de la grossesse. C'est évidemment la plus symbolique et la plus controversée, à l'époque. La détermination de Simone Veil, attaquée de manière indigne par une partie de la majorité parlementaire, l'entoure d'une charge émotive qui relègue au second plan les autres facettes de l'action de Giscard en faveur des femmes. Pourtant, cette action comporte bien d'autres réformes ayant plus d'impact sur leur vie quotidienne que l'IVG, conçue comme un recours ultime. Au total, sous sa présidence, la France connaîtra l'avancée la plus significative dans le domaine de la condition féminine depuis la Libération.

La situation d'infériorité faite aux femmes dans notre pays est ressentie par Valéry Giscard d'Estaing comme une « insupportable injustice », selon ses propres termes. Pendant la campagne électorale, il n'hésite pas à évoquer à plusieurs reprises la nécessité de leur faire dans la société la place qu'elles méritent. On peut voir là l'influence lointaine mais profonde de sa mère, dont il se sentait très proche. Affectueuse, généreuse, celle-ci a pris une part active à son éducation. Mais son caractère bien trempé ne l'a nullement enfermée dans un rôle exclusif de mère : elle a ses propres préoccupations et exprime ses idées personnelles, même lorsqu'elles ne concordent pas avec celles de sa famille. Simone Veil dira plus tard ce que Giscard lui doit, avant même l'influence postérieure de son épouse ; elle ajoutera à ce propos qu'au sein du Conseil des ministres, il était sans doute « le plus féministe » de tous les participants.

Jean Sérisé, proche de Giscard depuis plusieurs années, raconte avec saveur un épisode révélateur de l'état d'esprit du candidat pendant la campagne électorale. Répondant à la question d'un journaliste, il avait évoqué sans détour son souhait de légaliser l'IVG s'il était élu. Ayant lu le texte de l'entretien avant sa publication, et pressentant le trouble que sèmerait une telle annonce parmi ses soutiens conservateurs, son collaborateur se résolut, ce qui n'était guère facile, à l'interroger et à le mettre en garde contre les réactions négatives de nombre de ses sympathisants, au centre et à droite. Pourquoi prendre le risque de se les aliéner à quelques jours du premier tour ? « J'ai été frappé, déclare Jean Sérisé, d'entendre [sa] réponse. [...] J'ai été traité de réactionnaire[1]. » La détermination de Giscard est « extrêmement forte » et sans appel, en dépit des réticences que sa proposition audacieuse pourrait susciter, chez les catholiques en particulier.

Il est vrai que Giscard est ici en décalage, sinon en opposition avec le milieu social dont il est issu et avec l'éducation qu'il a reçue. Alors que la prudence aurait dû le conduire à ne pas aborder le sujet avant l'élection, il le mentionne au contraire avec fermeté malgré les remous à attendre dans une partie de son socle politique, les centristes et les gaullistes, très partagés sur l'épineuse question. Ce n'est ni une provocation ni un geste d'autorité mais l'affirmation d'une conviction sincère, celle qu'il faut en la matière aller de l'avant et non se laisser gagner par la résignation. Dans l'opinion, une évolution des mentalités commençait d'ailleurs à se faire sentir, encore timidement. Bien qu'il soit toujours

1. S. Bernstein, J.-F. Sirinelli (dir.), *Les Années Giscard. Les réformes de société*, *op. cit.*

un délit, l'avortement est alors de plus en plus pratiqué et de moins en moins poursuivi. Des pétitions circulent pour faire évoluer la législation, des femmes célèbres reconnaissent elles-mêmes y avoir eu recours, soulignant ainsi l'inégalité choquante entre la facilité offerte aux plus aisées et la détresse éprouvée par les plus pauvres. Ce courant demeure cependant minoritaire.

Après son élection, le président, s'attendant à un débat difficile, veut aller vite pour ne pas laisser de place au doute. Le 23 juillet 1974, il déclare au cours d'une conférence de presse : « Je souhaite que le parlement tranche dans un sens qui soit libéral et non répressif » et annonce l'arrêt des poursuites à l'encontre des femmes qui pourraient se voir appliquer la loi de 1920. Selon la méthode qu'il affectionne, il associe trois ministres à la rédaction d'un avant-projet : Michel Poniatowski (Intérieur), Jean Lecanuet (Justice) et Simone Veil (Santé). Il y participe personnellement en veillant à un énoncé le plus neutre et le plus concis possible, le contraire de ce que les bureaux, emportés par la manie du détail, font généralement. Très vite, il apparaît que les discussions les plus vives porteront sur le délai, sur l'autorisation parentale pour les mineures et sur le remboursement par la Sécurité sociale.

Sentant qu'il ne faut pas brusquer les choses et malmener les consciences, il est suggéré de donner à la future loi un caractère expérimental. Elle devra faire l'objet, avant cinq ans, d'une nouvelle délibération parlementaire, soit pour la prolonger soit pour l'abroger. Cette technique, d'inspiration anglo-saxonne, n'a guère été acclimatée dans notre pays où la loi a été longtemps l'objet d'un véritable culte. Comment concevoir que l'expression de la volonté générale puisse être provisoire et soumise à une évaluation ? Reste la question de la défense du projet devant les deux assemblées. Selon la tradition, elle revient au ministre de la Justice, garde des Sceaux. Il s'agit en effet de dépénaliser l'avortement, qualifié de délit par la loi de 1920 alors en vigueur. Or, Jean Lecanuet, tout en participant loyalement à l'élaboration du texte, refuse d'en être le porte-parole en raison de ses convictions chrétiennes et du principe du respect de la vie qu'elles impliquent. C'est donc à Simone Veil, ministre de la Santé, que le président confie alors le rôle, redoutable, d'affronter l'hostilité d'une partie des parlementaires, remontés contre ce qu'ils considèrent comme un acte de mort.

Le débat est en effet houleux, par moments haineux. Si quelques députés de la majorité évoquent la détresse des femmes conduites, le cœur brisé, à avorter, d'autres tels Jacques Médecin, Pierre Bas ou Hector Rolland, aveuglés par la passion, n'hésitent pas à parler d'un retour à la barbarie la plus cruelle. « Tout ce qui est excessif est insignifiant » si l'on en croit Talleyrand. Il n'empêche que ces propos, inutilement blessants, laissent des traces. Sans l'apport des voix de gauche socialistes et communistes, le projet de loi aurait été rejeté par les députés, comme le montre clairement l'analyse du scrutin du 29 novembre : sur les 174 UDR, seuls 55 l'approuvent, sur les 52 réformateurs et centristes, une moitié seulement fait de même et, plus surprenant encore, sur les 65 Républicains indépendants, 17 soutiennent le projet présidentiel. Comme le fait remarquer Éric Roussel, « la première victoire notable qu'il a obtenue, Valéry Giscard d'Estaing l'a remportée contre son camp[1] ». Dans le parti qu'il a fondé, près des trois quarts des élus repoussent la mesure à laquelle leur chef est si attaché.

1. Éric Roussel, *Valéry Giscard d'Estaing*, *op. cit.*

Comment expliquer une telle fronde, inédite par son ampleur, sinon par le décalage entre leur assise sociologique conservatrice et l'aspiration au changement qui a fait élire, contre toute attente, VGE ?

La loi du 17 janvier qui sort finalement du parlement est sobre, concise, mettant volontairement l'accent sur le caractère médical de l'avortement : « La femme enceinte que son état place dans une situation de détresse peut demander à un médecin l'interruption de sa grossesse. Cette interruption ne peut être pratiquée qu'avant la fin de la dixième semaine de grossesse. » Outre sa nature provisoire, elle prévoit une clause de conscience pour les médecins, en majorité hostiles ou réticents, au nom de leur vocation à mettre leur savoir au service de la vie et de la santé. Telle qu'elle est légalisée, l'IVG est, pour le président comme pour Simone Veil, un ultime moyen de soulager le malheur de femmes dans l'impossibilité d'élever dignement leur enfant.

Aussi donnent-ils parallèlement une impulsion à la contraception par la loi du 4 décembre 1974. Pour la promouvoir, chez les jeunes notamment, le texte voté encourage l'information, supprime l'autorisation parentale pour les mineurs et consacre le remboursement par la Sécurité sociale des médicaments, des produits contraceptifs et des frais d'analyse. Cet ensemble, placé sous le signe de la régulation des naissances, est destiné à donner aux femmes la possibilité de décider d'avoir ou non un enfant. Véritable révolution culturelle, cette liberté de procréer met fin ainsi au destin féminin de la seule maternité subie et permet de mieux concilier vie familiale et activité professionnelle.

Dans cette perspective, le recours à l'avortement, plus traumatisant, a-t-il diminué comme l'espérait l'initiateur de la loi de 1975 ? Dans les années qui ont suivi sa consécration législative, il a effectivement sensiblement reculé grâce à la diffusion de la contraception. Mais cette baisse n'a guère été durable : entre 1995 et 2005, le nombre d'IVG a nettement augmenté, avant de se stabiliser depuis à un niveau élevé. Simone Veil a toujours déploré ce qu'elle considérait comme la conséquence d'un insuffisant recours aux méthodes contraceptives, en particulier chez les jeunes. En réalité, l'expérience des pays où elle est largement répandue révèle que la contraception ne fait pas disparaître, tant s'en faut, la fréquence des avortements.

Cinq ans plus tard, en 1979, c'est Monique Pelletier qui défend avec conviction la prorogation de la loi initiale, légèrement amendée. Les débats, à nouveau très vifs, ne font guère bouger les lignes. Au contraire, le nombre de votes favorables au sein de la majorité, confirmée l'année précédente, régresse. Sur les 290 députés du centre et de la droite, 70 seulement se prononcent favorablement. Parmi les anciens Premiers ministres de la Ve République, Michel Debré, Maurice Couve de Murville, Pierre Messmer et Jacques Chirac votent contre, ce qui illustre le décalage existant entre l'opinion publique et une grande partie du personnel politique qui, comme les émigrés de 1815, n'a rien appris ni rien oublié, selon le mot de Georges Pompidou. Car les Français, malgré le caractère novateur de la loi Veil, ont accepté majoritairement le recours, encadré, à l'avortement. Ne subsiste qu'un courant hostile, d'autant plus acharné qu'il se sait minoritaire, isolé socialement et culturellement. En 1979, sans être totalement apaisé, le débat est pour le plus grand nombre tranché, il n'est plus question de revenir à la loi de 1920. Chez quelques hommes politiques, rares au demeurant, la légalisation de l'avortement demeure pourtant un marqueur qu'ils tenteront en vain de réanimer vingt ans plus tard lors de l'adoption du Pacs, du mariage pour tous et de la PMA.

Conscient de la nécessité d'une mobilisation en faveur des femmes, Giscard ne se limite pas à la contraception et à l'IVG, destinées à leur assurer la maîtrise de leur corps. Il attache autant d'importance aux mesures concrètes permettant d'améliorer leur situation sociale et professionnelle. La création d'un secrétariat d'État dédié à la Condition féminine et la nomination à ce poste de Françoise Giroud en témoignent. Bien qu'elle ne dispose que de moyens réduits, en personnel et en budget, la cofondatrice de *L'Express*, directe et séduisante, gardant ses distances avec le féminisme radical, se donne pour priorité l'emploi et le niveau de vie de ses condisciples. Sa tâche n'est pas simple. Revendiquant de n'être pas une personnalité politique, la journaliste, forte d'un seul véritable appui, celui du président, doit convaincre la droite sans pour autant s'aliéner la gauche.

Après un premier train de décisions adoptées rapidement, c'est à un plan d'ensemble qu'elle s'attelle. Il est présenté le 26 mai 1976 sous un intitulé destiné à marquer les esprits : « Cent mesures pour les femmes ». Classées selon leur objet, elles concernent par ordre décroissant le travail (34), l'éducation (15) et la santé (12). Les différents ministères intéressés sont chargés de les mettre en œuvre « dans un délai raisonnable », sous la forme la plus appropriée « d'une circulaire, d'un décret ou d'un projet de loi ». L'élaboration de ce plan révèle l'existence de nombreuses tensions au sein du gouvernement. Le Premier ministre Jacques Chirac est réticent et y verrait volontiers un catalogue d'intentions plus qu'un programme d'action, contrairement au président de la République. La question du coût est également un sujet de frictions entre son initiatrice et le ministère des

Finances. Qui s'en étonnera ? Enfin, la vision libérale de Françoise Giroud, plus sensible à l'autonomie individuelle qu'à l'institution familiale, n'est pas sans susciter les réserves de Simone Veil, attachée à une conception plus traditionnelle.

Malgré ces divergences, quatre-vingts mesures sur une petite centaine sont adoptées en Conseil des ministres. Estimant sa mission accomplie, Françoise Giroud demande alors à cesser ses fonctions et devient, pour quelques mois, secrétaire d'État à la Culture dans le gouvernement de Raymond Barre. Dans *La Comédie du pouvoir*, publié en 1977, elle revient sur son expérience et, si elle épargne Giscard d'Estaing, elle règle au contraire ses comptes avec Chirac, qu'elle accuse d'être sous l'influence du couple Juillet-Garaud. Elle estime avec juste raison que le mouvement enclenché en faveur de l'égalité est irréversible et conduira à de nouvelles avancées. Interrogées en 1978 par la Sofres, les femmes mettent d'ailleurs en avant, plus que la réforme du divorce et de l'adoption ou la légalisation de l'avortement, ce qui a le plus fort impact sur leur vie quotidienne : le congé parental d'éducation, la liberté de recourir à la contraception, l'égal accès aux concours et l'allongement du congé de maternité. Preuve s'il en était besoin qu'elles privilégient une vision concrète sur une vision idéologique de leur rôle dans la société.

L'action conduite par Françoise Giroud n'épuise pas l'effort voulu par le président Giscard d'Estaing en faveur des femmes. Simone Veil, au titre de la Santé, puis Monique Pelletier, au titre de la Condition féminine, s'efforcent également d'améliorer leur sort. Sans pouvoir ici être exhaustif, quelques innovations majeures méritent d'être brièvement rappelées. Considérées comme des acquis, elles sont entrées désormais dans le paysage du pays, mais à l'époque où elles ont été lancées, elles représentaient une avancée substantielle. Ainsi, la loi du 7 juillet 1976 a créé l'allocation de parent isolé (API), destinée à procurer aux personnes seules élevant un enfant des ressources complémentaires pour assumer leur charge dans de meilleures conditions. Il est inutile de souligner que cette allocation concerne, dans l'immense majorité des cas, des femmes. Deux ans auparavant avait été mise en place, par la loi du 16 juillet 1974, l'allocation de rentrée scolaire visant à aider les familles à supporter les frais générés par la fréquentation des établissements éducatifs (école, collège, lycée). Enfin, pour encourager la natalité et aider financièrement les parents, un complément familial, variable selon les revenus, est versé à compter du 1er janvier 1978 aux personnes ayant à charge au moins trois enfants de plus de trois ans.

Ce panorama déjà impressionnant aurait été plus vaste encore si avait abouti l'ultime projet auquel Giscard attachait une grande importance, celui de l'égalité professionnelle entre les femmes et les hommes. En 1975, il avait déjà fait un premier pas en interdisant dans la rédaction d'une offre d'emploi, dans une décision de refus d'embauche ou de licenciement toute référence au sexe ou à la situation de famille. La directive européenne adoptée l'année suivante pousse plus loin l'obligation d'égalité et invite les pays membres à introduire ce nouvel objectif dans leur législation interne. Adopté en Conseil des ministres le 16 janvier 1981, le projet de transposition de la directive aurait couronné l'effort commencé au début du septennat. La proximité de l'élection présidentielle n'a pas permis de le soumettre au parlement. Pourtant consacré solennellement par le préambule de la Constitution de 1946 (« la loi garantit à la femme, dans tous les domaines, des droits égaux à ceux des hommes »), le principe d'égalité entre les sexes est loin d'être appliqué dans le monde professionnel. Bien au-delà du septennat giscardien, il donnera d'ailleurs lieu à plusieurs lois aux effets variables, en 1983, 2001, 2014 et 2018. Cette accumulation législative traduit bien la persistance de facteurs de résistance à ce qui devrait être une solidarité élémentaire entre les deux composantes de l'humanité.

C'est enfin dans le domaine du divorce que s'exprime la volonté émancipatrice de VGE, avec la loi du 11 juillet 1975. Celle-ci comporte deux aspects différents, largement oubliés aujourd'hui car leur contenu relève désormais de l'évidence. Le premier, la dépénalisation de l'adultère, ne suscite guère de difficultés tant la législation en vigueur semblait anachronique et injuste : l'adultère de la femme mariée constituait un délit où qu'il soit commis, alors que celui du mari n'était sanctionné pénalement que s'il se réalisait au domicile conjugal ! Le second, autorisant le divorce par consentement mutuel ou pour rupture de la vie commune, provoque plus de réactions hostiles chez les catholiques traditionalistes, pour lesquels le mariage n'est pas un simple contrat mais un sacrement. De leur côté, les avocats craignent que la généralisation du divorce consensuel aboutisse à les déposséder d'un contentieux abondant et rémunérateur. Le nouveau texte ouvre en effet un droit au divorce en dehors de toute faute et met fin à des pratiques souvent perverses et traumatisantes, telles que les constats d'huissier et la recherche de témoignages plus ou moins sincères pour prouver la culpabilité du conjoint.

Chargé de défendre la future loi, le garde des Sceaux, Jean Lecanuet, fait appel à un juriste compétent et écouté, le doyen Jean Carbonnier, qui avait déjà pris une part active aux réformes antérieures sur le droit de la famille. Le président suit attentivement la rédaction du projet et les débats parlementaires, et insiste pour que la loi qui « concerne la vie des gens soit lisible par tous ». Une telle exigence aura été formulée très souvent par le chef de l'État, qui veillait à la concision et à la clarté de la législation. Répondant à une attente sociale, la loi de 1975 a l'avantage de simplifier ce que l'ancien doyen de Poitiers appelait le « démariage », particulièrement fréquent dans les premières années. En ce sens, elle bénéficie largement aux femmes qui, avant elle, n'étaient pas placées sur un pied d'égalité et subissaient la dépendance financière de leur conjoint. Elles sauront se souvenir dans les urnes de l'apport diversifié de Valéry Giscard d'Estaing à leur émancipation puisqu'en 1981, elles seront plus nombreuses à voter pour lui que pour François Mitterrand.

L'aide aux exclus

Fidèle à sa méthode, non politicienne, consistant à identifier les problèmes puis à tenter de les résoudre, Giscard d'Estaing est porté à s'intéresser au sort des plus vulnérables, parmi lesquels figurent à ses yeux les handicapés et les personnes âgées, plongés en ces années 1970 dans un univers d'indifférence. Moins spectaculaire mais tout aussi importante, l'extension de la Sécurité sociale vise également à assurer une protection à des non-salariés qui jusqu'alors n'en bénéficiaient pas. L'ensemble de ces mesures doit évidemment à la volonté présidentielle de réduire les inégalités multiformes dont souffre la société française : elle est rendue possible, malgré les effets de la crise pétrolière, par la bonne santé des finances publiques et les capacités de l'économie, encore sur la lancée de la forte croissance des deux décennies précédentes.

La situation des personnes subissant un handicap est marquée au début du septennat par une profonde injustice. Laissés à la charge des familles, les plus jeunes peuvent tant bien que mal être élevés par leurs parents mais, devenus adultes (ils sont trois cent mille), ils posent de redoutables problèmes à leur entourage. En 1967 déjà, la commission présidée par François Bloch-Lainé avait dénoncé le retard accumulé par la France en ce domaine. Trois ans plus tard, le président Pompidou propose de préparer un projet de loi sur le handicap et charge René Lenoir d'animer un groupe de travail en relation avec les divers ministères concernés et les associations au contact des réalités vécues. La réflexion ainsi conduite produira des fruits un peu plus tard, en servant de base à la loi dont Giscard souhaite l'adoption rapide.

En contact étroit avec Simone Veil et Olivier Fouquet, conseiller à l'Élysée, René Lenoir, nommé secrétaire d'État à l'Action sociale, joue un rôle déterminant dans la préparation du projet de loi. L'ambition est affichée dans l'article premier : prévention, soins, éducation, formation professionnelle, emploi, garantie de ressources pour les mineurs et les adultes. Grâce au travail antérieur, le débat parlementaire peut s'engager rapidement. Adoptée à l'unanimité, avec l'abstention de l'opposition, la loi du 30 juin 1975 est la plus consensuelle et peut-être la plus novatrice du septennat. C'est, par l'ampleur des sujets traités, une loi fondatrice. Elle a nécessité la publication de cinquante décrets d'application, la plupart entrés en vigueur en 1978. On ne peut manquer de souligner la rapidité de cette réforme, comparée au temps, beaucoup plus long, qu'elle exigerait aujourd'hui. Dans ce pays engourdi par l'ampleur des réglementations nationales et européennes, la prolifération des organismes compétents, la vigueur des groupes de pression relayés par les médias et les réseaux sociaux ont considérablement ralenti la mise en œuvre des politiques publiques et la réalisation des grands projets. Le temps administratif est désormais beaucoup plus long.

Pour mettre fin à la dispersion antérieure, la loi responsabilise les différents acteurs – familles, État, collectivités territoriales, Sécurité sociale, associations et même entreprises – pour assurer aux personnes handicapées toute l'autonomie dont elles sont capables. L'idée centrale est de faire de leur intégration une « obligation nationale ». En cela, la loi a contribué à changer le regard de la société sur le handicap, faisant sortir de l'ombre nombre de jeunes et d'adultes. Financièrement, une allocation, pour les uns comme pour les autres, allège la charge pesant sur les familles. Une obligation d'emploi est imposée aux entreprises privées comme aux administrations. Des établissements spécialisés sont créés pour prodiguer aux plus lourdement frappés des soins et une formation adaptée. L'accessibilité aux bâtiments publics est enfermée dans le délai de dix ans. Curieusement, c'est cette disposition qui mettra le plus de temps à s'appliquer, en raison de l'inertie des pouvoirs publics et du coût de l'adaptation des équipements à cette nouvelle exigence.

Quant aux personnes âgées, dont 1,2 million ne perçoit que de faibles ressources, l'accent est mis sur trois aspects : le relèvement du minimum vieillesse et des pensions de retraite, l'aide à domicile et, surtout, l'accès au logement. Comme le souligne l'historien Vincent Viet, elles marquent « le démarrage effectif d'une politique de la vieillesse[1] », largement inspirée par le rapport, publié en 1962, de Pierre Laroque, dont Giscard avait beaucoup apprécié l'enseignement à l'Ena.

D'emblée, le minimum vieillesse, anormalement bas, est revalorisé de manière très significative. René Lenoir affirme à ce propos que son niveau a été relevé de 50 % en trois ans, évitant à ses bénéficiaires quel que soit leur parcours professionnel de rester sous le seuil de pauvreté. Peu après, la loi du 30 décembre 1975 permet à ceux qui ont exercé des métiers pénibles d'obtenir une retraite à taux plein à l'âge de soixante ans. Cette mesure est complétée par une loi de 1977 sur l'abaissement de l'âge de la retraite à soixante ans pour les salariés. Enfin, le régime vieillesse des commerçants et artisans est aligné sur celui des salariés du régime général par une autre loi, adoptée le 26 mai de la même année.

Plus ou moins « ciblées », comme on dit aujourd'hui, ces initiatives montrent l'étendue de la politique en faveur des plus fragiles voulue par le président : elles tentent de corriger des inégalités résultant de l'empilement au fil du temps de règles différentes, plus ou moins avantageuses selon l'intensité de la pression exercée par leurs bénéficiaires sur les pouvoirs publics. Un mal français souvent dénoncé mais rarement résolu ! En fait, de telles mesures seront quelque peu « débordées » par l'institution, dans le cadre de l'assurance chômage, d'une garantie de ressource acquise dès soixante ans et égale à 70 % du salaire, sous condition de cessation de toute activité professionnelle.

---

1. S. Bernstein, J.-F. Sirinelli (dir.), *Les Années Giscard. Les réformes de société*, *op. cit.*

C'est surtout sur l'habitat des personnes âgées qu'a porté l'effort du gouvernement, sous l'impulsion du président Giscard d'Estaing. Certaines étaient hébergées dans des hospices dans des conditions souvent indignes, d'autres étaient isolées et coupées de leur environnement familier, dans des maisons de retraite construites loin des villes. Reprenant l'objectif formulé par le rapport Laroque de lutte contre la politique de ségrégation pratiquée auparavant, la loi d'orientation du 30 juin 1975 réorganise le champ et les responsabilités respectives des établissements sociaux et médico-sociaux dans le but de favoriser l'autonomie des personnes âgées. Sur cette base, sont construits des foyers-logements préservant leur intimité et leurs liens affectifs et les faisant bénéficier d'une surveillance médicale. L'offre d'hébergement se diversifie aussi avec des structures de type sanitaire (services de long séjour), de type médico-social ou social. Parallèlement, prennent naissance une série de mesures en faveur du maintien à domicile, appelées à se développer ultérieurement. L'effort porte sur les soins à domicile d'une population de plus en plus nombreuse et sans condition de ressources, dans la double intention de faire vivre les personnes âgées le plus longtemps possible chez elles et de limiter les dépenses d'hospitalisation, bien plus coûteuses. Progressivement, cette politique sort ainsi de la logique d'assistance pour s'étendre à une tranche d'âge en constant accroissement. C'est un premier pas vers une prise en charge généralisée de la dépendance que notre pays mettra en place avec retard, avec l'allocation pour perte d'autonomie (APA) en 2001 et le démarrage, encore modeste, en 2020, d'une cinquième branche de la Sécurité sociale.

La politique du logement

Au moment où débute le mandat présidentiel, la situation du logement n'est pas brillante, malgré l'ancienneté de l'appel lancé par l'abbé Pierre en 1954. Globalement, le parc est insuffisant et mérite d'être rénové et adapté aux nouveaux besoins des familles. Après les destructions provoquées par les deux guerres, le rythme des mises en chantier a été trop lent et l'entretien des logements existants trop souvent négligé par les propriétaires. Une réforme du financement s'impose donc pour accroître et diversifier l'offre. Depuis la Libération, en effet, ce sont les aides à la pierre favorisant l'offre de construction qui ont été privilégiées, mais l'incohérence de ce choix est ouvertement dénoncée par les experts du VIe Plan et par le mouvement HLM lui-même.

Dès janvier 1975, Valéry Giscard d'Estaing, convaincu de la nécessité d'une refonte, installe une commission d'étude dont la présidence est confiée à Raymond Barre. Le but est d'accroître l'efficacité des aides de l'État, de diversifier et de décloisonner la production de logements. Quant au parc existant, il fait l'objet parallèlement de l'analyse d'une autre commission, présidée par Simon Nora et Bertrand Eveno. Les deux rapports issus de ces travaux sont publiés en même temps et concluent de manière convergente à une remise en cause des choix opérés jusqu'ici. Un conseil restreint, réuni le 22 juillet 1976, arrête alors les grandes lignes du dispositif nouveau. L'État réorganise le financement du logement en substituant une aide à la personne à l'aide aux investisseurs, dont les effets pervers sont dénoncés depuis plusieurs années.

Dans le droit fil des préconisations du rapport Barre, Jacques Barrot, secrétaire d'État au Logement, devient le maître d'œuvre de la réforme, consacrée par la loi du 3 janvier 1977. Malgré la complexité et la sensibilité du sujet, deux ans ont suffi pour établir le diagnostic, définir les propositions et faire aboutir le débat parlementaire. C'est déjà un résultat appréciable. L'objectif que se donne la loi est ambitieux : il s'agit de « favoriser la satisfaction des besoins de logement et, en particulier, l'accession à la propriété, de promouvoir la qualité de l'habitat, d'améliorer l'habitat existant et d'adapter les dépenses de logement à la situation de la famille et aux ressources des occupants ». La clé de son succès tient dans l'inversion de perspective adoptée : alors que l'« aide à la pierre » avait favorisé jusqu'ici l'offre de construction, ce sont désormais le soutien et la solvabilité des ménages qui sont mis en avant. Dans cette perspective, l'article 5 institue une aide personnalisée au logement, destinée à prendre en compte la taille et les ressources de la famille et l'effort consenti par elle. Elle revêt deux formes différentes, pour les locataires d'une part, pour les accédants à la propriété d'autre part.

Les premiers bénéficient d'une allocation, l'APL, couvrant la différence entre le niveau du loyer et leur capacité contributive. Les seconds d'un prêt conventionné dont le taux est abaissé grâce à la bonification accordée par l'État et d'une allocation visant à diminuer les charges de l'emprunt contracté. D'une manière générale, les financements accordés par l'État sont assortis, pour la construction neuve, d'exigences de qualité (surface, confort) et de prix. Enfin, l'amélioration du parc existant, largement vétuste et mal équipé, est encouragée par diverses primes, dans le cadre d'opérations programmées qui se développent de manière significative dans les centres-villes.

L'évaluation de cette réforme d'ampleur montre qu'elle a produit des effets contrastés, positifs pour certains, plus discutables pour d'autres. Globalement, le parc immobilier en a plus profité qualitativement que quantitativement. Ainsi, la mise en chantier de logements neufs est restée en deçà des prévisions, même si elle atteint un rythme de 447 000 de 1976 à 1980, très supérieur à celui du septennat suivant (332 000). Sur le plan de la diversification de l'offre, l'encouragement à la maison individuelle a largement porté ses fruits, favorisant une urbanisation périphérique, dénoncée plus tard en raison de son coût en termes de transport. En revanche, le logement social a vu son niveau de construction baisser assez fortement.

Sur le plan qualitatif, la superficie et les éléments de confort des logements neufs ont été sensiblement améliorés. Le surpeuplement a régressé tout au long des années 1970, inaugurant une tendance durable à la décohabitation, encore visible aujourd'hui. Si la proportion des propriétaires a augmenté, en revanche l'ambition sociale au profit des plus défavorisés n'a pu vraiment se concrétiser. L'APL a constitué néanmoins une des mesures de redistribution sociale les plus efficaces mais sans pouvoir sortir du « mal-logement » les plus pauvres et les SDF. C'est toujours le noyau des plus démunis que les politiques de lutte contre l'exclusion ont le plus de mal à atteindre. Si elle n'a pas répondu à tous ses objectifs, la loi de 1977 n'a cependant fait l'objet depuis que d'ajustements et continue à inspirer la politique des pouvoirs publics, signe qu'elle avait vu juste dans l'ensemble. Malgré la hausse des loyers et des prix, en particulier dans les grandes agglomérations, aucune réforme d'ampleur comparable n'a vu le jour depuis.

Le collège pour tous

Le désir de moderniser la société passait par une politique en faveur de la jeunesse dont Giscard avait dénoncé, bien avant son élection, la place et la considération insuffisantes qui lui étaient accordées. Pour lui, Mai 68 marquait le paroxysme d'une situation injuste et inacceptable. Son action correctrice a donc pris plusieurs formes, les unes inspirées par la conviction qui l'animait, les autres imposées par les circonstances économiques. La plus symbolique est l'abaissement de l'âge de la majorité à dix-huit ans, dont il a déjà été question. La plus décisive, à ses yeux, est la création du collège pour tous, destinée à assurer aux jeunes l'égalité des chances, matrice indispensable au nouveau modèle à promouvoir. Enfin, indépendante de sa volonté, la montée du chômage l'a également conduit à prendre d'autres initiatives pour faciliter leur accès à l'emploi, rendu désormais plus difficile.

Dans cet ensemble, c'est la mise en place du collège pour tous qui a donné lieu aux controverses les plus vives. Son adoption, en 1975, s'est accompagnée de vifs débats qui n'ont pas cessé depuis d'agiter le monde politique, malgré la confirmation réitérée de ses principes fondateurs par tous les gouvernements, de droite comme de gauche. Au-delà des considérations politiciennes ou corporatistes, comment expliquer qu'elle alimente encore, un demi-siècle plus tard, une polémique qui rejaillit périodiquement ? Dissiper ce paradoxe impose que soient rappelées la situation, contrastée, de l'enseignement secondaire au début des années 1970 et les raisons du glissement terminologique, du « collège pour tous », ambition louable, au « collège unique », objet de vives critiques.

La scolarité obligatoire, longtemps limitée à quatorze ans, avait été prolongée jusqu'à seize par l'ordonnance de 1959, mais seul l'enseignement primaire avait concrètement bénéficié de cette démocratisation. Au-delà subsistaient de profondes inégalités sociales et géographiques rendant l'accès à l'enseignement secondaire et *a fortiori* à l'enseignement supérieur minoritaire et sélectif. Une première étape vers l'ouverture a été franchie par la réforme Fouchet-Capelle, du nom du couple formé par le ministre et par son inspirateur, avec la création, en 1963, du collège d'enseignement secondaire (CES), détaché pour la circonstance des lycées antérieurs. Alors que l'admission au lycée, subordonnée aux résultats scolaires ou à un examen, n'avait rien d'automatique, l'entrée au nouveau CES est désormais ouverte à tous.

Mais l'avancée demeurait limitée, pour plusieurs raisons : la survivance, en zone rurale, des collèges d'enseignement général, n'offrant qu'un choix restreint de disciplines ; l'existence, au sein même des nouveaux CES, de plusieurs filières distinctes, correspondant à des formations longues ou courtes. Quant à l'apprentissage, il était traditionnellement organisé distinctement et dispensé par des collèges d'enseignement technique. Ainsi, l'enseignement secondaire, qu'il soit général ou technique, séparait précocement les jeunes élèves selon leur résidence, dans les villes ou en milieu rural, et selon leurs aptitudes supposées à onze ans. Malgré le progrès accompli en 1963, les élèves de cet âge se trouvaient de fait, à la fin du primaire, face à des voies différentes, ce qui ne pouvait manquer d'influer sur leur avenir social et professionnel.

Convaincu qu'il convenait de remédier à cette forme d'inégalité, Giscard d'Estaing met l'accent, dès le 25 juillet 1974, sur la nécessité d'une réforme permettant à tous les élèves de disposer de ce qu'il appelle alors un « savoir minimal ». Mais reconnaissant qu'il n'avait lui-même qu'une vision très partielle du « monde segmenté et compliqué de l'Éducation nationale », il choisit comme ministre René Haby, qu'il avait rencontré et apprécié à Clermont-Ferrand, du temps où celui-ci y était recteur d'académie. Homme du sérail, ancien instituteur ayant gravi tous les échelons, tout comme Christian Forestier qui conseillera plus tard Lionel Jospin, ce fils d'ouvrier devenu professeur d'université avait déjà participé à la réforme de 1963. Il est donc favorable à la généralisation de l'enseignement secondaire et se met volontiers au service du nouveau président. Pour lui, l'école a pour mission première de donner une chance à ceux qui ne peuvent apprendre seuls au sein d'une famille défavorisée.

Peu au fait des structures à mettre en place, Giscard laisse à son ministre le soin de préciser les voies et moyens d'offrir aux jeunes élèves ce savoir commun, acquis dans des conditions comparables, qui favorisera l'égalité des chances. L'objectif poursuivi est de procurer une formation de base identique, prolongeant les acquis de l'enseignement primaire jusqu'à la classe de cinquième. Au-delà, les classes de quatrième et de troisième comporteraient une certaine différenciation pour aboutir, à la fin de la scolarité obligatoire, à un diplôme attestant les compétences et les connaissances des élèves. Sur ces bases, s'engagent rapidement la préparation du projet de loi puis la discussion parlementaire. Après un débat très vif, la loi est adoptée le 11 juillet 1975. Si elle se présente elle-même comme une loi sur l'éducation, elle ne réorganise en réalité que le collège, en y introduisant trois aspects novateurs.

Pour réaliser l'égal accès à l'enseignement secondaire, la distinction CES/CEG/CET est supprimée. Comme le proclame son article 4 : « Tous les enfants reçoivent dans les collèges une formation secondaire » qui « succède sans discontinuité à la formation primaire ». Au sein du collège nouveau, devenu unique, l'enseignement est réparti sur quatre niveaux successifs : les classes de sixième et de cinquième sont désormais indifférenciées mais, pour tenir compte de l'hétérogénéité des élèves, un soutien est mis en place pour ceux qui sont en difficulté. Les dernières classes (quatrième et troisième) peuvent au contraire comporter des enseignements complémentaires préparant à une formation professionnelle. L'accueil dans un seul type d'établissement n'implique donc pas l'uniformisation du contenu. À l'ensemble des collégiens est proposée pour la première fois une éducation manuelle et technique complétant les disciplines traditionnelles. Enfin est créé un brevet des collèges, diplôme national dont la délivrance prend partiellement en compte le contrôle continu.

Ainsi s'affirme le projet présidentiel de « donner à tous les jeunes gens et jeunes filles, sans distinction d'origine et de condition au départ de la vie, une même culture et un même savoir » (colloque du 28 novembre 1977). L'accueil qui lui est fait est très contrasté. À droite, la critique porte essentiellement sur le risque de baisse du niveau scolaire. Avec des classes de sixième et de cinquième indifférenciées, on freinerait la progression des meilleurs, sans pour autant offrir aux plus faibles une chance de réussir leur cursus. À gauche, c'est l'insuffisance des moyens, toujours mise en avant, qui est dénoncée. Admettre tous les jeunes au collège n'est pas contesté mais cette démocratisation supposerait un surcroît de ressources budgétaires, avec un personnel enseignant plus nombreux et des classes moins chargées. S'ajoutent à ce clivage les intérêts corporatistes divergents qu'expriment les différents corps d'enseignants appelés à intervenir dans le nouveau cadre scolaire. Mais en dépit de ces critiques, le projet du président entre dans les faits à la rentrée de 1977.

Comme le fait observer à juste titre Jean-Claude Casanova, le collège réorganisé n'est non seulement pas remis en question par les gouvernements successifs, mais encore ne pourra jamais l'être[1]. Après l'alternance de 1981, plusieurs lois, inspirées par des majorités politiques opposées, y apporteront quelques aménagements mais sans revenir sur l'idée d'un collège démocratisé, accessible à tous. Jack Lang, François Bayrou puis Ségolène Royal introduisent tour à tour des ajustements différenciés pour tenir compte de l'hétérogénéité des publics. Plus tard, la loi de 2005 sur l'avenir de l'école, présentée par François Fillon, tout comme celle de 2013 pour la refondation de l'école de la République, présentée par Jean-Marc Ayrault, confirment la vocation du collège de procurer aux élèves un socle commun de connaissances et de compétences. Comment expliquer alors, malgré cette convergence attestée par des courants politiques différents, la persistance d'une polémique ?

Le changement de vocabulaire, passant du « collège pour tous » au « collège unique », est révélateur de l'ambiguïté volontairement entretenue autour de la réforme. L'accès de tous les élèves à l'enseignement secondaire est la conséquence logique de l'allongement de la scolarité

1. S. Bernstein, J.-F. Sirinelli (dir.), *Les Années Giscard. Les réformes de société*, *op. cit.*

obligatoire jusqu'à seize ans, il n'est contesté dans son principe par personne. Pour ses initiateurs, le collège pour tous est le moyen de réaliser cette ouverture, il accueille donc indistinctement les élèves pour leur offrir un bagage commun, vérifié par la délivrance du brevet à la fin de ce cycle. Il n'implique pas pour autant l'uniformité du contenu, des méthodes et des rythmes pédagogiques. Cet objectif n'est pas plus utopique que l'exigence du savoir « lire, écrire, compter » fixée à l'école primaire par la IIIe République. Il le serait seulement si on posait comme une condition qu'il devrait être atteint par tous avec la même rapidité et des méthodes rigoureusement identiques. Ce qui n'apparaît ni dans le discours du président de la République ni dans l'exposé des motifs de la loi.

Pourtant, c'est ce que laisse entendre la référence au collège unique, vite préférée par les observateurs critiques à celle de collège pour tous. Le premier induit une uniformité, synonyme de nivellement, le second un savoir minimal, donné à tous, ce qui est bien différent. En effet, ce socle n'exclut en rien que les plus capables de l'acquérir rapidement le complètent par un approfondissement ou la découverte de connaissances nouvelles. En quoi cela impliquerait-il un abaissement généralisé du niveau scolaire ? Ceux-là mêmes qui dénoncent la réforme saluent pourtant la réussite exemplaire de l'école de la IIIe République ayant su transmettre aux élèves de toute origine sociale ou géographique les bases nécessaires pour en faire des citoyens sachant lire, écrire et compter. Il y a comme une contradiction dans leur démarche : pourquoi ce qui était possible avec des fils de paysans au siècle précédent ne le serait-il pas au siècle suivant avec des fils d'ouvriers et d'employés ? Comment accepter une école unique avant onze ans et plaider pour un collège différencié ensuite ? Si une école différenciée était plus performante, ce qui reste à démontrer, elle devrait être logiquement mise en place dès le début du cursus scolaire. Cela n'a jamais été le cas dans notre pays. Sachant que le rythme de développement des enfants n'est pas uniforme, quels critères présideraient alors à cette orientation exagérément précoce ? Plus on décide tôt de l'avenir scolaire d'un enfant, plus on multiplie les risques d'erreur d'appréciation, lourds de conséquences sur son avenir.

Aucun gouvernement, depuis la généralisation de l'école obligatoire, n'a vraiment tenté de mettre en œuvre une telle différenciation qui creuserait encore le fossé séparant les diverses couches de la société. Elle heurte d'ailleurs de front le principe d'égalité auquel les Français sont attachés, même si certains tentent à l'occasion de le contourner pour favoriser la réussite de leur progéniture. Avant la réforme de 1975, le système reposait encore sur la coexistence de deux types d'enseignement secondaire. Sans consacrer l'ancienne cassure entre une école du peuple et une école de la bourgeoisie, évoquée par Péguy dans *L'Argent*, il perpétuait, au sortir du primaire, une véritable inégalité d'accès à un cursus secondaire complet. C'est avec elle que veut rompre le collège pour tous. Telle est la philosophie de la réforme. Elle ne nie pas l'existence de différences économiques, culturelles, elle s'efforce d'en atténuer les conséquences. N'est-ce pas préférable sur le plan moral même si la mission devient de ce fait plus exigeante et plus difficile ?

Rapidement a été instruit le procès du nouveau collège, présenté comme le grand malade du système éducatif. Comme si les insuffisances observées provenaient d'un seul niveau scolaire et non du système éducatif dans son ensemble. L'explication est évidemment à courte vue. Les inégalités, présentes dès la petite enfance, sont détectées à la maternelle puis, avec une particulière netteté, lors de l'apprentissage de la lecture, au cours préparatoire. Elles trouvent leur origine dans l'environnement économique et culturel des familles. Accabler comme autrefois le seul collège ou comme aujourd'hui l'école primaire, c'est confondre l'effet et la cause. Aucun système éducatif ne fait disparaître les inégalités, au mieux il ne peut que les atténuer. Ce constat d'humilité vaut pour toutes les réformes entreprises, de la maternelle à l'université.

Le collège pour tous mis en place en 1975 ne pouvait avoir réponse à tout mais, s'il n'est pas une panacée, il demeure la seule voie pour réaliser l'égalité des chances et pour élever le niveau culturel et scientifique du pays. Sa pérennité, depuis plusieurs décennies, montre clairement qu'il n'y a pas d'alternative crédible à l'accès à l'enseignement secondaire. C'est pourquoi il a survécu bien au-delà du septennat giscardien. Le seul regret que suscite cette démocratisation est que le savoir commun, souhaité pour l'ensemble des élèves à l'issue du collège, n'ait été ni soigneusement défini ni surtout rigoureusement recherché par les enseignants, invités par leurs ministres à préférer l'indulgence à l'effort personnel. L'affaiblissement du niveau des savoirs et des compétences acquis par les élèves que révèlent toutes les évaluations internationales depuis une vingtaine d'années est imputable à ce laisser-aller généralisé, bien plus qu'à un type d'établissement ou à un cycle d'enseignement particulier, primaire ou secondaire.

Dans une note manuscrite datant de juillet 1974, Giscard insistait à juste titre sur la nécessité, lors de l'élaboration des programmes, de préciser les notions faisant partie de ce bagage minimum. Mais la propension française à privilégier la réflexion sur les structures et sur les moyens a malheureusement fait un peu oublier celle, bien plus importante, sur la finalité du collège et le contenu du bagage destiné aux élèves.

9

Patrimoine et environnement

Une action politique est toujours une réponse, imparfaite, aux nécessités du moment, aux aspirations contradictoires des habitants, elle dépend donc largement du contexte de son époque. À cet égard, les années 1960 et 1970 voient l'émergence, au niveau mondial, de l'écologie. Les premières grandes catastrophes environnementales, avec le naufrage du *Torrey Canyon* en 1967 et de l'*Amoco Cadiz* en 1978, font prendre conscience de l'ampleur des dommages provoqués par les marées noires sorties des flancs des navires pétroliers. L'émotion soulevée par les côtes souillées, les oiseaux englués de mazout et les bancs de poissons morts est très forte. L'Onu ne peut rester insensible au désastre et réunit en 1972, à Stockholm, la première conférence mondiale sur l'environnement, qui donnera lieu à une salve de conventions sur le sujet. Au sein de l'opinion publique, le choc est si violent (en attendant Tchernobyl dans la décennie suivante) que l'écologie sort de son statut étroit de discipline scientifique pour devenir un courant de pensée, une sensibilité politique durable.

La France est touchée par le phénomène avec un temps de retard sur les États-Unis. Si l'image des côtes bretonnes polluées est dans tous les esprits, le symbole politique le plus marquant du combat en faveur de la défense de la nature est celui du plateau du Larzac où, à partir de 1971, se rassemblent pour empêcher l'extension du camp militaire soixante-huitards hippies, éleveurs de brebis, anarchistes et authentiques écologistes, unis dans une ferveur un peu factice. La lutte durera dix ans avant que le projet soit définitivement abandonné. Cette occupation pacifique eut à l'époque un plus grand retentissement que l'opposition aux centrales nucléaires. La candidature du premier écologiste, René Dumont, aux élections présidentielles de 1974 n'est donc pas le fruit du hasard, elle accompagne un mouvement qui ébranle une grande partie de la société.

Contrairement à un jugement un peu hâtif, l'écologie n'est pas dans les années 1970 le monopole de la gauche, même si celle-ci a davantage cherché à la théoriser et à en faire un axe de campagne. À droite aussi s'éveille un devoir de défense de la nature, agressée par le développement sans limites des activités humaines, que dénonce le concept d'anthropocène forgé récemment pour stigmatiser la domination sans partage de l'homme sur l'univers. Il n'y a là rien de surprenant, la pensée de droite fait une large place à la conservation des valeurs et des traditions, dans un pays longtemps à dominante rurale. Elle ne peut donc qu'être attentive à une écologie de nature patrimoniale, tout à fait respectable. C'est d'ailleurs le président Pompidou qui avait mis en place, en 1971, le premier ministère chargé de la protection de la nature et de l'environnement, qualifié par son titulaire, Robert Poujade, de « ministère de l'impossible ».

C'est aussi au même moment que deux journalistes, Michel Péricard et Louis Bériot, conçoivent et diffusent, avec succès, leur émission télévisée « La France défigurée ». Ils y dénoncent à coups d'images bien choisies l'urbanisme inhumain des barres et des tours, la pollution des eaux et la publicité envahissante le long des routes, thèmes qui seront repris par Giscard d'Estaing dès son élection. À Paris, Brice Lalonde débute son engagement écologiste, qui le portera jusqu'à une candidature à l'élection présidentielle de 1981, par une opposition résolue aux projets de voies sur berges poussés par le président Pompidou.

Giscard est doublement attentif à la protection de la nature et de l'environnement. Son origine auvergnate comme sa sensibilité propre le portent à craindre les excès du gigantisme et de l'urbanisme vertical que notre pays commence à emprunter, à tort, aux grandes villes américaines. Plus encore, la mutation économique dont la crise pétrolière de 1973-1974 est le puissant révélateur lui fait penser que le monde nouveau devra être plus sobre, plus économe des ressources naturelles. Le temps du gaspillage est terminé, déclare-t-il le 25 septembre 1974, au cours d'une réunion avec les secrétaires d'État. Aussi prend-il dès sa prise de fonction une série de décisions très concrètes pour marquer l'abandon des habitudes anciennes et l'orientation nouvelle qu'il entend donner au septennat dans ce domaine.

La vision urbaine de ses deux prédécesseurs et, au-delà d'eux, la conception de l'aménagement des techniciens regroupés autour de Paul Delouvrier, placé en 1961 à la tête du District de la région parisienne, étaient directement inspirées par l'impératif de reconstruction et de croissance dominant, depuis les années 1950, la politique du pays. Leurs prévisions démographiques laissaient entendre un formidable essor de population auquel il fallait faire face par la construction de grands ensembles et de villes nouvelles surgies de toutes pièces à la périphérie des agglomérations. Pour Georges

Pompidou, qui craignait comme une obsession l'engorgement automobile, c'est la ville qui devait s'adapter à la voiture et non l'inverse. Il soutenait donc la réalisation dans le tissu urbain de voies rapides destinées à faciliter le déplacement quotidien des citadins. Un premier tronçon de voie sur la rive droite de la Seine permettant d'accroître et d'accélérer le flux de véhicules d'ouest en est avait été ainsi aménagé et inauguré en 1967. Le Premier ministre se flattait alors d'avoir supprimé les embouteillages dans ce secteur, sans imaginer qu'il les avait simplement déplacés. Ce tronçon devait être complété par un aménagement identique sur la rive gauche, ceinturant ainsi le fleuve d'un double flot de voitures.

Ce n'était là qu'une partie d'un plan routier plus vaste, concocté en 1964-1965, comportant la réalisation à l'intérieur du périphérique de huit voies à grand gabarit, dénommées « rocades » ou « radiales ». Imaginé pour désengorger l'agglomération, ce quadrillage aurait éventré le centre de Paris. Mais ce genre de considération pesait d'un faible poids chez les décideurs des années 1960, plus soucieux de mobilité que de défense du cadre de vie. Le président Giscard d'Estaing, qui a entendu les protestations des associations et du Conseil de Paris, fait connaître rapidement son hostilité au projet de voie express rive gauche. D'une manière plus générale, il affirme que le plan routier, élaboré dix ans avant, n'est plus d'actualité. Pendant son septennat, aucune infrastructure de ce genre ne voit d'ailleurs le jour dans la capitale et, après 1974, la voie Pompidou resta fort heureusement unique, avant d'être rendue plus tard à un usage plus urbain, dans tous les sens du mot.

Au titre de l'urbanisme fou qui dominait à l'époque figurait également la démolition de la gare d'Orsay et son remplacement par un grand hôtel. L'édifice, conçu par l'architecte Victor Laloux, avait été construit pour l'Exposition universelle de 1900. Venant onze ans après l'inauguration de la tour Eiffel, commémorant de toute sa hauteur la Révolution de 1789, la gare d'Orsay, avec le pont Alexandre-III, le Grand et le Petit Palais, accueillait ainsi les visiteurs du monde entier dans une ville devenue la capitale de la Belle Époque. Malgré son intérêt architectural, elle était en déshérence depuis que le trafic ferroviaire l'avait abandonnée, en 1958. Prenant à contrepied tous ceux qui considéraient le xxe comme un siècle pauvre sur le plan artistique, Giscard s'opposa à la démolition et avança l'idée d'un musée, qui prit corps lentement. Qui regrette aujourd'hui que ce bâtiment aux lignes pures, mariant le métal, la brique et le verre, ait été conservé et rénové ?

Enfin, c'est sur le XIIIe arrondissement que promoteurs et architectes délirants avaient jeté leur dévolu, sans mesure. L'aménagement du quartier, appelé « Italie 13 », prévoyait dans la logique démographique du District la construction de plus de cinquante tours de trente étages chacune. La plus emblématique, la tour Apogée, devait dominer ce paysage urbain recomposé, du haut de ses deux cent trente mètres. Non seulement de tels projets ne tenaient pas compte de l'inflexion de la natalité, qui avait cessé d'augmenter en 1965, mais encore ils coupaient par leur gigantisme le lien existant avec les autres quartiers de Paris. Cet urbanisme vertical, indifférent à la rue et aux contacts humains qu'elle fait naître, avait pourtant été approuvé par le Conseil de Paris en 1966. Poussé par la promotion privée, il avait commencé à être réalisé lorsque Giscard exprima la défiance qu'il lui inspirait. Il n'était d'ailleurs pas le seul, les premiers logements livrés n'avaient guère séduit les Parisiens qui devaient en être les principaux bénéficiaires. Ils furent occupés par les réfugiés venus du Cambodge et du Viêtnam, avant d'être remplacés plus tard par les Chinois. À la demande du président, le retrait du permis de construire accordé à la tour Apogée obligea l'État à indemniser le promoteur. Mais le geste, même coûteux, ouvrit la voie à un urbanisme à échelle plus humaine, plus respectueux de la diversité de la ville et du patrimoine industriel qu'elle renfermait.

On a trop vite oublié les péripéties grandiloquentes de l'aménagement démesuré des années 1960, qui fit sentir ses effets encore longtemps. Il faut rendre justice à Valéry Giscard d'Estaing d'avoir rompu avec une élite technocratique coupée des réalités et de nous avoir épargné un véritable massacre urbain.

La refonte des structures ministérielles

Le président Giscard d'Estaing avait bien conscience qu'un changement de culture s'imposait afin de répondre aux nouveaux défis du monde qui se préparait. Comme candidat, il avait clairement indiqué qu'il s'engagerait fortement dans les questions d'urbanisme, en défendant une conception traditionnelle de la ville et de l'architecture, mise à mal par les appétits des promoteurs. Dès juin 1974, il fait savoir aux élus parisiens qu'il entendait protéger la Cité fleurie, qui avait abrité tant d'artistes célèbres (Gauguin, Modigliani, Maillol, Bourdelle, Rodin et bien d'autres), avant de demander plus tard que soit revu à la baisse le projet d'aménagement des Halles. Mais il savait aussi que ce changement culturel se heurterait à des résistances administratives, voire corporatistes, et à la puissance des intérêts privés.

C'est pourquoi il conçut vite l'idée de réformer les structures ministérielles chargées de gérer l'environnement, le cadre de vie, l'architecture.

L'exercice ne se fit pas sans mal et sans un certain chaos. Ainsi, pendant les premières années, on ne compte pas moins de quatre départements ministériels aux attributions différentes. Dans le premier gouvernement, André Jarrot hérite d'un ministère de la Qualité de la vie, épaulé par un secrétariat d'État à l'Environnement confié à Gabriel Péronnet. En janvier 1976 est créé un curieux et éphémère ministère de la Culture et de l'Environnement, attribué à André Fosset. Quelques mois plus tard, en août, on revient à la formule initiale de la Qualité de la vie, avec à sa tête Vincent Ansquer. En mars 1977, après les élections municipales perdues, un nouveau ministère de la Culture et de l'Environnement a pour titulaire Michel d'Ornano, qui vient d'être battu à Paris. Quatre départements ministériels successifs et à géométrie variable, en moins de quatre ans ! On chercherait en vain la cohérence.

En réalité, ce changement de pied perturbateur est dû aux hésitations du président et aux vives tensions entre les aménageurs, les ingénieurs de l'Équipement qui ont beaucoup œuvré à la reconstruction du pays et les défenseurs du patrimoine et des sites, repliés rue de Valois. Comment concilier deux cultures aussi différentes, dominées d'un côté par les Ponts et Chaussées et de l'autre par les écoles d'art et d'architecture ? Si la tentation hégémonique de la première se heurte de plus en plus à des élus locaux revendiquant l'exercice de leurs responsabilités, le conservatisme de la seconde, peu ouverte à la création contemporaine, n'est pas moins critiqué. Leur cohabitation harmonieuse n'est pas chose simple. En mars 1978, Giscard pense avoir trouvé la réponse pertinente, après d'éphémères tentatives contradictoires : il fait nommer Michel d'Ornano, fidèle parmi les fidèles, à la tête d'un vaste ministère de l'Environnement et du Cadre de vie, auquel sont rattachés deux secrétariats d'État à l'Environnement et au Logement. Cette structure d'un type nouveau restera en place jusqu'en 1981.

Après l'élection de François Mitterrand s'ouvre une nouvelle période de valse-hésitation, témoignant de la difficulté de donner, au sein du gouvernement, la place que méritait l'approche environnementale. Pendant quinze ans se succédèrent sept ministres gérant un département plus ou moins étendu. L'Environnement, à forte portée politique et symbolique, demeura l'objet de luttes d'influence, de groupes de pression qui permirent souvent aux Finances d'imposer leur prééminence lors des arbitrages budgétaires. Malgré l'appel à des personnalités ayant un grand écho médiatique, le même constat s'impose aujourd'hui encore et explique l'absence de vision cohérente et anticipatrice, dans un domaine pourtant essentiel.

Quel projet le président de la République poursuit-il en 1978 avec la création du MECV ? Cette structure englobante n'est ni un caprice ni un gadget, c'est un moyen d'infléchir l'action publique, en passant d'une approche quantitative, prédominante jusque-là, à une démarche qualitative plus à même de prendre en compte les aspirations du moment. L'innovation réside dans la disparition symbolique de toute référence à l'Équipement, et dans le passage sous la même autorité de deux délégations, souvent occupées à se tailler des croupières : d'un côté, la délégation à l'architecture et à la construction, de l'autre, la délégation à la qualité de la vie, contraintes de travailler ensemble désormais. L'avantage espéré est d'imprégner d'une sensibilité environnementale tous les aspects de la politique d'aménagement, au sens large. Comme on le verra plus loin, cette exigence qualitative pourra s'appuyer sur une action législatrice de grande ampleur en ce domaine. Parallèlement, un souci pédagogique s'affirme avec la mise en place, au niveau national, d'une mission interministérielle à la qualité des constructions publiques, et la création, sur le plan local, des conseils d'architecture, d'urbanisme et d'environnement (CAUE) destinés à fournir aux collectivités comme aux particuliers des préconisations utiles.

Limitée dans le temps (1978-1981), cette expérience « audacieuse, singulière et risquée » a-t-elle produit des résultats ? Comme l'observe Michel Micheau, si elle n'a pas tenu toutes ses promesses politiques, elle a néanmoins « ouvert des portes » et représente une « avancée significative dans la construction des politiques publiques[1] ». Si le président de la République n'utilisa guère le terme d'écologie, le concept d'environnement sortit de la sphère étroite dans laquelle il était enfermé, la protection des milieux naturels, pour irriguer le champ plus vaste du cadre de vie. Cette ouverture correspond d'ailleurs à la création de nombreux organismes (trop sans doute), chargés de mettre en musique la politique nouvelle. On peut citer par exemple le Haut Comité de l'Environnement, le Fonds d'aménagement urbain, les agences pour la récupération des déchets, pour la qualité de l'air, tous mis en place entre 1975 et 1980.

---

1. « Le ministère de l'Environnement et du Cadre de vie (1978-1981) : un cadre éphémère pour une pensée présidentielle constante », *in* Serge Bernstein, Jean-Claude Casanova, Jean-François Sirinelli (dir.), *Les Années Giscard. La politique économique 1974-1981*, Armand Colin, 2009.

Remise en cause par l'alternance politique, cette grande organisation a eu une durée trop brève pour surmonter les résistances des ministères, arc-boutés sur la défense de leur territoire administratif et des corps de la fonction publique, occupés au maintien de leur statut. La nouvelle architecture ministérielle aurait eu également une plus grande efficacité si elle avait été prolongée par une refonte des services déconcentrés de l'État qui aurait accéléré, sur le plan local, l'imprégnation environnementale. Avec le recul, on voit bien que l'Environnement a eu du mal à trouver une place stable dans l'action gouvernementale. Si en 2007 est recréée une structure aussi vaste, sous le nom du ministère de l'Écologie, du Développement et de l'Aménagement durable (Medad), la géométrie des ministères successifs a été très variable et leur autorité plutôt faible.

Une révolution législative verte

Avant l'installation du nouveau MECV, les engagements giscardiens en faveur de l'environnement se traduisent par l'adoption de plusieurs grandes lois formant un ensemble actualisé et cohérent de règles, encore largement en vigueur aujourd'hui. On ne disposait jusqu'ici que de textes épars, rédigés pour la plupart au XIXe siècle et issus du droit minier, rural ou forestier. Or, le besoin d'une approche nouvelle et fédératrice se faisait de plus en plus sentir. En 1976, Jean Lecanuet, garde des Sceaux, prononce lors de l'inauguration du tribunal de grande instance de La Roche-sur-Yon un important discours consacré au droit de l'environnement, s'achevant sur la nécessité de grandes lois-cadres, bien préférables à l'émiettement de règles disparates et ponctuelles. Ce mouvement d'ampleur se traduit par l'adoption, en 1975 et 1976, de trois lois presque concomitantes, sur les déchets, sur les installations classées et sur la protection de la nature. Il est qualifié de « révolution législative » par l'association France Nature Environnement, réputée pour sa rigueur et son sérieux.

Posant les grands principes d'un droit applicable aux citadins comme aux ruraux, aux administrations comme aux entreprises privées, la loi du 10 juillet 1976 domine cet édifice : elle clarifie et coordonne de nombreux textes antérieurs pour mieux protéger la faune, la flore, les animaux domestiques, les réserves naturelles et les espaces boisés. Maintes fois promis, notamment par Chaban en 1970, ce texte fondateur a connu une gestation lente. Annoncé, il fut à plusieurs reprises reporté en raison des résistances opposées par le ministère de l'Agriculture, au nom de la défense des paysans, et par celui de l'Équipement, au nom du besoin de grandes infrastructures. Pourtant, le monde associatif s'était beaucoup investi dans son élaboration. Finalement, le projet de loi, signé par onze ministres et secrétaires d'État, est déposé sur le bureau de l'Assemblée nationale le 23 avril 1975. Un an de discussion parlementaire sera nécessaire pour faire aboutir la loi du 10 juillet, adoptée à l'unanimité au Sénat et avec une voix contre (peut-être une erreur ?) par les députés. À l'occasion de son anniversaire, le journal *Le Monde*, pourtant avare d'éloges à l'égard du président, évoquera avec solennité « l'an X de la révolution verte ».

Sans faire ici une présentation complète de la loi sur la protection de la nature, on se contentera d'en souligner les innovations majeures qui continuent de structurer aujourd'hui la matière. C'est en premier lieu l'inversion de perspective qu'elle consacre, en proclamant que la protection de la nature est « d'intérêt général ». Jusqu'alors, les industriels et les aménageurs pouvaient fouler aux pieds, en toute impunité, les espaces naturels et faire disparaître ainsi des espèces animales et végétales. Désormais, « il est du devoir de chacun de veiller à la sauvegarde du patrimoine naturel dans lequel il vit. Les activités publiques ou privées d'aménagement, d'équipement et de production doivent se conformer aux mêmes exigences ».

En second lieu, la loi se dote d'un outil d'évaluation, inspiré du droit américain, les « études d'impact », destinées à mesurer les conséquences sur la nature et les populations des projets envisagés. Pour le rapporteur, Roland Nungesser, c'est « l'élément fondamental » du nouvel arsenal, applicable à toute opération présentant une certaine importance. On comprend que les dispositions qui le consacrent aient été l'objet de discussions interminables. Qui réalisera l'étude d'impact ? Sera-t-elle ou non rendue publique ? Quels effets juridiques s'y attacheront ? Face aux critiques et aux hésitations, le député réplique avec force : « Si nous ne sommes pas là pour modifier le droit et l'adapter à l'exigence des faits, nous n'avons plus qu'à renoncer à notre rôle. »

Enfin, la loi de 1976, en créant le concept d'espèce protégée, interdit désormais de capturer ou de détruire des animaux ou des végétaux, figurant sur des listes nationales ou régionales : pour prévenir leur disparition, leur habitat peut d'ailleurs faire l'objet d'un arrêté préfectoral de conservation des biotopes, tels que marécages, haies, bosquets ou dunes, par exemple.

Sans doute la loi du 10 juillet 1976 ne pouvait-elle, seule, changer les comportements du jour au lendemain. Mais son esprit novateur, cherchant à concilier économie et écologie, a marqué une avancée indiscutable. Les associations ont d'ailleurs su la relayer fortement en formant des recours qui, souvent déclarés irrecevables auparavant, furent admis désormais dans une large proportion. Les bénévoles ont puissamment épaulé le législateur.

À ce texte fondateur se rattache l'attention particulière portée par le président à la protection du littoral français, largement défiguré par un bétonnage excessif, sur ses façades atlantiques et méditerranéennes. Sa première initiative est la création par la loi du 10 juillet 1975 du Conservatoire de l'espace littoral et des rivages lacustres, chargé d'acquérir des terrains fragiles ou menacés par l'urbanisation et d'en confier la gestion à des collectivités ou à des associations. Son action, étendue par la suite aux zones humides des départements côtiers, aux estuaires et aux lacs, a permis l'achat de 3 000 hectares par an, le rapprochant progressivement de son objectif, l'acquisition d'un tiers du littoral. La seconde, de portée plus générale, est la directive relative à la protection et à l'aménagement du littoral du 25 août 1979, prévoyant notamment la préservation d'une bande de cent mètres de profondeur le long du rivage et la généralisation des dispositifs d'assainissement. En incitant les communes concernées à se doter de documents d'urbanisme, la directive préparait le terrain à l'élaboration d'une loi plus ambitieuse, adoptée à l'unanimité le 3 janvier 1986. Mais l'une et l'autre, intervenues trop tardivement, ne purent, hélas, effacer les dommages antérieurement commis.

Le régime des installations faisant courir un risque à l'environnement et à la santé est également refondu par la loi du 19 juillet 1976 qui réorganise et amplifie un dispositif juridique ancien. Après un décret de 1810, une loi de 1917 s'efforçait de réglementer l'activité des

« établissements dangereux, insalubres ou incommodes », à l'exclusion des activités agricoles, non concernées par ce texte. Appliquée pendant soixante ans, elle reposait sur une simple déclaration et dépendait donc largement de la vigilance des préfets. Aussi, la santé et la sécurité ont été souvent sacrifiées à l'impératif de production. C'est à de tels manquements que la loi nouvelle tente de remédier.

Avec un champ d'application étendu aux entreprises publiques et agricoles, elle réglemente les conditions d'ouverture, d'exploitation et de fermeture des établissements susceptibles de provoquer des nuisances. Selon l'ampleur du risque qu'ils font courir à l'environnement et à la santé, ils obéissent à deux régimes distincts, plus ou moins sévères : la déclaration, ou l'autorisation, qui n'existait pas antérieurement. Cette police administrative, toujours en vigueur, concerne environ cinq cent mille installations, ce qui suffit à démontrer son importance. Elle a été renforcée à plusieurs reprises, particulièrement après la catastrophe industrielle de Seveso, qui a inspiré des directives européennes de plus en plus contraignantes, transposées en droit français. Il est clair que son efficacité dépend de la vigilance exercée par les responsables d'établissement et par les inspecteurs, hélas en nombre notoirement insuffisant. Quels que soient le degré de précision des règles et la rigueur des méthodes d'évaluation du danger, le risque zéro n'existe pas, comme l'a cruellement montré l'explosion qui a dévasté le site d'AZF, à Toulouse, le 21 septembre 2001.

Le dernier élément notable de la révolution législative réalisée en deux ans est la loi du 15 juillet 1975 sur l'élimination et la récupération des déchets. Promulguée, et ce n'est pas un hasard, le même jour que la directive européenne sur le sujet, elle reste un texte de base, même si elle a été modifiée et complétée à plusieurs reprises depuis. Son apport essentiel réside dans la définition juridique du déchet et l'affirmation du principe de responsabilité du producteur. Ainsi, toute personne qui produit ou détient des résidus ou des substances ayant des effets nocifs sur l'environnement et la santé est tenue d'en assurer la collecte et le traitement. En cas de carence, l'autorité administrative peut alors entreprendre d'office et aux frais du producteur ou du détenteur les opérations nécessaires. Enfin, le législateur confère aux communes et à l'intercommunalité la charge de la collecte et de l'élimination des déchets des ménages. Pour atteindre ses objectifs, la loi crée une Agence nationale pour la récupération et l'élimination des déchets (Anred), investie d'une mission pédagogique et incitative. Cependant, malgré le progrès du tri et de la valorisation, encouragés par les lois de 1992, 1995 et 2012, ce dispositif n'a pu contenir l'augmentation spectaculaire du volume des déchets qui signe l'énorme gaspillage de notre société.

Aménagement et urbanisme

Si son goût pour la nature et la chasse est congénital, la responsabilité présidentielle de Giscard d'Estaing le conduit à s'intéresser aussi à l'aménagement du territoire, à l'urbanisme et à l'architecture. En témoignent les décisions prises, au début de son mandat, pour stopper le plan routier qui aurait dénaturé Paris, avec la voie express rive gauche, la radiale Vercingétorix et autres folies des années 1960. Dans le programme d'actions qu'il a signé le 10 mai, quelques jours avant son élection, figure clairement sa volonté de « réexaminer les grands projets d'aménagement », en tenant compte de leurs effets sur l'environnement.

Le développement de la région parisienne lui offre vite une occasion de se démarquer de ses prédécesseurs et des technocrates qui les inspiraient. Le plan conçu par le District, sous l'autorité de Paul Delouvrier, imaginait une croissance démographique soutenue, impliquant l'ouverture de nouveaux espaces à l'urbanisation. Cette vision était d'autant plus dévastatrice qu'elle aggravait le déséquilibre entre le centre et la province, dénoncé dès 1947 par le géographe Jean-François Gravier dans un ouvrage au titre évocateur, *Paris et le désert français*. Pour infléchir ce scénario néfaste, l'action du président va s'exprimer sur deux plans : au niveau de la région-capitale, avec la conception d'un autre schéma d'aménagement et la réforme de l'organisation administrative de Paris et de l'Île-de-France ; au niveau national, avec le renforcement des villes moyennes pour contrebalancer l'excessive centralité du pays.

La surenchère démographique des planificateurs confinait au délire. Ainsi, ils prévoyaient pour l'an 2000 une population de 14 à 16 millions d'habitants pour la région parisienne. Cette frénésie envahit le milieu politique au point de faire passer pour des défaitistes les esprits plus réalistes. Si l'on avait additionné toutes les prévisions échafaudées à l'époque, la population française aurait vite atteint les 100 millions, ce qui laisse rêveur. Le contraste avec la société actuelle est saisissant : aujourd'hui, celui qui n'est pas décliniste passe pour un optimiste naïf. Dès sa prise de fonction, le président s'attache à corriger ces erreurs de trajectoire. Il y consacre deux conseils restreints, le 13 septembre 1974 et le 17 avril 1975. De ces réunions de travail résultent plusieurs décisions. Les premières sur la nécessité de préserver les espaces verts existants et d'en créer de nouveaux, jusqu'à atteindre la norme symbolique de dix mètres carrés par habitant. Une agence, prenant la forme d'un établissement public, est créée à cet effet le 2 octobre 1976, avec pour mission d'acquérir et de gérer des forêts, des sites écologiques, des trames vertes et de maintenir les activités agricoles en Île-de-France.

Les autres décisions, venant s'ajouter à la possibilité donnée aux Parisiens d'élire leur maire, comme on le faisait partout ailleurs depuis 1884, portent sur l'organisation administrative et le développement du Grand Paris. Un établissement public régional est ainsi mis en place par la loi du 6 mai 1976 pour améliorer la gestion d'un espace aussi peuplé, faisant cohabiter, sur à peine 2 % du territoire français, la capitale et une multitude de communes (plus de mille). Succédant au District, cette tentative prudente a le mérite de jeter les bases d'une coordination dont on cherche encore aujourd'hui la recette miracle. Quant au schéma d'aménagement, jugé à juste titre grandiloquent, il est doublement revu à la baisse. À la perspective d'une population de 14 à 16 millions, est substituée celle, plus réaliste, de 11 millions. À la réalisation de grandes voies routières dévoreuses d'espace et génératrices de bruit est préféré un aménagement plus qualitatif, limitant le nombre de villes nouvelles à cinq. Cet aboutissement doit beaucoup à l'action personnelle de Lucien Lanier, préfet de Paris, dont les qualités de pédagogue ont permis l'élaboration d'un compromis accepté par l'ensemble des parties en présence.

Enfin, pour structurer le territoire national, un peu oublié au profit de Paris et des grandes métropoles, Giscard définit une politique d'aménagement privilégiant les villes moyennes. Il s'agit dans son esprit d'offrir aux unités urbaines comprises entre vingt mille et cent mille habitants les moyens de renforcer leur attractivité régionale. Plus que la taille, c'est le potentiel de croissance démographique et économique qu'elles recèlent qu'avait déjà mis en évidence Olivier Guichard, à la tête de la Datar. Pour faire jouer son rôle à cette armature, un outil est proposé par l'État : le contrat, dont les effets avaient été expérimentés à Rodez et à Angoulême. Précédant les initiatives présidentielles, la circulaire Guichard avait suggéré dans cette perspective, en 1973, de donner un coup d'arrêt à l'édification de tours et de barres, source de difficultés naissantes dans ce qu'on appelait alors les « grands ensembles ».

Reposant sur un projet urbain, concrétisé par des actions choisies par les élus locaux, le financement de ce contrat par l'État reposait sur des subventions classiques et une ligne budgétaire nouvelle, ouverte pour contribuer à des opérations que jusqu'alors il ne soutenait pas. Cette technique originale avait l'avantage de précipiter la réflexion des maires et d'enrichir la pratique des services déconcentrés. Rapidement, elle rencontre un vaste écho : ce sont au total soixante-dix-huit contrats qui voient le jour, avec des villes aussi diverses qu'Ajaccio, Bayonne, La Rochelle, Nevers, Poitiers, Roanne, Tulle… Les objectifs ont-ils été atteints ? Ceux qui ont trait à la rénovation urbaine l'ont été largement, comme en témoigne l'engouement croissant que suscite le cadre de vie offert par ces villes moyennes, à l'image d'Angers, en tête depuis plusieurs années du palmarès de celles où il fait bon habiter. En revanche, ceux qui concernent le développement économique l'ont été inégalement. S'inscrivant dans le temps long, ils requièrent une mobilisation locale et un effort prolongé que tous les territoires n'ont pu mettre en œuvre. Dans l'ensemble, la méthode utilisée, associant les élus et les services de l'État dans une démarche volontaire, a préparé les esprits à une décentralisation que le septennat suivant consacrera avec la loi de 1982.

Globalement, c'est à une « nouvelle conception de la ville » que travaillait par touches successives le président de la République, qui espérait disposer d'un second mandat pour l'ancrer dans les faits. Il avait déjà évoqué avant son élection la nécessité d'une approche différente, plus économe des ressources naturelles. Elle s'imposait selon lui en milieu urbain pour éviter l'entassement excessif, pour enrayer la consommation d'espace, pour favoriser d'autres modes de déplacement que la voiture. Comme il l'écrit dans *Démocratie française*, le but est de procurer « un cadre de vie à la dimension de l'homme, plus respectueux de l'existant, favorable à une organisation personnelle de la vie, propice au développement de la communication sociale et aux relations de voisinage ». Une charte pour la ville de demain, en quelque sorte.

Premier acte, la loi du 31 décembre 1975 s'inscrit dans la perspective de « changer la ville », selon le titre de l'ouvrage publié la même année par Paul Granet. Pour améliorer la qualité de vie dans les centres, elle fournit aux communes deux instruments nouveaux. D'une part est institué un « plafond légal de densité » (1,5 pour Paris, 1 pour le reste du territoire) au-delà duquel toute superficie supplémentaire donnera lieu à la perception d'une taxe destinée à réduire la rente attachée à la possession d'un terrain bien situé. D'autre part, est reconnu à celles qui subissent une pression foncière un droit d'achat prioritaire s'exerçant, au prix du marché, à l'occasion des transactions immobilières. Ces outils s'inscrivent indéniablement dans la perspective d'une responsabilisation des maires, à eux d'en faire un usage adapté à leur conception de la ville. Cependant, leur efficacité au regard des objectifs poursuivis est restée modeste. Ils n'ont vraiment ni endigué la densification ni évité l'augmentation des prix fonciers, alimentée par la spéculation et l'insuffisance de l'offre de logements. Si l'intention était louable, le dispositif a été submergé par les réalités économiques contraires.

Plus ponctuellement, Giscard a souhaité également s'attaquer à la prolifération de la publicité qui envahissait les centres et, plus encore, les entrées de ville, toutes ornées d'inesthétiques panneaux multicolores, les fameux « 4 par 3 ». Réglementé jusqu'alors par une loi de 1943 qu'il juge « désuète, inappropriée, bafouée », Michel d'Ornano entreprend de mettre de l'ordre dans ce foisonnement publicitaire qui dénature les paysages. Il propose un régime de protection visuelle plus encadré mais respectueux de la liberté du commerce et de l'industrie. Le compromis qu'il fait adopter par la loi du 29 décembre 1979 repose sur une distinction simple : l'interdiction de la publicité hors des agglomérations et dans les zones protégées, son autorisation en milieu urbain. Mais le démon de la complication, conjugué aux pressions des groupes d'intérêt, aboutit à des dispositions excessivement complexes, laissant une grande latitude aux règlements locaux. Les mêmes causes produisant les mêmes effets, l'efficacité de la loi dépendra largement de la vigilance exercée par les autorités administratives, maire et préfet. Si dans les centres, et spécialement aux abords des monuments historiques, la publicité commerciale a été canalisée, elle pollue encore nombre d'axes routiers, à l'approche des agglomérations.

Quant aux grands ensembles, au début des années 1970 ils commencent à susciter des réflexions critiques sur leur isolement, leur absence de gestion sociale. Robert Lion, haut fonctionnaire et grand connaisseur du monde du logement, dénonce « l'anonymat des constructions répétitives », de moins en moins aptes à préserver la mixité. La réhabilitation du bâti est pour lui moins prioritaire que l'implication et la coordination des acteurs locaux, en particulier les bailleurs sociaux, le tissu associatif et les habitants. Si on ne parle pas encore de ghettos, les premiers signes d'une dégradation apparaissent. Au moment où Valéry Giscard d'Estaing prend ses fonctions, un groupe interministériel est installé, trois expérimentations sont lancées, à Lille, Rouen et Lorient. C'est sur ces bases à peine posées que va se développer, à partir de 1977, une véritable procédure qui concernera cinquante-sept quartiers, avant de s'étendre à une centaine. Connue sous l'appellation Habitat et vie sociale (HVS), elle est considérée comme l'ancêtre de la politique de la ville, dont elle contient en germe les principaux ingrédients : réhabilitation des logements et accompagnement social. Le financement est assuré alors dans le cadre du Fonds d'aménagement urbain (FAU), créé en 1975. Réorientée en 1982 sous l'impulsion du maire de Grenoble, Hubert Dubedout, l'expérience sera amplifiée sous le nom de Développement social des quartiers (DSQ). Après les rapports alarmistes de Bonnemaison sur la sécurité et Schwartz sur l'emploi des jeunes, la spirale de l'évolution vers ce qu'on appelle désormais des « quartiers sensibles », des « territoires perdus de la République » ou encore des « zones de non-droit » est en marche, alimentée par le chômage, l'immigration et le trafic de drogue.

Enfin, c'est à la promotion d'une architecture de qualité ou, comme il se plaît à le dire, d'une « architecture à la française » que s'attache VGE, non sans mérite car le sujet soulève alors les passions. Deux conceptions résolument opposées s'affrontent, mettant en jeu des intérêts financiers considérables. Les tenants d'un aménagement vertical du territoire, soutenu par les grands groupes du bâtiment et des travaux publics, plaidaient pour sa prise en charge par l'État et ses services déconcentrés et refusaient d'accorder une quelconque primauté aux architectes. À l'inverse, les partisans d'une décentralisation poussaient en faveur d'un dialogue, à l'échelon local, entre les élus, les architectes et les représentants de la société civile, et soulignaient la responsabilité éminente des hommes de l'art. À l'arrière-plan se posaient d'épineuses questions, celles du rattachement ministériel de la direction de l'architecture, de l'exercice de la profession et de la formation des architectes, en crise de longue date. Bref, étaient réunis tous les éléments d'un conflit idéologique comme notre pays aime à le cultiver.

Après la Reconstruction, réalisée à marche forcée, comment concilier création et qualité, besoin social et harmonie du cadre de vie ? C'est cet équilibre que tente d'assurer la loi du 3 janvier 1977 sur l'architecture. D'emblée, son article premier donne le ton, en affirmant symboliquement : « L'architecture est une expression de la culture. La création architecturale, la qualité des constructions dans le milieu environnant, le respect des paysages naturels ou urbains ainsi que du patrimoine sont d'intérêt public. »

Mais comment assortir de règles cette proclamation bienvenue mais à la portée incertaine ? Le législateur utilise pour ce faire plusieurs éléments. Il consacre d'abord le caractère obligatoire du recours à un architecte pour tout projet faisant l'objet d'un permis de construire. Toutefois, ce monopole est borné par la fixation d'un seuil (170 mètres carrés, abaissé ultérieurement à 150) en deçà duquel son intervention n'est pas obligatoire. Des conseils d'architecture, d'urbanisme et d'environnement (CAUE) sont également créés dans chaque département pour contribuer au perfectionnement des maîtres d'ouvrage, des professionnels et des fonctionnaires territoriaux, et pour sensibiliser le public à la qualité des constructions. Une assistance gratuite permet ainsi de donner un avis désintéressé aux particuliers et aux élus locaux. Enfin, la loi s'attache à réorganiser l'accès à la profession d'architecte, et redéfinit le rôle de ses instances de représentation et de déontologie.

Dans le même temps où la loi crée ce cadre juridique se mettent en place les nouvelles écoles d'architecture, désormais émancipées des Beaux-Arts, qui sont le véritable vecteur de cette recherche de qualité. Chacun jugera si un tel objectif, dépassant et de loin l'horizon du septennat, a été ou non atteint. Selon moi, le défi a été bien mieux relevé pour les immeubles collectifs et les constructions publiques que pour l'habitat individuel, demeuré d'une triste banalité, dans des lotissements souvent répétitifs.

Les grands projets culturels

Parmi les innombrables ministres de la Culture qui se sont succédé sous la Ve République, qui, mis à part André Malraux et, pour des raisons différentes, Jack Lang, a résisté à l'épreuve de l'oubli ? Le septennat giscardien n'échappe pas à ce triste constat. De 1974 à 1981, la liste des occupants de la rue de Valois est plus impressionnante par le nombre (Michel Guy, Françoise

Giroud, Michel d'Ornano, Jean-Philippe Lecat) que par la trace laissée dans la mémoire collective. Chacun d'eux a sans doute tenté de faire évoluer une administration portée à défendre des situations acquises plus qu'à mettre en œuvre une politique audacieuse et dont la principale force était et est toujours l'inertie.

En revanche, les trois grands projets culturels mis sur les rails par le président de la République, le musée d'Orsay, la Cité des sciences et l'Institut du monde arabe sont plus visibles, plus connus et plus durables. Avant de rappeler les conditions de leur gestation, une précision s'impose sur l'attitude de Giscard d'Estaing à propos du projet conçu par son prédécesseur, le futur Centre Pompidou. S'il avait émis des réserves sur l'emplacement (il préférait ce qui deviendra le parc André-Citroën au quartier historique retenu), il veillera scrupuleusement à son achèvement dans le respect de la volonté du président défunt. La nomination comme ministre de Michel Guy doit d'ailleurs beaucoup à sa proximité avec le couple Pompidou et traduit ce que VGE considérait comme un devoir élémentaire de fidélité.

Mis à part ce projet lancé avant lui, la première décision du nouveau président est le refus de démolir la gare d'Orsay. Mais encore fallait-il imaginer la vocation nouvelle du lieu, conçu à l'origine pour contribuer au rayonnement de la France. Qu'allait devenir ce vaste édifice, éclairé par une grande verrière et alliant dans ses lignes et dans ses matériaux la modernité et l'académisme ? Giscard souhaite qu'il témoigne par son contenu de ce qu'il nomme « l'explosion créatrice » du XIXe siècle. Mais son désir se heurte au scepticisme et aux réticences de ceux qui donnent le *la* en matière culturelle. Arrêté en conseil restreint le 28 octobre 1977, le projet architectural et artistique prend corps avec la constitution des collections et l'adaptation du bâtiment au futur musée. Mais en 1981, la rénovation n'est qu'ébauchée. L'alternance politique de 1981 n'a pourtant pas remis en cause sa réalisation. Il se dit que le fougueux Jack Lang aurait émis l'idée de la stopper mais il n'eut pas, sur ce point, l'oreille de Mitterrand. Inauguré en 1986, le musée contribue par la richesse de ses peintures, de ses dessins et de ses sculptures à l'attractivité culturelle de Paris. Hommage tardif mais mérité, il porte officiellement, depuis 2021, le nom d'« établissement public du musée d'Orsay et du musée de l'Orangerie – Valéry Giscard d'Estaing ».

Dans un registre tout différent, le projet d'un musée à La Villette naît lui aussi de la reconversion controversée d'un site, les anciens abattoirs, construits en 1867. Qui s'en plaindrait aujourd'hui ? La propriété du terrain fait alors l'objet d'une tension entre la ville de Paris et l'État, qui la revendiquent l'une comme l'autre. Une solution est finalement trouvée et un décret du 19 juillet 1979 crée l'établissement chargé de l'aménagement de la Cité des sciences et de l'industrie. L'ambition présidentielle est de diffuser auprès du grand public, et tout particulièrement chez les jeunes, une culture scientifique qui aide à comprendre, de manière ludique, l'univers technologique contemporain. La réhabilitation de ce qui reste des abattoirs et la construction nouvelle sont confiées, en 1980, à l'architecte Adrien Fainsilber, qui avait déjà conçu l'université de Compiègne. L'ensemble est inauguré six ans plus tard et connaît un succès qui ne se dément pas : avec près de trois millions de visiteurs par an, il figure dans le « Top 5 » des établissements de ce type dans le monde.

Après la créativité artistique du XIXe siècle et la découverte des techniques d'aujourd'hui, le dernier projet imaginé par Giscard d'Estaing demande plus d'audace encore. Au carrefour des civilisations, il s'agit en effet de mettre en valeur la culture arabe. Mais dans un tel domaine, il ne peut agir de sa seule initiative, il lui faut la caution des pays concernés. Ce qu'il entreprend d'obtenir. Le 28 février 1980, l'acte fondateur est posé : dix-neuf États membres de la Ligue arabe (Maghreb et Proche-Orient) s'engagent dans le projet. Sa dimension est triple : le futur Institut sera un centre d'exposition, d'apprentissage de la langue et de recherche sur la civilisation arabe. Quelques mois plus tard, le 14 octobre, la Fondation associant la France aux pays partenaires est reconnue d'utilité publique. Confiée à l'architecte Jean Nouvel, la construction fait l'objet de vives polémiques sur l'emplacement choisi. Mais, avec sa façade nord tournée vers le centre historique et sa façade sud réinterprétant l'architecture orientale, l'édifice, couronné de surcroît par une Équerre d'argent, a rapidement trouvé sa place, le long de la Seine, à proximité du pont de Sully. Comme pour la pyramide du Louvre ou le Mucem à Marseille, les œuvres fortes imposent le respect à leurs détracteurs initiaux. Même s'il peine à être le lieu de recherche espéré, l'Institut du monde arabe, unique en son genre, est une source de dialogue et d'échanges, par sa bibliothèque, ses expositions et ses conférences. Un antidote au fanatisme politique et religieux qui pousse à l'intolérance et à la violence.

10

Bien-être social

Quel que soit le gouvernement, la politique économique ne peut être dissociée de ses conséquences sociales. C'est bien dans cet état d'esprit que se trouve le président de la République, en 1974. Par son long séjour rue de Rivoli, il est l'un des hommes les plus au fait des données financières et commerciales, au niveau international, et il en mesure le poids sur la politique intérieure du pays. D'expérience, il sait que toute décision économique a un impact, à court ou à long terme, sur la capacité de production des entreprises, sur la balance des paiements mais aussi sur le pouvoir d'achat des ménages, ainsi que sur la réduction ou le creusement des inégalités sociales. Cependant, il sait aussi combien la prévision de ses effets est désormais plus aléatoire, en raison de l'interdépendance croissante des économies et de la globalisation des échanges. Dans *Démocratie française*, il reconnaît ainsi avec humilité qu'une « économie moderne est un système d'une extraordinaire complexité, dans lequel interviennent chaque jour des centaines de milliers d'informations [...] ». Dans ces conditions, tout acte d'une certaine importance doit être, selon lui, longuement mûri par l'analyse personnelle et la consultation d'experts.

Au début des années 1970, les finances publiques étant saines et la dette négligeable, la préoccupation majeure des dirigeants est l'inflation, dans une économie que VGE qualifie de « semi-administrée » et de « très centralisée ». Mais dès 1974, les effets prolongés de la hausse du prix du pétrole, multiplié par quatre, vont non seulement réduire ses marges de manœuvre mais encore accroître sensiblement le chômage. Quelques années plus tard, un second choc de même nature fait subir une nouvelle contraction à l'économie mondiale et française en particulier. Ces deux événements majeurs, créant une rupture sans précédent depuis la dépression des années 1930, marquent l'histoire économique du septennat.

Pour apprécier la politique conduite de 1974 à 1981, on ne peut se contenter d'évoquer, même s'ils sont importants, ses indicateurs budgétaires et financiers (déficit public, dette). Il faut aussi prendre en compte les paramètres de ce que j'appelle ici le « bien-être social ». Certes, la notion est difficile à cerner car elle comporte à la fois des aspects quantitatifs mesurables tels que le revenu disponible, le taux de croissance ou le niveau de chômage, et des aspects qualitatifs qui sont de nature psychologique, comme la confiance dans l'avenir, la satisfaction au travail ou l'inquiétude sécuritaire. On a une illustration récurrente de cette dualité avec ce qui semble être de longue date une schizophrénie française. Interrogés par le biais d'enquêtes ou de sondages, nos compatriotes répondent invariablement et dans la même proportion qu'ils sont optimistes sur leur devenir individuel mais pessimistes sur le devenir de leur pays. Comment concilier cette contradiction entre vision personnelle et vision collective, sinon par le défaitisme dans lequel ils se complaisent dès que l'on évoque le sort des autres ? Les observateurs étrangers sont d'ailleurs frappés par ce qu'ils considèrent comme une forme de masochisme collectif qui nous porte à voir toujours la bouteille à moitié vide, non à moitié pleine.

Pourtant, même délicate, l'appréciation du bien-être social progresse. Ainsi, l'indice de développement humain (IDH) mis en place sous l'égide de l'Onu en 1990 n'a cessé de s'enrichir de données nouvelles autour de trois axes : l'espérance de vie, l'accès à l'éducation, le niveau de revenu exprimé en pouvoir d'achat. Si la pondération de ces critères demeure discutable, l'indicateur permet cependant d'évaluer les progrès accomplis par chacun des pays. Il est malheureusement trop récent pour pouvoir être appliqué à la période étudiée. C'est donc à une approche plus classique que nous aurons recours pour suggérer des éléments de jugement sur l'action économique et sociale de Valéry Giscard d'Estaing. Est-il parvenu à concilier le respect des équilibres financiers avec l'exigence protectrice de l'emploi et du pouvoir d'achat des Français ?

Le survol de son septennat laisse apparaître sur ces points cruciaux deux phases distinctes dans la poursuite de son projet. La première (1974-1976) est faite d'hésitation entre un plan anti-inflation, souhaité par le ministre des Finances Jean-Pierre Fourcade, et un plan de relance pour lequel milite le Premier ministre Jacques Chirac. Ce sont là deux conceptions qui s'opposent, entre lesquelles Giscard tente d'abord de composer avec plus ou moins de bonheur. Ainsi, en juin 1974, sont prises des mesures dites de « refroidissement » pour tenter de freiner une inflation chronique. Mais leur premier effet est de ralentir la production industrielle. Le Premier ministre obtient alors, à l'été 1975, le feu vert présidentiel pour accroître les dépenses publiques et raviver ainsi la demande. Le déséquilibre budgétaire et la sortie du franc du « serpent monétaire européen » qui s'ensuivent aggravent alors le désaccord de plus en plus vif entre le président et son chef de gouvernement. Cette crise inévitable se résoudra par la démission fracassante du second à l'été 1976.

S'ouvre alors, avec la nomination de Raymond Barre, une seconde phase, plus longue et plus cohérente, jusqu'à la fin du septennat. L'harmonie retrouvée au sein de l'exécutif, sur le diagnostic comme sur les priorités à mettre en œuvre, redonne son unité à la politique économique et sociale. Malgré l'entrée du RPR dans une opposition sélective mais parfois frontale, l'appel au rétablissement des « fondamentaux », à l'accroissement de l'investissement des entreprises, à la modération salariale ne sera plus remis en cause durant près de cinq ans et sonnera la fin de ce que Barre appelait malicieusement « la politique de l'escarpolette ». Désormais, la garantie de l'avenir du pays est l'amélioration de la productivité. Ce nouveau langage n'est d'ailleurs pas pour déplaire aux électeurs, comme en témoigne le succès obtenu aux législatives de 1978 et aux européennes de 1979. Entre le risque économique que représente pour eux l'union de la gauche et l'inconvénient de supporter un effort prolongé, ils privilégient encore, mais pour la dernière fois, la continuité d'une politique plus adaptée aux nécessités du moment.

Le rétablissement des grands équilibres

Après l'intermède oscillant des deux premières années, la convergence entre le président et le Premier ministre s'appuie sur un constat identique. En 1976, le prix du pétrole n'a guère baissé, l'inflation se poursuit à un niveau élevé, le chômage s'aggrave, le franc est sorti du serpent monétaire en mars, le budget de l'État est en déficit, les investissements des entreprises stagnent ou diminuent. Cette détérioration appelle un tournant que le choix de Raymond Barre illustre parfaitement. Dans la lignée de Poincaré et de Pinay dont il se réclame, le nouveau chef de gouvernement annonce, dès septembre, un plan d'action dont les priorités sont le rétablissement des grands équilibres et la maîtrise de l'évolution des prix. La consolidation de la monnaie, malmenée par le cours du mark, est aussi une composante du redressement espéré par les deux branches de l'exécutif. Désormais, il n'est plus question d'alterner coups de frein et d'accélération, la rigueur s'impose sous tous ses aspects jusqu'à la fin du septennat.

Le premier résultat spectaculaire est la consolidation du franc vis-à-vis du mark, favorisée par la bonne tenue de nos exportations. À l'exception des quelques mois précédant les élections législatives de mars 1978, leur stabilité acquise ouvre la voie à la création du Système monétaire européen. Porté par le président français et le chancelier ouest-allemand, Helmut Schmidt, avec le soutien du Britannique Roy Jenkins, alors président de la Commission de Bruxelles, le dispositif est adopté après de longues discussions. Il repose sur un encadrement des marges de fluctuation autour du cours moyen d'un panier de monnaies, l'Ecu, sur un mécanisme d'ajustement des changes par les banques centrales et sur un fonds assurant, par l'octroi de crédits, la solidarité entre les membres. Mis en œuvre en 1979, il résistera à l'effondrement du dollar, non soutenu par les autorités américaines, et atténuera dans les pays européens, à l'exception de la Grande-Bretagne, les secousses du second choc pétrolier. Malgré ses insuffisances, le SME marque une étape décisive vers la création d'une identité monétaire européenne, vingt ans plus tard, avec l'Euro.

De son côté, l'année budgétaire avait mal commencé, en 1974, avec un déficit, pour la première fois depuis 1966. Mais la situation s'améliore ensuite, laissant entrevoir un prochain retour à l'équilibre. Ainsi, de 1978 à 1980, le taux de couverture des dépenses par les recettes passe de 85,3 % à 97,9 %. Seul le second choc pétrolier vient perturber ce redressement des comptes de l'État : en 1981, ce taux repasse en effet sous la barre des 90 %. Ce chiffre est cependant plus acceptable si on le compare à la situation de nos principaux partenaires économiques à la même époque. Le déficit des administrations centrales n'est ainsi que de 1,1 % en France contre 3,5 en Allemagne fédérale, 4,8 au Royaume-Uni et 10,6 en Italie. À bien des égards, l'inflation mise à part, notre pays paraît être entré dans une phase vertueuse.

Dans ce registre, la dette française, en pourcentage de la richesse nationale, est également l'une des plus faibles des pays développés. En 1980, elle dépasse à peine 15 % du PIB, volume identique à celui de 1974, malgré un contexte international défavorable par deux fois. Grâce à une gestion rigoureuse du budget de l'État et des comptes de la Sécurité sociale, elle est stabilisée sur l'ensemble du septennat à un niveau très inférieur à celui de la RFA (22,6 %), des États-Unis (25,6 %) ou de l'Italie (58,1 %) par exemple. Ce ratio ferait rêver le gouvernement actuel, qui approuverait des deux mains d'échanger sa situation financière contre celle des années Giscard-Barre. Car en quelques décennies, le saut est vertigineux : l'endettement français a été multiplié par huit, en volume, de 1981 à 1997, ce qui représente un accroissement annuel moyen de plus de 13 %. Cette progression ne s'est jamais interrompue depuis, au point d'atteindre, en 2023, 112 % de la richesse nationale. Même en isolant les effets de l'épidémie, on est passé dans un autre monde !

Quant aux échanges extérieurs, il ne faudra pas moins de cinq ans pour absorber la hausse de la facture pétrolière. Malgré notre dépendance énergétique, la balance commerciale de la France est de nouveau équilibrée en 1978 et au début de 1979. Quant à la balance des paiements courants, elle se redresse également pendant la même période. L'une et l'autre se dégradent malheureusement en 1980, en raison du nouvel enchérissement des prix du pétrole et de ses produits dérivés. Globalement, cette évolution favorable est due à la bonne tenue des exportations françaises. Le renouveau de l'investissement public, les gains de productivité enregistrés dans l'industrie et l'agriculture, une croissance positive tout au long du mandat et une stabilisation des impôts les font ainsi progresser de 30 %, en francs constants, pendant les cinq années du gouvernement Barre.

Dans ce rétablissement des équilibres, le seul échec relatif demeure l'inflation. Si l'on observe un léger ralentissement de la hausse des prix à la fin du septennat, la France reste en ce domaine l'un des mauvais élèves de l'Europe. Elle accuse une différence significative avec les pays considérés comme les plus vertueux, tels les Pays-Bas et la République fédérale allemande. Cela ne compromettait pas notre compétitivité lorsque, périodiquement, la dévaluation du franc venait compenser cet écart. Mais à compter de la mise en place du SME, qui vise à assurer la stabilité des monnaies, ce différentiel pénalise les entreprises nationales et favorise l'importation de biens manufacturés produits dans le reste du monde à plus bas coût. Comment sevrer notre pays, élevé au biberon de l'inflation, sans pour autant restreindre le pouvoir d'achat des habitants et prendre le risque d'une explosion sociale ? Comment le gouvernement s'est-il lancé dans ce que Raymond Barre appelait une « course de fond » ?

Alors que le pays avait fait, en 1957-1958, le choix de l'ouverture au monde, les prix demeuraient encadrés par une ordonnance de 1945, justifiée à l'époque par la pénurie de produits agricoles et industriels. Comme on l'a déjà vu, les employeurs et les salariés ont longtemps trouvé avantage à cette économie administrée par l'État dans laquelle l'augmentation des prix et celle des rémunérations suivaient une courbe parallèle. Dans le dernier quart du XXe siècle, cette particularité devenait un handicap. En plein accord avec Giscard, Barre décide donc de libérer progressivement les prix et, avec eux, l'esprit de responsabilité des partenaires sociaux. « Si j'avais continué d'appliquer l'ordonnance de 1945, nous n'aurions pas pu, j'en suis sûr, faire face au deuxième choc pétrolier qui allait suivre, en 1979, la chute du shah d'Iran et la victoire de l'ayatollah Khomeini[1]. »

Du printemps 1978 au printemps 1979, une série de mesures réalisent d'abord la libération des prix à la production et à la distribution puis celle des services. Cette réforme dont l'évidence saute aux yeux aujourd'hui marque une nette rupture avec la tradition de réglementation et de dirigisme, justifiée par l'impératif de reconstruction après la guerre. Comme le fait observer Raymond-François Le Bris, elle constitue aussi un « pari sur le futur qui inscrit désormais la

1. Raymond Barre, *L'Expérience du pouvoir*, *op. cit.*

France [...] dans le champ de la concurrence internationale[1] ». Cependant, elle n'intervient pas seule, elle s'accompagne d'un dispositif à double détente, l'une stimulant la concurrence, l'autre étendant la protection des consommateurs. La Commission de la concurrence, héritière d'un vague comité mis en place sous la IVe République, voit ainsi ses compétences étendues au point de devenir une autorité administrative indépendante. Elle a pour but de contrôler et de sanctionner les pratiques contraires à l'éthique de la concurrence : concentrations horizontales et verticales, ententes, prix abusifs. Les deux lois Scrivener de 1978 et 1979 visent de leur côté à protéger l'emprunteur dans le vaste champ du crédit à la consommation et des prêts immobiliers, où la publicité frisait souvent l'arnaque. Elles imposent ainsi aux organismes prêteurs une formalisation de leur offre (conditions du crédit, échéancier de remboursement) et reconnaissent un délai de rétractation au bénéfice de l'emprunteur.

Si, dans la lutte contre l'inflation, les résultats immédiats sont modestes, en revanche, le pas franchi pour autonomiser les acteurs est considérable et ne sera d'ailleurs plus remis en cause, si l'on excepte l'éphémère décision de blocage des prix et des salaires prise à l'été 1982 par le gouvernement de Pierre Mauroy, désireux de mettre fin à la funeste politique de relance voulue par François Mitterrand au début de son mandat.

---

1. Raymond-François Le Bris, *Une modernisation interrompue. Regard sur le septennat de Valéry Giscard d'Estaing*, France-Empire, 2013.

Emploi et pouvoir d'achat

De toute la politique économique de VGE, celle relative à l'emploi a été la plus discutée à l'époque. Ses adversaires ont naturellement mis l'accent sur l'augmentation du chômage et sur la crise de la sidérurgie qui a lourdement frappé le Nord et la Lorraine. En apparence, les statistiques leur donnent parfaitement raison. En sept ans, le nombre de demandeurs d'emploi a plus que triplé, passant en effet de 430 000 à 1,5 million. En pourcentage, le bond statistique est donc considérable. Mais, dans leur sécheresse, les chiffres ne disent ni n'expliquent pas tout. Il faut à la fois les rapporter aux contraintes conjoncturelles et structurelles qui pèsent alors sur l'économie française et les évaluer sur une plus longue période. Pendant le mandat de Giscard, l'augmentation est d'autant plus saisissante que le pays vivait jusqu'ici dans une situation de plein-emploi. Au moment où il quitte le pouvoir, le taux de chômage atteint 7,2 %, mais, sur les quarante années qui suivent, il a poursuivi sa progression et s'est maintenu à un niveau nettement plus élevé, compris le plus souvent entre 9 et 10 %. En termes de demandeurs d'emploi, la comparaison paraît plus douloureuse encore car leur nombre passe de 1,5 à plus de 3 millions. Cette mise en perspective relativise, sans en effacer les conséquences sociales, la dégradation qui s'est produite de 1974 à 1981.

Conjoncturellement, la facture pétrolière de la France passe de 14,6 milliards en 1973 à 43,2 en 1974 (soit trois points de PIB) et franchit la barre des 100 milliards en 1980. Moins visible que le prix à la pompe mais plus durable, la progression de la population en âge de travailler crée dans notre pays une pression supplémentaire que ne connaissent pas nos voisins, à la démographie déclinante. Chaque année, la conjonction d'une natalité élevée et de l'aspiration croissante des femmes à exercer un emploi amène ainsi sur le marché du travail une masse renouvelée de demandeurs. Enfin et surtout, l'économie française subit une mutation dont les effets à bas bruit bouleversent les composantes traditionnelles de sa sociologie et de sa richesse. Dans une nation où l'agriculture a été supplantée par l'industrie, les entreprises de cette branche commencent à perdre en effectifs et en parts de marché. Certes, le secteur des services augmente régulièrement, mais sans pouvoir compenser en nombre et en qualification la perte subie.

Pour faire face à une situation aussi redoutable, les réponses apportées par le président et le gouvernement se situent à deux niveaux complémentaires. À l'échelle nationale, ils s'efforcent de créer les conditions favorables à la croissance ; sur le plan sectoriel, ils mettent en œuvre des mesures en faveur des jeunes ainsi qu'un plan spécifique destiné à la sidérurgie, lourdement frappée par la crise. Nous en évoquerons les effets aussi objectivement que possible, sans savoir pour autant ce qui se serait passé en l'absence de telles initiatives ou avec une politique différente. Car une histoire réécrite après coup ne serait que le fruit d'une imagination gratuite.

Sous l'angle macro-économique, comment la croissance évolue-t-elle ? Si le gouvernement ne peut la créer lui-même, du moins peut-il la favoriser ou à l'inverse la freiner. Pendant le septennat, la richesse nationale a toujours été positive, à l'exception de la seule année 1975 où elle marque une baisse, à moins 1 %. Selon l'Insee, le PIB progresse ainsi de 3,6 à 4,4 % en 1974 et de 1976 à 1979, pour fléchir ensuite à un peu plus de 1 % dans les deux dernières années. Sur l'ensemble de la période 1970-1980, la moyenne décennale se situe à 4,1 %, ce qui est certes inférieur à la décennie précédente, où elle dépassait 5 %, mais est deux fois supérieur aux décennies suivantes, de 1980 à 2020. Ce bilan nous place à l'époque bien au-delà de nos principaux partenaires (États-Unis, RFA, Grande-Bretagne, Italie) et fait de notre pays une référence, sinon un modèle.

Un tel résultat, insuffisant pour contenir la montée du chômage, a-t-il permis du moins de préserver le pouvoir d'achat des ménages ? Sous cet aspect, la réponse, différenciée, en surprendra plus d'un. Alors que le revenu des cadres a quasiment stagné, de 1974 à 1980, le pouvoir d'achat moyen des ouvriers a légèrement progressé et celui du Smic et du minimum vieillesse a fortement augmenté. Cette tendance peut, comme toujours, être diversement interprétée. Les nostalgiques de la période faste des années 1950 et 1960 souligneront la divergence et la modestie des résultats obtenus. Mais pour ceux qui ont compris qu'elle a pris fin en 1973, ils marquent, sous l'angle de la réduction des inégalités, une incontestable avancée. Le pouvoir d'achat des plus modestes a connu une amélioration substantielle sous le septennat giscardien. Ce gain est le fruit d'une transformation sensible de la structure des revenus durant son mandat. La part des salaires et des revenus d'entreprise stagne ou même diminue, celle des prestations sociales progresse au contraire fortement. Comme le fait remarquer Jean-Charles Asselain, on assiste pendant cette période à « une socialisation de la formation des revenus, en partie voulue (dans le cas du troisième âge) et en partie subie (indemnisation du chômage et préretraites) [1] ».

---

1. « La conduite de la politique économique », *in* S. Bernstein, J.-C. Casanova, J.-F. Sirinelli (dir.), *Les Années Giscard. La politique économique*, *op. cit.*

On mesure très clairement cette divergence en observant la courbe et la décomposition des prélèvements obligatoires. Leur niveau atteint 42,5 %, toutefois cet alourdissement est imputable, non pas aux impôts dont le niveau reste stable, mais aux cotisations sociales. Une telle évolution est la conséquence des choix présidentiels. Parmi les premières mesures du septennat figurent ainsi l'instauration d'une indemnité garantissant aux licenciés économiques 90 % de leur dernier salaire, la poursuite de la généralisation de la Sécurité sociale, à l'œuvre depuis 1945, et le relèvement du minimum vieillesse. Comme on le voit, rigueur et justice ne sont pas exclusives l'une de l'autre. S'il y a donc une accusation que Giscard ne peut encourir, c'est celle d'avoir été le « président des riches ». Pour autant, l'amélioration des conditions de vie des moins favorisés ne console guère les classes moyennes. Marx constatait déjà, un siècle avant, qu'on n'apaise pas la colère d'un ouvrier en faisant valoir que la situation de son homologue étranger est bien pire.

Parmi les mesures sectorielles, les plus nombreuses sont celles qui concernent les jeunes. Le premier Pacte national (il y en aura trois) est présenté en 1977. Accompagné de la création du contrat à durée déterminée (CDD), il prévoit une exonération de la cotisation patronale sur les salaires des jeunes et des apprentis, le recrutement de vingt mille vacataires dans le secteur public, la multiplication des stages de formation professionnelle et l'extension du régime de la préretraite. De cette panoplie, devenue classique, les gouvernements ultérieurs reprendront, tous, les divers éléments sans que l'on n'ait jamais pu en dresser un bilan précis coût/avantage. À ces pactes spécifiques s'ajoutent diverses incitations telles que la promotion de la formation en alternance et la réhabilitation des métiers manuels, auxquelles le président attache une grande importance. Elles aussi mobiliseront les dirigeants successifs, avec un inégal bonheur.

Le CDD a de son côté une portée plus générale : il vise à donner plus de fluidité au marché du travail, sans modifier les règles du licenciement, considérées à l'époque comme inscrites dans le marbre, donc intangibles. Vivement critiqué par la gauche mais aussi par le RPR, cet outil est cependant loin d'avoir provoqué les manifestations et les troubles qu'après lui, le contrat première embauche (CPE) de Dominique de Villepin, en 2006, et la loi sur le travail de Myriam El Khomri, en 2016, ont générés. Le climat social des années 1970 a peu à voir avec celui des années récentes, où l'exaspération accumulée se traduit en cortèges répétés, s'achevant souvent par des actes de violence dans l'espace public.

Au total, cet ensemble assez disparate a sans doute freiné la progression du chômage mais n'a pu la stopper efficacement. Les remèdes catégoriels sont toujours impuissants à corriger les faiblesses structurelles d'une économie. En revanche, les effets négatifs d'une mesure passive telle que la préretraite ont été vite observés : utile peut-être à court terme, elle a, sur la longue période, pénalisé fortement le taux d'emploi des salariés plus âgés et déséquilibré le financement de nos retraites.

Quant à la performance industrielle du pays, déjà écornée, comment se comporte-t-elle pendant ces sept années ? L'image qui vient immédiatement à l'esprit est celle de la sidérurgie du Nord et de la Lorraine. Parmi les cent trente mille salariés qui défendent bec et ongles leur emploi se multiplient les conflits sociaux. Après les atermoiements des gouvernements précédents, c'est à Raymond Barre qu'échoit cette douloureuse affaire. Il dira plus tard que ce fut pour lui, sur le plan humain, « le dossier le plus grave» qu'il ait eu à traiter à Matignon. Non seulement les groupes sidérurgiques (Usinor, Sacilor, Sollac) sont lourdement endettés, mais encore leur capacité productive dépasse largement la demande, dans un contexte international où sévit une guerre des prix entretenue par le Japon et la Corée, notamment. Sous la présidence Pompidou, les prêts accordés par l'État n'étaient qu'une fuite en avant, ne faisant que différer le douloureux moment de la restructuration inévitable. Après cette dégradation continue, l'urgence à laquelle doivent faire face désormais le président et le Premier ministre est le sauvetage financier du groupe Wendel, auquel les banques refusent tout crédit.

Le gouvernement accorde alors sa garantie, ce qui remet à flot provisoirement le groupe menacé : transformer l'État en emprunteur équivaut à une nationalisation de fait. La mesure, si nécessaire soit-elle, lui permet seulement de gagner du temps. Il le met à profit en préparant un Plan acier qu'il présente en octobre 1978. L'État, devenu actionnaire à 80 %, impose un changement des dirigeants, une restructuration et des licenciements d'une ampleur sans précédent (plus de vingt mille). On comprend l'émotion légitime suscitée par une telle annonce. Mais si elle permet le franchissement d'une mauvaise passe, elle ne signifie pas une sortie définitive de crise. Les mêmes causes produiront les mêmes effets. L'espoir entretenu par la nationalisation de 1982 sera vite dissipé, démontrant l'inanité d'une réponse idéologique à une crise structurelle.

Le dossier humainement douloureux de la sidérurgie ne saurait masquer d'incontestables réussites, dans le même temps, de l'industrie française. C'est le cas en particulier dans l'aérospatial, le nucléaire, les télécommunications, comme nous le verrons plus loin. Convaincu que la France, dépourvue de matières premières, ne pourra maintenir son niveau de vie qu'en accentuant son effort dans les technologies nouvelles, Giscard mobilise ses ministres, Michel d'Ornano et André Giraud, et appelle auprès de lui des scientifiques tels Pierre Aigrain avec lesquels il anime plusieurs conseils restreints consacrés à la recherche et à l'innovation. L'augmentation brutale du prix du pétrole n'est pas, pour lui, une crise passagère, une simple tension momentanée avec les pays producteurs, c'est le signe d'une mutation durable qui empêchera le retour à l'ordre ancien des choses. Ce qu'à l'époque, bien des hommes politiques, à l'image de Jacques Chirac, ont du mal à saisir.

N'hésitant pas à expliquer cette rupture aux Français, le président attache une grande importance à ce que l'on appelle communément le « redéploiement industriel », expression qu'il répugne à utiliser lui-même. Mais toute la question est de savoir quelle stratégie adopter pour aider l'industrie à s'adapter aux nouvelles données. Deux écoles s'opposent vivement dans son entourage. Celle pour laquelle l'urgence est de sauver les secteurs les plus vulnérables (c'est plutôt la position du ministère de l'Industrie), celle pour laquelle la priorité est au contraire de soutenir les plus performants, ce qui facilitera indirectement la reconversion des entreprises menacées (c'est plutôt la position du ministère des Finances). Quelle stratégie a la préférence du président de la République et, avec lui, du Premier ministre ?

La France est devenue le quatrième exportateur mondial mais elle doit son rang aux résultats de quelques grands groupes, plus qu'à son tissu de PME-PMI. Giscard d'Estaing a conscience que les entreprises de taille intermédiaire qui font la force de l'Allemagne sont chez nous en nombre insuffisant, faiblement capitalisées et peu portées vers les produits à haute valeur ajoutée. Hostile au sauvetage des « canards boiteux », selon l'expression de Raymond Barre, il encourage la constitution de grands ensembles capables de peser à l'international mais qui connaîtront une fortune diverse : dans l'automobile, avec Peugeot-Citroën, le pétrole avec la fusion Erap-SNPA, l'électronique avec CII Honeywell-Bull, l'électromécanique avec Alsthom. Mais outre la fortune diverse qu'ils connaîtront, la pression des faits viendra contrarier quelque peu cette orientation. Le financement public, au lieu de se concentrer sur un nombre limité de filières, se dispersera sur un grand nombre de secteurs en difficulté (sidérurgie, construction navale, textile) sans pouvoir redresser durablement la compétitivité des entreprises bénéficiaires. C'est là une faiblesse chronique de la politique industrielle de notre pays, moins porté à respecter durablement quelques priorités sélectives qu'à pratiquer le saupoudrage.

Globalement, comment l'industrie nationale traverse-t-elle les remous de ces années difficiles ? En dépit des deux secousses pétrolières enregistrées au début et à la fin du septennat, elle représente en 1980 20,6 % du PIB. C'est une perte significative de trois points par rapport à 1974. Mais sa balance des paiements est encore excédentaire, ce qu'on a du mal à imaginer aujourd'hui. En réalité, la désindustrialisation se ressentira surtout dans la décennie suivante et s'accélèrera fortement au début des années 2000. L'industrie ne représente plus désormais que 10 % du PIB, ce qui place la France loin derrière l'Allemagne et l'Italie, et plus loin encore si l'on tient compte de la valeur ajoutée par habitant.

Équipement du territoire

Si la reconstruction économique du pays est achevée au début des années 1970, la France accuse une double faiblesse : sa forte dépendance énergétique et un grand retard en matière de communication et de mobilité. Elle est ainsi, avec le Japon et l'Italie, l'un des pays les plus soumis aux fournisseurs extérieurs. Plus des trois quarts de l'énergie consommée sont en effet importés. Par ailleurs, son réseau téléphonique est désuet, ses infrastructures ferroviaires sont denses mais vieillissantes et ses autoroutes n'atteignent pas encore 2 000 kilomètres. Cela ne peut que la pénaliser dans la concurrence de plus en plus vive à laquelle se livrent les nations développées, en attendant l'éveil, proche, de la Chine. S'inscrivant dans la tradition saint-simonienne d'une confiance dans le progrès technique, la modernisation est pour Giscard la préparation de l'avenir : les secteurs qui en sont les plus porteurs sont pour lui « l'air, l'intelligence, l'atome et la vie » (entretien télévisé du 27 novembre 1979).

En 1974, l'urgence est la réduction de la dépendance énergétique de la France, que quelques chiffres suffisent à souligner. Dans la consommation d'énergie, la part des hydrocarbures dépasse 60 %, celles du charbon et du gaz atteignent respectivement 18 % et 11 %. Au lendemain de l'annonce, le 3 mars 1974, par Pierre Messmer, d'un plan de développement de l'électricité d'origine nucléaire, celle-ci ne représente que 2 %, autant dire rien. La France a certes acquis dans le domaine nucléaire une expertise reconnue, mais plus à usage militaire que civil. Pour le nouveau président, le choix qui s'impose au pays est d'accélérer la réalisation du parc nucléaire décidée par son prédécesseur. André Giraud et Marcel Boiteux mettent le Commissariat à l'énergie atomique et EDF au service du projet. Qu'on en comprenne bien le sens ! L'équipement nucléaire n'est pas une fin en soi, il s'inscrit dans une politique plus vaste d'indépendance nationale, impliquant diversification des sources et économies d'énergie.

Cependant, ce programme ne va pas de soi ; il provoque, dans une partie minoritaire mais bien organisée de l'opinion, une certaine contestation. Celle-ci se concentre sur la construction de la centrale de Superphénix, sur le site de Creys-Malville, en Isère. Ainsi, en juillet 1977, soixante mille manifestants organisent une marche de protestation contre le projet. L'affrontement avec les forces de l'ordre est violent, il fait plusieurs blessés parmi elles et un mort parmi les antinucléaires. L'émotion est d'autant plus vive que, peu après, l'appartement du président de l'entreprise nationale, Marcel Boiteux, est plastiqué. Voyant que l'on s'en prend au domicile d'un grand commis de l'État, la riposte publique de Giscard est on ne peut plus ferme : il déclare aussitôt que la politique des centrales nucléaires, ce n'est pas la politique d'EDF, c'est celle de la France.

Son choix industriel donne des résultats significatifs malgré la durée des chantiers. De 1976 à 1980, la production d'énergie nucléaire passe de 3,3 millions de tep (tonnes d'équivalent pétrole) à 12,9 millions, soit de 2 % à 6,7 % de la consommation globale. Pour la seule année 1981, qui verra Mitterrand renoncer à l'unique projet prévu en Bretagne, huit centrales sont mises en service. C'est d'ailleurs aussi cette décennie qui verra se concrétiser la véritable montée en puissance du parc, l'inscrivant durablement dans l'univers politique et industriel du pays.

Parallèlement est lancée une politique d'économies d'énergie et de diversification des sources dont les effets ne peuvent être mesurés que dans le temps long. Elle répond au souhait présidentiel d'une croissance « plus douce », évoquée depuis plusieurs années. Ponctuellement sont rapidement prises deux mesures ayant un impact médiatique fort. Le 6 novembre 1974, un décret impose une double limitation de vitesse, 90 km/h sur les routes et 130 km/h sur les autoroutes, ce qui n'est pas sans susciter des protestations. Une année plus tard, le 14 septembre 1975, le gouvernement décide de mettre en place une heure d'été qui, malgré les critiques dont elle fait l'objet, est toujours en vigueur, près d'un demi-siècle après. À l'exception de la diminution notable du nombre de tués sur la route (il passe de 17 000 à 12 500), cette double initiative a surtout une signification symbolique, éveiller la conscience des Français encore imprégnés de l'euphorie de la consommation de masse ; en revanche sa portée économique demeure modeste.

En matière d'économies d'énergie, des mesures restrictives sont prises temporairement, de juin 1974 à avril 1975, sur la livraison de fuel et le chauffage domestique, mais c'est l'investissement en faveur des améliorations thermiques que le gouvernement cherche à encourager. La création d'une Agence pour les économies d'énergie (AEE) répond à cet objectif plus ambitieux. Dans le domaine du logement, des prêts sont accordés aux organismes HLM, des subventions et des déductions fiscales mises en place pour aider les particuliers. Cette politique incitative aboutit à une réduction sensible de la consommation de fuel, qui passe de 37,5 millions de tonnes en 1973 à 27,5 en 1980. Dans le domaine industriel, des crédits préférentiels et des subventions, attribués aux plus « énergivores », telles la métallurgie ou la chimie des engrais, ont également permis de réduire le recours au fuel lourd, particulièrement polluant.

Curieusement, seuls les transports, pourtant fortement consommateurs d'énergie, n'ont pas fait l'objet d'une action aussi volontaire des pouvoirs publics. La décennie 1970 voit s'amorcer le déclin du fret ferroviaire, qui perd un quart de son volume alors que la part de la route ne cesse d'augmenter depuis. En milieu urbain, il faudra encore attendre pour voir les élus réintroduire le tramway, quasiment supprimé dans les années 1950, et promouvoir des modes de déplacement plus respectueux de l'environnement. Durant les années Giscard, le culte de la voiture individuelle, synonyme de liberté et d'évasion, imprègne encore largement la mentalité collective. Globalement, les campagnes de sensibilisation de l'opinion publique et les décisions des industriels ont cependant porté leur fruit. À la fin du septennat, la consommation d'énergie a diminué, notre pays est sur ce point loin derrière les États-Unis, plus gros consommateurs, mais aussi la Grande-Bretagne, le Japon et l'Allemagne.

Le dernier volet de la politique énergétique concerne la diversification des sources et l'encouragement aux énergies renouvelables. Il est d'autant plus important que la nationalisation des avoirs français par l'Algérie, en 1971, a privé la société nationale Erap de son approvisionnement au Sahara. Des campagnes de prospection sont lancées en mer d'Iroise, dans le golfe de Gascogne et le golfe du Lion, mais sans succès. Le gouvernement s'efforce alors de répartir de façon plus sûre nos approvisionnements en pétrole comme en gaz pour compenser le recul de la source algérienne. Le premier fournisseur en pétrole devient ainsi l'Arabie saoudite, et en gaz les Pays-Bas. Dans le même temps, il cherche à créer une société nationale d'envergure internationale, par la fusion d'Erap et des Pétroles d'Aquitaine : ce champion sera Elf-Aquitaine qui, privatisé en 1994, sera absorbé ultérieurement par le groupe Total.

Au début de l'année 1975 est mise en place une délégation aux énergies nouvelles pour développer le solaire, l'éolien et le gaz de fermentation, quasi inexistants à l'époque. Dans la production d'électricité, seule l'hydraulique occupe alors une place significative, qui sera d'ailleurs renforcée. L'objectif affiché est que cet ensemble représente, en 1990, 10 % de la consommation totale d'énergie. Mais, malgré des crédits incitatifs et la création d'un Commissariat à l'énergie solaire, l'ambition ne sera satisfaite ni à l'horizon prévu ni même dix ans plus tard. Sous tous les gouvernements successifs, l'essor a été plus que poussif, si bien qu'en 2020, les énergies renouvelables ne fournissent que 13 % de la consommation d'énergie primaire dans le pays. La place centrale occupée par le fournisseur historique, EDF, y est évidemment pour quelque chose.

Globalement, les choix énergétiques faits par Giscard ont permis à la France d'avoir, sur ses principaux partenaires, un avantage compétitif non négligeable : diminution de sa consommation totale d'énergie, expertise de ses ingénieurs et techniciens reconnue dans le nucléaire, amélioration sensible de son taux d'indépendance, passé de 25 à 35 % en quelques années. Plusieurs décennies après, la résonance qu'ils trouvent dans le débat actuel sur la nécessité de décarboner l'économie pour réduire le réchauffement climatique confirme la pertinence de la méthode adoptée.

La modernisation économique du pays exigeait parallèlement un considérable effort pour le doter d'infrastructures dignes de son rang. En homme méthodique et résolu, le président va donner l'impulsion et vérifier scrupuleusement l'accomplissement des objectifs fixés. Dans le domaine du téléphone, le retard accumulé handicape les entreprises et les ménages (environ un sur cinq seulement est raccordé). Selon le bon mot de l'époque, « la moitié de la France attendait le téléphone, l'autre moitié la tonalité ». Quatre conseils restreints, consacrés au sujet, ponctuent le septennat de 1975 à 1980 et produisent des résultats spectaculaires : le nombre de lignes téléphoniques installées passe ainsi de huit à vingt millions, soit plus qu'en près d'un siècle auparavant. Cet investissement s'accompagne d'un volet social : pour faciliter leur maintien à domicile et améliorer leurs conditions de vie, les personnes de plus de soixante-cinq ans et les bénéficiaires du fonds de solidarité sont dispensés du paiement de la taxe de raccordement. Ce bond en avant qui mobilise plus de 100 milliards de francs n'aurait pu être accompli sans le renforcement concomitant des entreprises du secteur. Avec le précieux concours de Gérard Théry, l'un des pères du Minitel, l'objectif est de leur donner une précieuse avance technologique.

La mise à niveau du réseau autoroutier et ferroviaire s'inscrit dans la même perspective d'aménagement du territoire et de promotion de l'innovation. De 1974 à 1981, 5 000 kilomètres d'autoroutes, dont 4 000 concédés, sont réalisés, plaçant la France dans une situation enfin comparable à celle des autres grands pays européens. En matière ferroviaire, c'est le prédécesseur du président, Georges Pompidou, qui avait fait le choix du train à grande vitesse (TGV), préféré à l'Aérotrain, qui avait, techniquement, la faveur de VGE. Encore fallait-il sortir le projet des cartons et le concrétiser. Les choses sont menées rondement, les travaux d'une première ligne Paris-Lyon sont lancés en 1976, achevés à la fin du septennat et inaugurés peu après par le successeur du président. À comparer la rapidité d'exécution des grands chantiers, on mesure à notre détriment la distance qui sépare la France de l'époque de celle d'aujourd'hui. La mobilisation du financement comme le délai de réalisation sont deux à trois fois plus longs, ainsi que le montre le plan d'équipement du territoire en très haut débit. Décidé en 2013, il est encore loin d'atteindre son objectif d'une couverture totale, pourtant prévue en 2022 : une partie de la France est encore en « zone blanche », privée de tout accès au téléphone mobile et à Internet. Cette inégalité territoriale, amèrement ressentie, touche dans leur vie quotidienne des habitants maintenus à l'écart du progrès technique.

La paix civile

Au sens premier, l'expression désigne l'état d'une société qui ne subit pas la guerre. Mais au-delà de ce constat simple, elle fait référence plus largement à la capacité de faire vivre ensemble, dans un climat de confiance et de solidarité, des hommes et des femmes d'opinions philosophiques, politiques et de croyances religieuses différentes. La paix civile admet la confrontation des idées, la diversité des origines mais elle les encadre par des institutions fortes et respectées qui excluent la violence des uns contre les autres. Garantie contre l'arbitraire et l'abus du plus fort, elle trouve sa source dans la notion de « sûreté » dont la *Déclaration des droits* de 1789 fait, avec la liberté, la propriété et la résistance à l'oppression, un des droits imprescriptibles du citoyen. Dans ce registre, le septennat de Valéry Giscard d'Estaing a-t-il répondu à cette aspiration élémentaire des sociétés organisées ?

L'évidence montre la persistance pendant son mandat d'une division du pays en deux camps politiques à peu près égaux qui alternent au pouvoir lors des deux élections présidentielles de 1974 et de 1981. Dans la première, le balancier penche faiblement en faveur du candidat libéral, dans la seconde, il penche à peine plus en faveur du candidat socialiste. Cette division droite-gauche qui structure durablement l'opinion n'autorise cependant aucune conclusion : elle peut être aussi bien la preuve d'une démocratie vivante que le signe d'un climat social fait d'affrontements, de peurs ou d'insécurité collective. Il faut donc pousser plus loin l'analyse pour suggérer une réponse.

Sans être dépourvu de tensions inévitables, le septennat giscardien a affermi le socle démocratique ; il n'a connu aucune des grandes crises qui ont agité les autres présidences de la Ve République. D'emblée, les deux élections qui le délimitent révèlent un taux de participation très élevé qui atteint, au second tour, 87,3 % en 1974 et 85,8 % en 1981. Cette mobilisation électorale témoigne de l'importance accordée par les Français au choix de leur président et de leur claire conscience des enjeux. Mieux encore, l'alternance politique de 1981, pourtant attendue par la gauche pendant plus de vingt ans, se déroule pacifiquement, elle est acceptée comme le corollaire naturel du pluralisme. C'est à mettre au crédit du président sortant au moins autant qu'à celui de ses opposants. Certes, Giscard n'a pu atteindre son objectif ambitieux de gouverner avec « deux Français sur trois », comme il le souhaitait. La force du clivage gauche-droite l'a empêché de trouver au parlement une majorité d'idées aussi large. En revanche, sa méthode de gouvernement a contribué à canaliser les passions, en leur offrant un terrain d'expression légitime, celui des urnes et non celui de la rue.

Ce n'est pas un mince mérite si l'on considère qu'au début des années 1970, l'opinion vit dans la crainte d'une nouvelle secousse sociale comparable à Mai 68. Or, son mandat dissipe vite ce risque ; il s'écoule sans que les réformes entreprises, même les plus audacieuses, ne jettent les ouvriers, les étudiants ou les familles sur le pavé. De 1974 à 1981, il ne se produit rien de comparable aux manifestations de masse pour la défense de l'école privée, en 1984, à la révolte des lycéens contre le projet Devaquet, en 1986, ou encore aux grands défilés contre le mariage pour tous, en 2013. Sur le plan social, le climat est certes tendu, de nombreuses grèves traduisent l'inquiétude éprouvée par les salariés des secteurs les plus menacés. Mais il n'entraîne aucune mobilisation d'ampleur égale à celle de 1995 ou de 2023 contre la réforme des retraites ou à celle de 2016 contre la loi travail. Même la crise de la sidérurgie qui frappe cruellement le Nord et la Lorraine ne provoque pas d'embrasement général. Le gouvernement Barre est certes impopulaire, mais ses déplacements provoquent un charivari plus folklorique que violent. Jamais la limite de l'inacceptable n'a été franchie comme on a pu le voir hélas récemment. Le pouvoir en place n'a eu à faire face ni à des émeutes urbaines comme en 2005 contre le CPE ni aux longs cortèges répétitifs des Gilets jaunes en 2019-2020.

Loin d'être « un long fleuve tranquille », la présidence giscardienne est toutefois un havre de calme lorsqu'on la compare aux suivantes. Elle ne provoque aucune grande déchirure sociale. La majorité des Français mesure la gravité des chocs pétroliers et des risques qu'ils font courir à l'économie mais ont conscience en même temps que seul un effort collectif permettra d'en atténuer les effets. L'augmentation du chômage inquiète, sans pour autant désespérer le pays. Ce n'est pas par hasard si les expressions de « nouveaux pauvres », d'« exclus » ou d'« invisibles » seront forgées plus tard par le vocabulaire politique pour désigner ceux que l'évolution maintient à l'écart du progrès. Ce n'est pas non plus par hasard si la nostalgie éprouvée pour les périodes passées, censées être plus heureuses, s'est renforcée, au fil du temps, parmi les générations actuelles.

C'est sur un autre terrain, celui de l'insécurité, que monte, à bas bruit mais avec insistance, un sentiment diffus de crainte qui n'a plus cessé de tarauder la société française dans les décennies suivantes. Il est alimenté par plusieurs phénomènes qui se conjuguent pour composer progressivement un cocktail explosif : l'immigration incontrôlée, la multiplication d'attentats terroristes et la peur de subir un déclassement.

Après l'indépendance des anciennes colonies, la poussée migratoire maghrébine et africaine s'accélère sous les yeux des Français. L'attitude du général de Gaulle est à ce sujet incompréhensible. Alors qu'il considérait comme impossible l'intégration des musulmans, il accorde pourtant aux Algériens, dans les accords d'Évian, une liberté d'entrée en France, sans aucune réserve. Comme on pouvait s'y attendre, cette faculté inespérée provoque un flux croissant de migrants originaires de ce pays. En l'absence de tout contrôle et de toute restriction, aucune statistique officielle ne sera de ce fait disponible pendant plusieurs années. Tant que dure le plein-emploi, nos compatriotes acceptent l'arrivée massive de travailleurs étrangers auxquels les entreprises fournissent instantanément du travail. Mais lorsque le contexte s'inverse, l'inquiétude des ouvriers commence à prendre corps. Après les chocs pétroliers subis, la tentation d'établir un lien entre immigration, chômage et insécurité se répand progressivement. Déjà ressentie par l'extrême droite durant l'entre-deux-guerres, elle s'insinue peu à peu au sein de la droite républicaine et surtout dans les couches populaires, touchées les premières par les licenciements. Certains syndicalistes tels André Bergeron n'hésitent pas alors à alerter l'opinion, en dépit du tabou imposé par les bien-pensants.

Quand il accède à la présidence, comment Giscard d'Estaing perçoit-il la question, sensible, du flux des migrants ? Sa conviction est double : d'un côté, la poussée du chômage commande de stopper l'immigration de travail ; de l'autre, la tradition française d'accueil suggère de traiter avec plus d'humanité les étrangers déjà hébergés sur notre sol. Mais comment gérer simultanément ces deux aspects contradictoires ? Dans la droite ligne des circulaires de 1972, la suspension de l'immigration économique est confirmée dès le 5 juillet 1974, sans que personne ne revienne ensuite sur cette décision jusqu'à la fin du septennat. La conséquence est que l'entrée régulière en France pour ce motif est pratiquement stoppée. Parallèlement, une incitation financière au retour est mise en place pour aider ceux qui l'envisagent. Ainsi, une prime de 10 000 francs, vite appelée le « million Stoléru », est allouée aux travailleurs qui désirent revenir dans leur pays d'origine. Enfin, pour donner un cadre juridique plus précis à la lutte contre l'immigration clandestine, la loi du 10 janvier 1980, défendue devant le parlement par Christian Bonnet, ministre de l'Intérieur, renforce les conditions d'installation sur le territoire et étend les possibilités d'expulsion des étrangers. Elle est alors vivement critiquée par la gauche qui, à l'exception des fréquents changements de pied du parti communiste, sera longtemps bercée par l'illusion d'un possible accueil sans limites des migrants.

En même temps qu'il confirme l'arrêt de l'immigration de travail, le président de la République s'efforce d'améliorer les conditions de vie des étrangers accueillis sur notre territoire, en prenant une série d'initiatives. Outre le symbolique petit déjeuner à l'Élysée avec des éboueurs, la création, le 28 mai 1974, d'un secrétariat d'État aux travailleurs émigrés, confié successivement à André Postel-Vinay, Paul Dijoud puis Lionel Stoléru, vise à contrôler l'immigration et à donner aux étrangers séjournant dans notre pays une meilleure chance d'accéder à un emploi, une formation ou un logement décent. Un ensemble de mesures en ce sens est annoncé peu après. Mais surtout, deux ans plus tard, le décret du 29 avril 1976, inspiré par Giscard d'Estaing et cosigné par Chirac, organise, sans employer l'expression, une procédure de regroupement familial. Le but est de permettre à l'étranger en situation régulière de faire venir, sous conditions, son conjoint et ses enfants mineurs. Répondant à une préoccupation humaniste, ce texte a donné lieu, ultérieurement, à de telles polémiques sur le thème de l'envahissement qu'il convient de rétablir les faits avec précision.

Le regroupement familial, plus ou moins généreux selon le contexte, ne date pas de 1976, c'est une pratique constante en France depuis les années 1920. S'il est ignoré par la célèbre ordonnance du 2 novembre 1945, les premiers textes à faire référence à cette possibilité sont des circulaires, telles celles du 20 janvier 1947 et du 15 janvier 1950, qui évoquent « l'influence heureuse » que procure l'accueil des familles. Mais jusqu'en 1976, les gouvernements successifs n'ont guère éprouvé le besoin d'encadrer par une loi ou par un décret cette procédure de rapprochement familial. Les ressortissants algériens qui jouissent de la nationalité française depuis la IVe République n'y sont d'ailleurs pas soumis et, après l'indépendance de 1962, les accords d'Évian leur reconnaissent expressément une totale liberté d'aller et de venir, étendue à leurs familles. Comme on peut le voir, le décret de 1976 ne marque donc pas une rupture dans l'état du droit applicable, son mérite est d'avoir formalisé une procédure antérieure obscure, d'en avoir précisé aux yeux de tous les conditions, ouvrant ainsi aux bénéficiaires des voies de recours mieux balisées.

Compensation limitée à une politique migratoire restrictive ou décision d'inspiration généreuse, les interprétations divergent, sans susciter sur le moment de grands débats. Le décret encadre la venue des familles en la subordonnant à des conditions destinées à favoriser leur intégration ultérieure dans la communauté nationale : une résidence d'un an au moins, l'existence de ressources stables et d'un logement adapté, la maîtrise de la langue, enfin l'absence de menace pour la santé ou la sécurité publique. C'est l'année suivante que la polémique, limitée jusqu'ici, enfle. Le Premier ministre Raymond Barre, par un décret du 10 novembre 1977, suspend en effet pour trois ans le bénéfice du regroupement familial et le réserve aux personnes renonçant à exercer un emploi sur le territoire français. Cette restriction provoque une vive protestation de l'opposition de gauche, de certains syndicats et des associations de soutien aux immigrés. La légalité du décret de 1977 est contestée et, dans un arrêt du 8 décembre 1978, le Conseil d'État érige en principe général « le droit de mener une vie familiale normale » et annule le texte litigieux au motif qu'il comporte une interdiction sans rapport avec les nécessités de l'ordre public.

Si une partie de l'opinion se réjouit de l'annulation prononcée par le juge, une autre va en faire le point de départ d'une immigration de masse, allant même jusqu'à évoquer la perspective d'un « grand remplacement ». Dès lors, le débat tourne à la passion plus qu'à la raison. La seule méthode pour le trancher sereinement serait de s'appuyer sur des statistiques fiables sur l'entrée et la sortie des étrangers, dont malheureusement nous ne disposons pas, pour des raisons qui relèvent plus du dogmatisme que de l'exigence de transparence. En outre, le regroupement familial ne donne pas lieu à une application uniforme par les services, qui peuvent interpréter les conditions exigées par le décret de 1976 de manière plus ou moins rigoureuse. Quoi qu'il en soit, pour la période 1974-1981, l'analyse des chiffres disponibles mais incomplets relativise la portée du décret de 1976 et de l'arrêt rendu deux ans plus tard par le juge administratif. Selon l'Office national d'immigration, les admissions en France au titre du regroupement familial sont inférieures à ce qu'elles étaient avant l'officialisation de la procédure. On peut évidemment contester l'exhaustivité de cette source, mais la tendance qu'elle exprime est difficile à récuser : 1974 : 68 800, 1976 : 57 300, 1978 : 40 100, 1980 : 42 000.

Globalement, comment évolue l'immigration, tous motifs confondus, durant le septennat de Giscard ? Si l'on met à part l'immigration clandestine, incalculable par définition, le flux d'entrée des étrangers est fortement ralenti par rapport à la décennie précédente, sans pouvoir cependant être stoppé. Comme le fait observer Michèle Tribalat, ce qui change durablement, ce n'est pas la taille, mais l'objet de l'immigration : la création ou l'activation des liens familiaux devient la principale source de l'entrée des étrangers, loin devant le travail, et le demeure aujourd'hui[1]. Imputer à Valéry Giscard d'Estaing un afflux incontrôlé de population étrangère est donc aussi faux qu'injuste. Si le regroupement familial méritait d'être encadré plus strictement, que ne l'ont fait les gouvernements qui ont exercé le pouvoir, après lui, pendant plus de quarante ans !

S'il faut rendre à chacun ce qui lui est imputable, le traitement du problème par son successeur immédiat s'avère plutôt erratique. La gauche, alors dans l'opposition, avait violemment critiqué l'attitude du président et du Premier ministre. Mais la politique qu'elle déploie après sa victoire en 1981 est tout sauf cohérente. Ainsi, les premières années du septennat mitterrandien sont marquées du sceau de la démagogie : régularisation des sans-papiers (130 000), abandon de l'aide au retour, interruption de la négociation ouverte avec l'Algérie par VGE, enfin abrogation de la loi Bonnet-Stoléru de 1980. Mais le principe de réalité conduit vite à tempérer cette générosité en faveur des migrants. Dès 1984, le gouvernement revient à une politique plus restrictive, au moins en apparence. Cette valse-hésitation, doublée d'un appel incantatoire au vote des étrangers, n'a fait qu'envenimer un débat trop sérieux pour être abandonné aux slogans, à l'hystérie ou à l'hypocrisie du discours.

Sur le terrain humanitaire, comment ne pas évoquer l'élan de solidarité en faveur des « *boat people* » cambodgiens et vietnamiens, en 1978-1979 ? Les images du *Hai Hong*, errant de port en port sans trouver de refuge,

1. Michèle Tribalat, *Les Yeux grands fermés. L'immigration en France*, Denoël, 2010.

provoquent une forte émotion dans l'opinion française. Un comité « Un bateau pour le Viêtnam » regroupe alors des intellectuels, des personnalités religieuses et politiques, à l'exception notable de François Mitterrand. VGE, ému par la détresse des réfugiés que Médecins sans frontières lui a décrite, comprend vite l'importance de leur ouvrir nos portes. Et le 20 juin 1979, les frères ennemis, le marxiste Jean-Paul Sartre et le libéral Raymond Aron, se serrent symboliquement la main, sur le perron de l'Élysée. Le soutien de Giscard à cette opération humanitaire permettra à plus de cent mille personnes d'être accueillies, d'obtenir le statut de réfugié et de s'intégrer sans difficulté majeure à la communauté nationale.

Le sentiment d'insécurité trouve aussi sa source dans la multiplication des attentats aveugles qui font craindre, en retour, un réflexe dangereux d'autodéfense. Les années 1970 voient se succéder les actes de violence de la mouvance palestinienne, avec le célèbre Carlos, ceux des indépendantistes corses et d'Action directe, auxquels répondent les bombes de l'extrême droite. L'un de ceux qui frappent le plus l'opinion se produit rue Copernic, le 3 octobre 1980, et tue quatre personnes, le soir d'une grande fête juive. Pour répondre à l'émoi suscité, le ministre de la Justice, Alain Peyrefitte, est chargé de préparer une nouvelle loi qu'on prendra vite l'habitude d'appeler « sécurité et liberté », soulignant ainsi l'antagonisme entre les deux notions. Le débat parlementaire se déroule dans un climat passionné, rythmé par les accusations de laxisme proférées par la droite et celles d'atteinte à l'État de droit assénées par la gauche.

Parmi les aspects les plus contestés figure le contrôle d'identité, jusqu'ici non réglementé par le Code de procédure pénale. En fin de compte, les deux volets complémentaires du texte, renforcement de la répression et aide aux victimes, sont adoptés par le parlement et, après validation par le Conseil constitutionnel de quatre-vingt-seize articles sur cent, deviennent la loi du 2 février 1981. Signe qu'elle repose sur un certain équilibre, Jacques Chirac, ardent pourfendeur du désordre à l'époque, vote contre et François Mitterrand s'engage à l'abroger s'il est élu. Ce qui sera fait, partiellement seulement, par la loi du 10 juin 1983. Depuis, une longue période de frénésie législative s'est emparée de la matière : tout type nouveau de menace ou d'attentat appelle une loi nouvelle, ce qui témoigne non pas de la maîtrise du sujet mais au contraire de la fébrilité et de l'inefficacité des politiques suivies en ce domaine.

Dans le vaste champ du bien-être social, où de nombreuses réformes ont été accomplies, celle, inaboutie, de l'entreprise est ce que Giscard lui-même qualifie de « grand regret » et d'« occasion manquée[1] ». Il y attachait d'autant plus d'importance que, pour lui, Mai 68 avait montré combien les rapports entre patronat et salariés étaient trop souvent conflictuels, et marqués par des grèves et des occupations d'usine plus que par un dialogue social serein. Aussi souhaitait-il mettre le sujet sur la table, sans préjugé ni arrière-pensée. Le parlement, avec ses divisions partisanes, ne lui semblait pas le lieu le plus approprié pour trouver l'indispensable consensus. Il choisit donc de préparer le terrain en confiant très tôt une mission à Pierre Sudreau, dont il apprécie l'indépendance d'esprit. Il demande à cet homme reconnu de présider un comité d'étude pour la

---

1. S. Bernstein, J.-F. Sirinelli (dir.), *Les Années Giscard. Les réformes de société*, *op. cit.*

réforme de l'entreprise, comprenant des personnalités issues des forces patronales et syndicales et quelques experts.

Ce comité remet, le 7 février 1975, un rapport contenant soixante-dix propositions destinées à rénover l'entreprise. Leur champ est très vaste : revalorisation du travail manuel, renforcement de la médecine et de l'inspection du travail, encouragement au dialogue et au contrat, reconnaissance d'un droit d'expression aux salariés. Mais, contrairement à ce qu'espérait Giscard, elles suscitent un concert d'oppositions. Le patronat, qui a rarement brillé par sa capacité d'anticipation, y voit l'introduction des soviets dans l'entreprise ; les syndicats, jaloux de leurs maigres privilèges, craignent d'être débordés par leur base. Quelques voix seulement se déclarent favorables à la réforme : outre des personnalités à titre individuel, le Centre des jeunes dirigeants et le patronat chrétien. C'est évidemment un peu maigre pour créer un mouvement d'opinion. Mais surtout, il n'existe pas de majorité à l'Assemblée nationale pour la voter.

Le président de la République renonce donc à rassembler dans un projet de loi global les axes de la réforme qu'il appelle de ses vœux ; il est condamné à en reprendre, de manière fragmentée, quelques aspects. Ce qu'il fera sans discontinuer jusqu'à la fin du septennat : diminution de la durée du travail (loi de 1975), obligation de présenter un bilan social pour les entreprises de plus de trois cents salariés (loi de 1977), développement de l'actionnariat ouvrier (loi de 1978), reclassement des victimes d'accidents du travail (loi de 1981). Il faut cependant convenir que ces mesures dispersées n'auront pas, comme il le reconnaît, le même impact qu'une réforme d'ensemble. Signe que la résistance au changement est forte dans notre pays, celle-ci n'aboutira pas non plus, malgré l'alternance politique de 1981. Le ministre Jean Auroux devra lui aussi passer par quatre lois successives pour modifier le Code du travail. Malgré la décrispation mise au crédit de Giscard, il subsiste dans notre société bien des tabous qu'on ne peut affronter qu'à ses dépens.

Conclusion

Il existe plusieurs approches, plus ou moins rationnelles, pour apprécier l'action politique des gouvernants. La première privilégie leur capacité à s'identifier aux épreuves de la nation et leur relation affective avec leurs concitoyens. Dans les sociétés contemporaines, submergées d'images et d'émotions, on parle ainsi d'empathie pour désigner la sensibilité aux malheurs de l'autre, l'aptitude à comprendre et à partager ses sentiments. La deuxième, plus objective, consiste à confronter les résultats obtenus aux engagements pris avant l'élection. Le dirigeant considéré a-t-il concrétisé le projet présenté au peuple ou a-t-il trahi les espérances qu'il avait fait naître ? La troisième enfin, la plus exigeante, s'attache au caractère bénéfique du bilan, à son adéquation aux aspirations, aux besoins du pays. En envisageant le septennat giscardien sous ces trois facettes et en le comparant aux mandats de ses successeurs, on en saisira mieux la singularité.

Tout au long de sa présidence, la popularité de Valéry Giscard d'Estaing est restée à un niveau élevé qu'aucun de ses successeurs n'a jamais pu maintenir. Un an ou tout au plus deux ans après leur accession au pouvoir, Mitterrand, Chirac, Sarkozy, Hollande, Macron ont subi un choc en retour violent, un désamour qui les a plongés dans une forte impopularité conduisant deux d'entre eux à ne pouvoir accomplir un second mandat, après une défaite (Sarkozy) ou un renoncement à se présenter (Hollande). Si Mitterrand comme Chirac ont réussi un spectaculaire redressement politique, en 1988 et en 2002, ils le doivent à la cohabitation qu'ils ont su l'un et l'autre exploiter intelligemment, après un échec électoral cinglant.

Au contraire, de 1974 à 1981, la courbe de popularité de Giscard flirte constamment avec les 50 %, souvent au-dessus, plus rarement légèrement en dessous. Il subit un échec aux élections cantonales de 1976 puis municipales de 1977 mais il gagne, les deux années suivantes, les législatives et les européennes, autrement plus importantes. De même, tout au long de l'année 1980, sa cote de confiance, mesurée par le baromètre TNS-Sofres, le situe entre 52 et 59 %. Elle le donne d'ailleurs à l'époque vainqueur probable de l'échéance présidentielle du printemps suivant. Malgré la faible avance obtenue sur son concurrent, en 1974, Giscard a su conserver jusqu'au bout un large socle de soutien. S'il n'a pu réaliser son rêve de regrouper « deux Français sur trois », il apparaît comme le président d'une France toujours divisée en deux blocs politiques sensiblement égaux, mais apaisée. La crainte d'une crise comparable à celle de Mai 68 est dissipée, la possibilité d'une alternance, caressée en 1978, émerge à nouveau lorsque s'achève son mandat.

Le jugement porté sur l'homme s'est cependant dégradé peu à peu. Les maladresses, les faux pas qu'il commet en matière de communication le font ressentir par une partie croissante de l'opinion comme distant, ce qu'il n'était pas, voire condescendant, ce que son intelligence supérieure le conduisait à être quelquefois. Chaque fois qu'il en avait l'occasion, le RPR ne manquait pas de dépeindre Giscard sous le jour d'un président écrasant ses interlocuteurs de sa superbe. Jacques Chirac lui-même n'hésite pas à apporter sa touche personnelle à ce tableau blessant, en qualifiant d'humiliantes les conditions de son invitation au fort de Brégançon, en 1976. Mais surtout l'orchestration indigne de l'« affaire des diamants » par *Le Canard enchaîné* et par *Le Monde*, à partir d'octobre 1979, renforce le sentiment d'un dirigeant lointain, détaché des préoccupations quotidiennes des Français, que sa riposte tardive et une campagne électorale peu convaincante ne parviendront pas à corriger. C'est d'autant plus injuste que cette affaire insignifiante est un coup monté exploitant la soif de vengeance de l'ex-empereur Bokassa, après sa destitution, en septembre 1979, par l'opération Barracuda, montée par la France avec le soutien des dirigeants sénégalais et ivoiriens, désireux de mettre un terme aux caprices sanglants de leur encombrant voisin. Mais si de telles attaques touchent l'homme au cœur, elles ne parviendront cependant jamais à mettre en cause son aptitude à gouverner, que ses adversaires les plus farouches ne contesteront pas.

Si l'empathie était le critère de réussite des dirigeants politiques, lequel remplirait cette condition exagérément subjective ? Certainement pas François Mitterrand, prince de l'équivoque et des ambiguïtés, ayant toujours deux fers au feu, voyant partout des complots ourdis contre lui et offrant à son meilleur concurrent Michel Rocard le poste de Premier ministre pour mieux l'éliminer politiquement. Assurément plus Jacques Chirac, dont la métamorphose se produit en 1995 : à son image de « hussard nihiliste » (l'expression est d'Alain Minc) se substitue celle d'un candidat trahi par son « ami de trente ans » et à qui va la sympathie de l'opinion, toujours plus émue par le sort de la victime que par le triomphe du vainqueur. Sa présidence, neutralisée pendant cinq ans par la cohabitation, lui donne ensuite les traits de caractère d'un chef d'État dépourvu de grande vision mais soucieux de ne pas diviser le pays en lui imposant des réformes trop audacieuses ou une aventure militaire désespérée en Irak. Cela suffit-il à en faire un grand président de la Ve République ? Quant à Nicolas Sarkozy, parvenu à la fonction suprême après de multiples coups politiques, il tente de donner l'image d'un chef d'État entreprenant et hyperactif mais finit par exaspérer par ses rodomontades et une accumulation de décisions désordonnées. Son style, plus américain que français, s'accorde mal à l'âme d'un vieux pays, tout à la fois conservateur et capricieux. Rarement un président aura suscité autant de jugements violents, bien au-delà de ce que la raison devrait admettre. Enfin, François Hollande, blanchi sous le harnais de congrès socialistes enfiévrés, a été perçu, lors des attentats de 2015, comme proche de ses concitoyens sidérés par une violence aveugle. Mais, globalement, il a donné l'impression de n'être pas fait pour l'exercice d'un pouvoir aussi exigeant. Contrairement à son prédécesseur, il a inspiré, non de la haine mais une commisération bienveillante, un apitoiement indulgent pour un destin trop grand pour lui.

À la vérité, ce survol rapide et caricatural n'a qu'un seul mérite, montrer l'inanité d'une appréciation fondée exclusivement sur la psychologie et les sentiments, dont l'Histoire quant à elle ne s'encombre guère. Insuffisante et, plus encore, fallacieuse, elle reste à la surface des choses et ne saurait rendre compte de l'action des dirigeants. La politique est trop sérieuse pour être abandonnée aux likes et aux émoticônes des réseaux sociaux. La meilleure preuve, s'il en fallait une, est que le chef d'État le plus respecté par l'opinion, le général de Gaulle, ne doit son statut ni à un caractère sympathique ni à un comportement chaleureux mais à la clairvoyance de ses choix. La vision du monde, la capacité de prendre une décision difficile et d'en assumer les conséquences ont infiniment plus de valeur que la sensibilité et l'empathie qui, ressenties sur le moment, sont d'un faible intérêt sur le temps long.

Est-il alors plus pertinent de rapporter la politique des gouvernants à leurs engagements initiaux ? L'exercice est certes plus instructif mais il n'est pas entièrement convaincant non plus. Des événements imprévisibles comme une crise financière, une épidémie ou une menace sur notre sécurité, par exemple, peuvent en effet contrarier la mise en œuvre de leur programme et justifier une orientation différente. En droit, on sait de longue date que la clause *rebus sic stantibus* suppose dans l'exécution des contrats ou des traités une certaine stabilité des données. Sous le bénéfice de cette réserve, on voit aisément que le zèle déployé par les présidents de la Ve République pour concrétiser leur projet se révèle très variable.

Les exemples de rupture, non imputables à des causes irrésistibles, sont nombreux. Le plus saisissant est fourni par les premières années de la présidence Mitterrand. Lui qui n'avait eu de cesse de dénoncer dans un livre de 1964 *Le coup d'État permanent* du régime gaulliste endosse sans retenue et sans complexe les habits présidentiels, et donne à sa présidence une allure encore plus monarchique. Surtout, après avoir cultivé l'utopie de « changer la vie », pendant sa campagne, il rompt brutalement au printemps 1983 avec la politique suivie au début de son mandat. Quant à son second septennat, il est dépourvu de grand projet et révèle sa vraie nature. Dans sa *Lettre aux Français*, il ne cherche pas à faire miroiter une société idéale à laquelle il n'a en réalité jamais cru, il leur propose plus modestement de les conduire par sa « force tranquille ». Après la rude cohabitation qu'il a subie, il invente le concept du « ni ni », ni nationalisation ni privatisation, prélude à une libéralisation de l'économie qui ne dira jamais son nom. Il se comporte comme un gérant et non comme un guide, avant que la maladie contre laquelle il lutte courageusement et la défaite électorale de 1993 réduisent encore sa marge d'action.

Et que dire de Jacques Chirac, élu au printemps 1995 sur le thème de la réduction de la « fracture sociale » pour se démarquer de son concurrent à droite, Édouard Balladur ? Tournant le dos à sa campagne, il valide à l'automne le plan Juppé de réforme de la Sécurité sociale, avant de prononcer une dissolution incompréhensible qui surprend ses partisans comme ses adversaires, auxquels il rend ainsi le pouvoir, deux ans après l'avoir conquis de haute lutte. Si Nicolas Sarkozy peut légitimement invoquer la survenue en 2008 d'une crise financière de grande ampleur qui a bouleversé ses plans, son successeur François Hollande ne peut invoquer un aléa comparable. Lui qui avait délibérément fait du « monde de la finance » son « véritable adversaire » renonce peu après son élection à la modification des règles européennes qu'il s'était engagé à transformer profondément. Ces changements de pied successifs ont évidemment creusé le fossé séparant les électeurs de dirigeants prêts à promettre ce qu'ils n'avaient pas en réalité les moyens de tenir.

À l'inverse, ce qui frappe avec Giscard, c'est la constance avec laquelle il s'efforce de réaliser l'un après l'autre les engagements formulés avant sa prise de fonction et développés dans *Démocratie française*, en 1976. Méthodiquement, comme un ingénieur qui assemble les pièces d'une nouvelle machine et vérifie la place de chacune, il fait régulièrement le point sur les réformes accomplies et celles qui restent à faire, pointant les obstacles qui ici et là les compromettent. Cette application que facilite sa formation scientifique tient à sa conviction que son destin est d'adapter sans plus tarder le pays aux réalités nouvelles. Elle est à l'opposé de la conception qui anime Mitterrand, plus soucieux de tirer parti des circonstances que de rester fidèle à un programme auquel il ne croit pas. Pierre Joxe confirme d'ailleurs que l'idée même était pour lui une « imposture ». « Aucun gouvernement, dans aucun pays, à aucune époque n'a jamais rempli, quand il en avait un, son programme[1] », affirmait-il à ses collaborateurs. À l'exception notable de l'abolition de la peine de mort qu'il fait voter contre une opinion majoritairement hostile, il s'adapte aux contraintes du moment sans être tenu par ses propositions antérieures. Il laisse par exemple son ministre Alain Savary lancer en 1984 la création d'un service public unifié de l'éducation (l'une de ses cent dix propositions) en sachant dès le départ qu'elle est vouée à l'échec et qu'il l'abandonnera sans frais. De même, il évoque périodiquement la reconnaissance du droit de vote aux étrangers sans se donner jamais les moyens de la faire adopter.

Avec Sarkozy, la volonté de réforme est omniprésente mais la méthode et la rigueur font défaut. Il déclare ainsi à ses amis, lors du premier anniversaire de son élection, que « c'est facile de gouverner » et énumère à l'appui les multiples décisions prises en douze mois.

---

1. Florent Leone, *Une révolution politique 1969-1983*, documentaire, LCP, 1er mars 2021.

Affirmation présomptueuse ! Son appétit de mesures nouvelles est insatiable, il lui faut en ajouter sans cesse à son agenda mais cette accumulation désordonnée et rarement accompagnée d'une évaluation des effets réels finira par décourager ses électeurs. Au terme d'un mandat agité, ils constateront à regret que le « Kärcher » qu'il s'était vanté de passer contre les délinquants des banlieues avait rarement quitté les placards élyséens.

Globalement, Giscard peut au contraire se flatter d'avoir honoré l'essentiel de ses propositions, institutionnelles, sociales, économiques, malgré l'absence d'une majorité homogène et un second choc pétrolier imprévisible, à la fin de son mandat. Il dira lui-même, pendant sa trop brève campagne électorale du printemps 1981, qu'il a réalisé les « trois quarts » de son programme. Si le rythme des réformes a ralenti dans les dernières années, il a cependant été maintenu à un niveau élevé jusqu'au bout. Deux d'entre elles, pourtant notables, n'ont pas été menées à leur terme : la décentralisation qui, adoptée tardivement par le Sénat, n'a pu être soumise à l'Assemblée, et la réforme de l'entreprise dont le chef de l'État espérait transformer le fonctionnement, trop vertical à ses yeux, mais à laquelle il n'a pu imposer que quelques règles nouvelles. S'il n'avait pas subi le harcèlement législatif du RPR, il aurait sans doute fait aboutir ces deux réformes auxquelles il était très attaché.

Bien plus que sur l'empathie des gouvernants et le respect de leurs promesses, l'Histoire évalue en définitive l'action de tout chef d'État sur sa correspondance avec l'intérêt supérieur du pays. Naturellement, le contenu donné à ce dernier varie selon les options politiques, philosophiques de chacun des chroniqueurs. Mais au fil du temps et des recherches entreprises, les jugements portés se rapprochent sans converger totalement. Car l'Histoire est toujours en mouvement et son verdict n'est jamais définitif. Quarante ans après l'achèvement de la présidence de Giscard d'Estaing, quelle lecture s'en dessine aujourd'hui ?

La plus évidente est l'ampleur des transformations accomplies sans crise sociale majeure. Trop longtemps retardée, l'émancipation des femmes, avec la légalisation de l'avortement, le divorce par consentement mutuel, l'amélioration de leur condition économique, ne heurte que la partie la plus conservatrice de la classe politique de l'époque. L'opinion, sensible aux inégalités et désireuse de les réduire, accepte ce profond bouleversement. Il en est de même pour la petite révolution verte qui se traduit par une législation plus protectrice de la nature, une incitation à une gestion plus économe de nos ressources et à un meilleur respect des droits du consommateur. L'effort entrepris pour équiper le territoire en téléphones, en autoroutes et en trains à grande vitesse mobilise les énergies sans provoquer ni fractures ni débats idéologiques passionnés. Seule, l'accélération du programme électronucléaire provoque des tensions, mais limitées à la fraction, très minoritaire à l'époque, des écologistes. Enfin, les réformes institutionnelles qui étendent les libertés publiques et consolident l'État de droit sont largement comprises, même si l'opposition feint de ne pas en saisir l'intérêt.

Dans tous ces domaines, aucune des lois votées n'a été ultérieurement remise en cause, elles ont au contraire été complétées, approfondies par les majorités successives, ce qui prouve leur bien-fondé. Dans les années 1970, le pays, après le traumatisme de la guerre d'Algérie et un exercice austère et vertical du pouvoir, aspirait profondément à jouir de nouvelles libertés. Le mérite de Giscard est d'avoir senti ce vent nouveau avant même son élection. En accédant à la magistrature suprême, il était bien décidé à déployer les voiles qui permettraient d'en capter l'énergie. En même temps, son obsession était que cette libéralisation se réalise sans diviser, sans fracturer le pays. Il a réussi à surmonter, sans les braquer, les conservatismes qui s'opposaient à cette évolution. Grâce à la pédagogie clairvoyante qu'il a déployée, sa gouvernance est restée ferme mais sans jamais coaguler contre lui ses divers opposants, à droite comme à gauche. Plus encore, son septennat ne laisse aux extrêmes qu'une place marginale et renforce le socle démocratique. En 1974, Jean-Marie Le Pen n'obtient que 0,75 % des suffrages, soit un score très inférieur à celui de Jean-Louis Tixier-Vignancour, plus de 5 %, lors de la présidentielle précédente. En 1981, Le Pen ne parvient même pas à recueillir les signatures requises. Quant à l'extrême gauche, elle n'atteint, ni en 1974 ni en 1981, le seuil modeste de 3 % des voix. La comparaison avec le septennat de son successeur est édifiante. Jouant habilement des peurs suscitées par l'immigration, François Mitterrand encourage la montée du Front national pour affaiblir la droite républicaine : en 1986, grâce à la proportionnelle, trente-cinq députés du Front font leur entrée au Palais Bourbon et, en 1988, leur leader obtient 14,3 % des voix à la présidentielle. Depuis, la place occupée par ce courant n'a cessé de croître, au point de figurer au second tour de l'élection présidentielle en 2002, en 2017 et en 2022.

C'est sur le plan du chômage et de l'inflation que les résultats obtenus, contrariés par un contexte international défavorable par deux fois, sont moins convaincants. Était-il possible de faire mieux ? La question reste ouverte. Néanmoins, le sens général de l'action présidentielle en ce domaine a été plutôt compris par l'opinion, comme le montrent les succès électoraux de 1978 et 1979.

C'est donc un bilan d'une densité exceptionnelle, jamais égalée depuis, que présente globalement le septennat de VGE. Démocratie consolidée, plus ouverte et plus juste, transition environnementale amorcée, bien-être social maintenu. La perspective d'une société dont le noyau serait une vaste classe moyenne semblait se concrétiser. Rassemblé autour de valeurs communes et jouissant de conditions de vie comparables, ce groupe central donnait sens et unité au pays tout entier. Exerçant un leadership incontesté en Europe, dialoguant avec les grandes puissances, devenue le quatrième exportateur mondial, la France se préparait à affronter les défis du monde nouveau. Mais alors, pourquoi l'échec subi en 1981 ?

Paradoxalement, c'est peut-être dans l'accomplissement de son projet pour la France que réside la cause essentielle de la défaite électorale du 10 mai 1981. Scrutant à chaud le résultat, les commentateurs ont évoqué tour à tour les effets délétères de l'affaire des diamants, la lettre du RPR appelant ses militants à voter Mitterrand, l'impopularité du Premier ministre Barre, droit dans ses convictions, l'absence de souffle d'une campagne électorale tardive. Avec le recul, ces facteurs n'ont eu d'effet qu'à la marge. Sous cette écume politique se jouait un autre enjeu, moins visible mais plus profond. La plupart des Français constatent alors que Giscard est allé sans fléchir jusqu'au bout de sa logique et de son projet. On n'a pas assez souligné qu'il a été le seul président, élu pour sept ans au suffrage universel direct, à avoir accompli l'intégralité de son mandat sans subir de revers politique à l'occasion d'une élection ou d'un référendum de portée nationale. De Gaulle a quitté le pouvoir après le « non » au référendum de 1969. Mitterrand a subi deux cohabitations (1986-1988 et 1993-1995) durant ses mandats successifs. Enfin Chirac, élu en 1995, a connu une défaite législative cinglante deux ans plus tard, l'obligeant à coexister avec un gouvernement socialiste pendant cinq ans. Au contraire, Giscard d'Estaing a dirigé le pays pendant sept ans sans renoncer à la transformation qu'il jugeait indispensable. C'est, face à une opinion de plus en plus versatile et à des électeurs de plus en plus individualistes, une séquence longue et riche de réformes et d'efforts.

L'Histoire adore cacher sous l'apparence d'un succès éphémère une victoire à la Pyrrhus, un revers ultérieur plus grave. On peut raisonnablement penser que si Giscard avait perdu les législatives de 1978, l'impopularité du gouvernement socialiste lui aurait permis soit de l'emporter sur son rival en 1981 soit de dissoudre l'Assemblée nationale avant cette échéance. Il avoue lui-même avoir songé à cette hypothèse séduisante. Non seulement cette éventualité ne s'est pas produite, mais surtout elle ne saurait faire oublier que ce qui importe n'est pas la durée mais l'usage du pouvoir exercé au service de la nation. Lorsque se joue l'élection, entre janvier et mai 1981, la transformation à laquelle aspirait la société s'est réalisée largement et sans heurt. Même si le président sortant avait encore en tête des réformes à réaliser, le but qu'il s'était fixé comme candidat sept ans plus tôt est atteint. L'envie de passer à autre chose est alors d'autant plus forte que l'alternance politique est attendue depuis plus de vingt ans dans un pays qui, dans son histoire, a plus souvent connu le changement que la stabilité politique. Une majorité réduite mais suffisante fait alors pencher la balance. Entre la poursuite de la modernisation engagée et la promesse de « changer la vie » formulée par la gauche, le choix des Français se porte sur la nouveauté de l'aventure.

Ainsi, dans sa sagesse comme dans ses caprices, tourne la roue de la démocratie.

Bibliographie sélective

Aron Raymond, *Mémoires*, Julliard, 1983 ; rééd. intégrale inédite, « Bouquins », Robert Laffont, 2010.

Astier de la Vigerie Emmanuel d', *Portraits*, Gallimard, 1969.

Barre Raymond, *L'Expérience du pouvoir*, Fayard, 2007.

Bernard Mathias, *Valéry Giscard d'Estaing. Les ambitions déçues*, Armand Colin, 2014.

Bloch Marc, *L'Étrange Défaite. Témoignage écrit en 1940*, Éditions Franc-Tireur, 1946 ; Gallimard 1990.

Bernstein Serge, Rémond René, Sirinelli Jean-François (dir.), *Les Années Giscard. Institutions et pratiques politiques 1974-1978*, Fayard, 2003.

Bernstein Serge, Sirinelli Jean-François (dir.), *Les Années Giscard. Valéry Giscard d'Estaing et l'Europe 1974-1981*, Armand Colin, 2006.

—, *Les Années Giscard. Les réformes de société 1974-1981*, Armand Colin, 2007.

Bernstein Serge, Casanova Jean-Claude, Sirinelli Jean-François (dir.), *Les Années Giscard. La politique économique 1974-1981*, Armand Colin, 2009.

Bernstein Serge, Sirinelli Jean-François (dir.), *Les Années Giscard. 1978-1981 : les institutions à l'épreuve ?*, Armand Colin, 2010.

Castel Robert, *La Montée des incertitudes*, Seuil, 2009.

Chirac Jacques, *Mémoires*, 1. *Chaque pas doit être un but*, NiL, 2009.

Crozier Michel, *La Société bloquée*, Seuil, 1970.

Duguit Léon, *Traité de droit constitutionnel*, Fontemoing & Cie ; E. de Boccard, 1928 (5 vol.).

FAURE Edgar, *Mémoires*, 1. *Avoir toujours raison… c'est un grand tort*, Plon, 1982.
FOURQUET Jérôme, *L'Archipel français. Naissance d'une nation multiple et divisée*, Seuil, 2019.
GIROUD Françoise, *La Comédie du pouvoir*, Fayard, 1977.
GISCARD D'ESTAING Valéry, *Démocratie française*, Fayard, 1976.
—*Le Pouvoir et la Vie*, t1. *La Rencontre*, Cie 12, 1988 ; t2. *L'Affrontement*, Cie 12, 1991 ; t3. *Choisir*, Cie 12, 2006.
—*Dans cinq ans, l'an 2000. Les enjeux de l'élection présidentielle*, Cie 12, 1995.
—*Les Français. Réflexions sur le destin d'un peuple*, Plon, 2002.
—*Europa. La dernière chance de l'Europe*, XO, 2014.
GRANET Paul, *Changer la ville*, Grasset, 1975.
GRAVIER Jean-François, *Paris et le désert français*, Flammarion, 1947.
GUICHARD Olivier, *Vivre ensemble*, rapport de la commission pour le développement des responsabilités locales, La Documentation française, 1976.
GUILLUY Christophe, *La France périphérique*, Flammarion, 2014.
LATTRE DE TASSIGNY Jean de, *Histoire de la première armée française*, Nouveau monde éditions, 2015.
LE BRIS Raymond-François, *Une modernisation interrompue. Regard sur le septennat de Valéry Giscard d'Estaing*, France-Empire, 2013.
LORENZI Jean-Hervé, *Le Fabuleux Destin d'une puissance intermédiaire*, Grasset, 2011.
MINC Alain, *« Mes » présidents*, Grasset, 2020.
MITTERRAND François, *Le coup d'État permanent*, Plon, 1964.
NAY Catherine, *La Double Méprise*, Grasset, 1980.
ORY Pascal, *L'Entre-deux-mai. La crise d'où nous venons, 1968-1981*, Seuil, 1983.
PEYREFITTE Alain, *Le Mal français*, Plon, 1976.

— *C'était de Gaulle*, Éditions de Fallois/Fayard, 3 tomes, 1994-2000.
— *La Société de confiance. Essai sur les origines du développement*, Odile Jacob, 1995.
Ratte Philippe, *Valéry Giscard d'Estaing, l'autre grand président*, Odile Jacob, 2020.
Rawls John, *Théorie de la justice* (1971), Seuil, 1987.
Revel Jean-François, *Ni Marx ni Jésus. De la seconde révolution américaine à la seconde révolution mondiale*, Robert Laffont, 1970.
Rolland Hector, *Souvenirs dérangeants d'un godillot indiscipliné*, Albin Michel, 1990.
Roussel Éric, *Valéry Giscard d'Estaing*, L'Observatoire, 2018.
Rousselier Nicolas, *La Force de gouverner. Le pouvoir exécutif en France, XIXe-XXIe siècle*, Gallimard, 2015.
Stillman Edmund, Bellini James, Pfaff William, Schlœsing Laurence, Story Jonathan, *L'Envol de la France dans les années 1980*, Hudson Institute/Hachette, 1973.
Stora Benjamin, *Les Questions mémorielles portant sur la colonisation et la guerre d'Algérie*, rapport au président de la République, elysee.fr, janvier 2021.
Tauriac Michel, *Vivre avec de Gaulle*, Plon, 2008.
Tavoillot Pierre-Henri, *Comment gouverner un peuple-roi ? Traité nouveau d'art politique*, Odile Jacob, 2019.
Tribalat Michèle, *Les Yeux grands fermés. L'immigration en France*, Denoël, 2010.

Table

FONDATION VALÉRY GISCARD d'ESTAING

Une fondation pour faire vivre l'héritage d'une action progressiste, modernisatrice au service de la France et de l'Europe

La Fondation Valéry Giscard d'Estaing, reconnue d'utilité publique, est une fondation mémorielle. Son conseil d'administration de 10 membres est présidé par Louis Giscard d'Estaing, maire de Chamalières, conseiller régional Auvergne-Rhône-Alpes, ancien vice-président de l'Assemblée nationale.

LA FONDATION A POUR OBJECTIF DE :

- faire connaître ou revivre la période de l'histoire politique, économique et sociale de la France et de l'Europe durant laquelle le président Giscard d'Estaing a joué un rôle déterminant ;
- mettre progressivement à la disposition du public et des chercheurs des documents, dont des archives personnelles inédites ;
- contribuer au développement de la conscience européenne.

POUR REMPLIR SES MISSIONS, LA FONDATION :

- organise des événements (colloques, conférences) et crée des supports propres à rappeler l'action personnelle, politique et présidentielle, ainsi que le rôle de Valéry Giscard d'Estaing dans la construction européenne de l'histoire contemporaine ;
- réalise notamment des expositions à destination pédagogique, culturelle et historique en appui de toutes les initiatives locales permettant la valorisation et la mémoire de l'action de Valéry Giscard d'Estaing ;
- distingue chaque année un ou plusieurs étudiants avec le Prix Valéry Giscard d'Estaing, pour leur engagement et leur parcours européen ;
- met en valeur et partage le lieu de mémoire du château d'Estaing (Aveyron), classé monument historique, pour faire vivre son histoire et celle de la famille d'Estaing jusqu'à celle du troisième président de la Ve République.

Fondation Valéry Giscard d'Estaing
Bureaux : 22, avenue Franklin-Roosevelt - 75008 PARIS
01 89 16 47 70
Siège social : Château d'Estaing – 12190 ESTAING
05 65 44 72 24
contact@fondation-vge.org

www.valery-giscarddestaing.org

Cet ouvrage a été composé
par Soft Office
à Eybens (Isère)

Impression réalisée sur Roto Page par

l'Imprimerie FLOCH
à Mayenne (Mayenne)

en mars 2024
pour le compte des Éditions de l'Archipel
département éditorial
de la S.A.S. Écriture-Communication

#lisez engagé !
www.lisez.com
Pour plus d'information :
Imprimé sur du papier issu de forêts gérées durablement.

Imprimé en France
N° d'impression : 104581
Dépôt légal : avril 2024